JULES HURET

ENQUÊTE

SUR

LA QUESTION SOCIALE

EN EUROPE

Préfaces de MM. Jean Jaurès et Paul Deschanel.

Opinions de MM. le baron Alphonse de Rothschild,
Jules Guesde, Schneider, Bebel, Brousse, duc de La Rochefoucauld-Doudeauville,
Paul Leroy-Beaulieu, Malatesta, Christophle, John Burns, Pasteur Stœcker,
général Booth, Prince de Liechtenstein, De Hansemann, Mgr Ireland,
Schaefflé, Eugène Péreire, Lavroff, Solovief, etc...

Lettres de M. le comte de Mun, etc...

DEUXIÈME MILLE

*Librairie académique PERRIN et C*ie*.

ENQUÊTE

SUR

LA QUESTION SOCIALE

EN EUROPE

DU MÊME AUTEUR

Enquête sur l'Evolution littéraire, 1 volume in-18, Charpentier .... 3 fr. 50

JULES HURET

ENQUÊTE

SUR

LA QUESTION SOCIALE

EN EUROPE

Préfaces de MM. Jean Jaurès et Paul Deschanel
Opinions de MM. le baron Alphonse de Rothschild
Jules Guesde, Schneider, Bebel, Brousse
Paul Leroy-Beaulieu, duc de La Rochefoucauld-Doudeauville
Malatesta, Christophle
John Burns, Pasteur Stœcker, général Booth
Prince de Liechtenstein, De Hansemann, Mgr Ireland
Schaefflé, Eugène Péreire, Lavroff, Solovief, etc...
Lettres de M. le Comte de Mun, etc.

PARIS

LIBRAIRIE ACADÉMIQUE DIDIER

PERRIN ET Cie LIBRAIRES-ÉDITEURS

35, QUAI DES GRANDS-AUGUSTINS, 35

1897

LETTRE DE M. JEAN JAURÈS

DÉPUTÉ DU TARN

Monsieur,

Vous avez bien voulu me demander mon sentiment sur l'enquête que vous avez faite, il y a trois ans déjà, sur le socialisme. Voulez-vous me permettre tout d'abord un compliment qui a l'air d'une impertinence mais qui, je vous assure, est très sérieux? Vous avez compris. Je me rappelle qu'il y a deux ans, à la Chambre, comme je disais : non, à M. Léon Say qui nous appelait socialistes d'Etat, il me répondit avec une stupéfaction admirable : Quoi! vous n'êtes pas socialistes d'Etat! qu'êtes-vous donc? M. Léon Say confondait le socialisme d'Etat, qui respecte la propriété capitaliste et qui en tempère seulement les effets par une règlementation toute extérieure avec le socialisme collectiviste ou communiste qui veut transformer la propriété capitaliste en propriété sociale. Il ne soupçonnait même pas que bien loin d'être des socialistes d'Etat, nous tendons à la suppression de l'Etat, c'est-à-dire de la force contraignante qui donne à l'exploitation des non-possédants par les possédants une forme juridique. Quand la communauté sociale aura été vraiment organisée, quand il n'y aura plus, dans l'humanité réconciliée, antagonisme des classes, l'Etat lui-même disparaîtra. Vous n'avez commis, Monsieur, aucune erreur de ce genre : et vous connaissiez notre doctrine en ses principes aussi bien qu'en ses nuances avant d'interroger capitalistes et prolétaires. Et si les exemples d'ignorance illustre ne surabondaient, je ne me risquerais point à louer votre exactitude et votre pénétration.

Ce sont les évènements sensationnels de l'année 1891-92, la manifestation du 1er mai, la fusillade de Fourmies, l'élection de Lafargue à Lille qui vous ont donné l'idée de cette enquête. Le socialisme vous est apparu alors dans la vive lueur de l'actualité : mais vous avez bien vu tout de suite qu'il n'était pas une surprise, un évènement sans lendemain, une mode sans profondeur : en vérité, tout le mouvement des faits et des esprits depuis un demi-siècle y aboutit et s'y résume. Aussi votre enquête, bien qu'elle remonte à trois ans déjà, n'a pas vieilli : aujourd'hui comme alors le socialisme est toujours au premier plan et il s'y est développé.

Partout en Europe, il s'est affirmé comme un parti à la fois parlementaire et révolutionnaire. En Allemagne, il a continué sa tranquille et irrésistible croissance, et il a fait échec aux lois de réaction préparées contre lui. Sans sortir de sa prudence systématique, il a été conduit par la force des choses à la lutte directe contre l'Empereur, et c'est à une double révolution à la fois politique et sociale qu'il s'achemine. En Autriche,

le parti socialiste conduit l'agitation par le suffrage universel et il se dégage nettement de
l'antisémitisme; il n'entend pas, comme celui-ci,
opposer les unes aux autres des catégories diverses de la bourgeoisie; mais toute la classe
prolétarienne à toute la classe bourgeoise. En
Belgique, les élus socialistes représentent près
d'un sixième du Parlement, et par leur propagande incessante, par leurs fédérations, par les
coopératives, ils sont en contact permanent avec
le peuple ouvrier. En Angleterre, si le mouvement ouvrier n'a pas abouti encore à la constitution d'un parti socialiste, si la lutte semble cir-
conscrite presque partout entre conservateurs
et libéraux, il est certain que l'esprit politique
et socialiste pénètre de plus en plus les Trades-
Unions, et là aussi l'heure est proche où au Parlement même le parti socialiste pourra paraître
et agir. Enfin en France, il n'est pas téméraire
de dire que depuis trois ans, toutes les luttes,
tous les évènements ont grandi le socialisme.
C'est lui qui par une énergie révolutionnaire
appliquée au Parlement a eu raison des minis-
tères de combat à la Dupuy et de la Présidence
Périer. Et ceux-là sont bien naïfs qui s'imaginent
que désormais on pourra faire sans lui une politique réformatrice. Pour que les radicaux ou les
progressites puissent se passer de lui dans
l'œuvre de réforme, il aurait fallu qu'ils renver-
sent sans lui les gouvernements de réaction.
N'ayant pu détruire sans nous, on ne pourra
bâtir sans nous. Et c'est pour affirmer notre

force en même temps que notre cohésion et notre pleine possession de nous-mêmes que nous soutenons avec une inaltérable fidélité, le premier ministère réformateur (1).

Mais ici que nos adversaires se gardent de toute illusion. A l'heure où nous étions un parti de combat et d'assaut, ils nous croyaient incapables de tout effort créateur, de toute action gouvernementale et notre libre discipline a déjoué tous leurs calculs. Aujourd'hui, par une illusion inverse, ils s'imaginent que cette discipline volontaire et cette sagesse calculée ont affaibli nos facultés de combat et émoussé nos énergies révolutionnaires. Ils se trompent étrangement : nous traçons toujours la même route, celle par laquelle le prolétariat arrivera au pouvoir. Nous rencontrons tantôt la montagne, tantôt le ravin, et il nous faut construire tantôt des ponts, tantôt des tunnels. Mais c'est toujours le même chemin, le même but, et la même force sûre d'elle-même, réfléchie et ardente, consciente et indomptée. Aussi, devant toutes les manifestations multipliées de la force socialiste dans tous les pays, nous pouvons lire avec philosophie, dans une de vos interwiews, le mot de M. Hansemann, le puissant directeur de la Banque d'Escompte de Berlin « Le socialisme est en décroissance. » Le Congrès international, qui aura lieu à Londres au mois d'août prochain et qui réunira les délégués de tous les groupements ouvriers

---

1. Cette lettre a été écrite au moment du Ministère Bourgeois. (Note de l'éditeur).

et les élus socialistes de tous les Parlements,
bien qu'il ne puisse exercer sur les faits une
action immédiate et qu'il n'ait pas encore d'effi-
cacité légale, sera à coup sûr la plus grande
force organisée qui soit au monde.

Et, faut-il vous l'avouer, Monsieur ? Ce ne sont pas
les objections et les conceptions que vous avez
recueillies de Messieurs les capitalistes, et que
vous avez notées avec une candeur bienveillante
où il entre parfois bien de l'ironie, qui arrêteront
l'idée socialiste.

Il me semble qu'on peut ramener à trois ou
quatre, les pensées essentielles du haut patronat, de la haute économie politique, et de la
haute Banque, sur le socialisme.

D'abord, à entendre les grands patrons comme
celui de Roubaix, les ouvriers, sur l'excitation
des meneurs et des politiciens, ne demandent
qu'à travailler sans rien faire et à sommeiller
délicieusement dans les grands hôtels bâtis par
les patrons. Déjà, dans *Les Temps difficiles* de
Dickens, le parvenu Bonndecby, nous assurait
que les ouvriers ne rêvent que de manger de
la soupe à la tortue avec des cuillers en or.
Et il paraît que si tous les travailleurs au lieu
de s'exténuer pour une minorité, recevaient l'in-
tégralité du produit créé par eux, s'ils pouvaient,
par suite, s'assurer peu à peu des logements
confortables et commodes, il n'y aurait plus que
confusion et barbarie : tous voudraient habiter
des châteaux, et ou bien ils s'entasseraient à
étouffer dans la chambre à coucher de madame

la marquise ou bien pour faire à leur tour des appartements les plus luxueux, ils déménageraient sans cesse comme les misérables qui rôdent de garni en garni. On ne saura jamais ce que les capitalistes, en occupant solidement tous les châteaux, épargnent de courses folles aux prolétaires. Au moins, aujourd'hui, quand les pauvres déménagent, ils savent d'avance que s'ils quittent un taudis c'est pour un autre, leur choix est sagement circonscrit, et ils n'ont pas à disputer à leurs camarades des lambris d'une nuance préférée. « Là-dessus, lisez Eugène Richter, » nous dit le banquier allemand.

On nous dit encore : Mais le capital, c'est le produit du travail et de l'épargne ! Et puisque les capitalistes prêtent aux salariés le capital économisé par eux, pourquoi ne retireraient-ils pas, sous forme de dividende, de loyer, de rente, de fermage, de bénéfice, l'intérêt de leur argent ? Et M. Christophle, alors gouverneur du Crédit Foncier, choisit un doux exemple agricole : « J'ai économisé ; avec mes économies j'ai acheté un champ : si je le prête à un autre, je lui rends service : n'est-il pas juste qu'il me dédommage ? » A la bonne heure : mais je me demande d'abord pourquoi les financiers choisissent des exemples aussi innocents, aussi idylliques. Pourquoi, au lieu de cette sorte de leçon pastorale ne nous expliquent-ils pas, avec précision, comment s'est constitué, comment a grandi leur capital à eux ? Avez-vous remarqué, Monsieur, comment, pour la première fois depuis l'origine de l'histoire (sauf la première période théocratique) les souverains nous cachent aujourd'hui le secret de leur action, les ressorts de leur pouvoir? Les rois, les empereurs, Louis XIV, Frédéric II, Napoléon, nous ont laissé leurs mémoires, les hommes d'Etat, les diplomates, nous ont laissé les leurs. Nous savons précisément comment on fait ou défait les Constitutions, comment on vole une province, comment on gagne une bataille. Seuls les grands capitalistes, qui sont les vrais rois, et les vrais généraux de notre temps, s'enveloppent de mystère : nous n'avons ni les Souvenirs de M. Christophle, ni les Mémoires de M. de Rothschild, ni l'Histoire de ma vie de M. Bleichrœder. Et quand on les interroge, quand vous-même les interrogez, ils répondent par des histoires de berger. « Il y avait une fois un brave homme qui, avec son épargne, avait acheté un petit champ. » Ce sont des capitalistes d'Arcadie !

Au demeurant, et pour toucher au fond, la question est pour eux fort mal posée. Il ne s'agit pas de savoir si des particuliers, tant qu'ils détiendront les moyens de production, pourront faire travailler à leur profit les autres hommes. Cela va de soi. Ayant la propriété, ils ont la force et ils font la loi. Mais ce qu'il faut savoir, c'est si la société humaine se résignera longtemps encore à un mode de propriété qui soumet ainsi la multitude à quelques hommes. Une telle société, devant l'histoire et la conscience, ne peut avoir qu'un titre : c'est d'être nécessaire. Quand les hommes commencent à entrevoir la possibilité d'une société nouvelle, le titre de la société ancienne est par cela même caduc. Toute sa légitimité lui venait de sa nécessité et elle tombe avec celle-ci.

Ah! je sais bien : vos interlocuteurs capitalistes affirment qu'un ordre social nouveau est impossible parce qu'il faudrait changer la nature humaine. « Il y aura toujours des pauvres et des riches », comme on disait il y a quelques siècles : « Il y aura toujours des nobles et des roturiers », comme Aristote disait il y a plus de deux mille ans. « Il est dans la nature humaine qu'il y ait des esclaves. » Et l'on confond ainsi de siècle en siècle, de société en société, de privilège en privilège, la nature humaine avec les formes sociales transitoires qui la déterminent un moment sans la captiver à jamais. Et d'ailleurs, qui ne voit que c'est la nature humaine elle-même qui condamne aujourd'hui le régime capitaliste? Qui ne voit que l'éternel et universel égoïsme humain se révolte aujourd'hui contre une forme de société qui presque partout lui fait violence ? Oui, l'humanité est capable de dévouement, d'abnégation, de soumission, mais à une condition : c'est que la puissance même devant laquelle elle s'incline lui apparaisse comme irrésistible et supérieure. Or, la puissance du Capital n'apparaît ni comme sacrée, ni comme invincible. Elle n'a pas pour la conscience un caractère divin ou une beauté idéale : et à mesure que la nation prend conscience d'elle-même, et que les travailleurs s'éveillent et s'organisent, la transformation de la propriété capitaliste en propriété nationale au profit des travailleurs semble possible.

La société capitaliste n'a donc pas au-dessus d'elle un Dieu qui la légitime et un prêtre qui la consacre; et elle a derrière elle un successeur qui grandit, qui la guette et qui demain la brisera. Comment donc l'universel besoin de bien-être, d'indépendance de vie heureuse, c'est-à-dire comment la nature humaine elle-même n'aurait-elle pas raison d'un régime qui n'inspire pas la vénération et qui tous les jours inspire moins de crainte? C'est d'un mouvement irrésistible que nous allons tous à la Révolution.

Et on n'y échapperait pas, même si la société nouvelle devait être la barbarie opprimante et déprimante que semblent imaginer nos contradicteurs. Mais ils s'en font l'idée la plus grossière la plus sommaire et la plus fausse. En même temps qu'elle organisera l'action sociale, elle suscitera et développera les énergies individuelles. Nul ne peut enfermer dans une formule étroite la complexité presque infinie de l'ordre socialiste en préparation. Il aura deux pôles s'équilibrant l'un l'autre : la toute-puissance sociale réalisant la justice, la toute puissance individuelle affirmant la liberté. Et tant pis pour ceux qui ne démêlent pas que le progrès même, que l'histoire même est la conciliation croissante des contraires et même des contradicteurs !

Aussi, quand on se borne à dire que le socialisme abolira la propriété individuelle, la formule est trop pauvre et fausse. Il abolira la propriété capitaliste, mais sous d'autres formes la propriété individuelle subsistera, et de ses rapports infiniment variés à la propriété sociale résultera la société la plus compliquée, la plus riche et la plus diverse qu'aient connue les hommes. Aujourd'hui même quand on se borne à dire que la société a pour base la propriété individuelle, on dit un mot qui n'a presque pas de sens et qui ne répond pas à toute la réalité. En fait, en même temps qu'elle est individuelle, la propriété est familiale puisque le père ne peut en disposer, au moins dans une très large mesure, que pour ses enfants. Elle est encore gouvernementale, puisque l'impôt en prélève incessamment une part. Mais surtout elle est capitaliste, car ce sont les lois générales et impersonnelles du capital, la plus-value, la concurrence qui règlent, bien plus que l'effort personnel et la prévoyance individuelles, la distribution de la propriété, et les individus sont aujourd'hui le point d'attache de la propriété bien plus qu'ils n'en sont les créateurs et les maîtres. Elle les tient et les gouverne bien plus qu'ils ne la gouvernent et la tiennent. Il ne faut donc pas opposer, comme on le fait trop sommairement, propriété individuelle et propriété sociale ; l'ordre socialiste les conciliera par l'infinie diversité de ses modes juridiques et économiques, et nous allons à la pleine liberté individuelle comme à la pleine justice sociale.

Comme ils se trompent donc ceux qui croient que nous sommes tentés d'abandonner dans je ne sais quels marchandages ou quelles équivoques

de tactique une part quelconque de notre haut
idéal ! Nous ne guettons pas des miettes de pouvoir tombées de la table du maître. Nous voulons
et nous aurons le pouvoir tout entier pour notre
idéal tout entier. Nous n'avons pas besoin d'être
des émeutiers en un temps et en un pays où la
légalité, même bien maniée, est révolutionnaire,
et où le régime parlementaire peut être un formidable engin de dislocation et de rénovation.

Nous nous servons contre la société présente,
injuste et barbare, du mécanisme même qu'elle a
créé, et c'est dans le vieux clocher, avec la clo-
che qui a sonné toutes les fêtes bourgeoises, que
nous sonnerons les temps nouveaux.

Bien à vous,

JEAN JAURÈS.

LETTRE DE M. PAUL DESCHANEL

VICE-PRÉSIDENT DE LA CHAMBRE DES DÉPUTÉS

Je vous remercie, monsieur, de m'avoir fait lire vos croquis si vivants et si variés. Le baron Alphonse de Rothschild et M. Jules Guesde ; le duc de Doudeauville et M. Fournière ; M. Paul Leroy-Beaulieu et M. Brousse ; M. Schneider, les contre-maîtres et les ouvriers du Creusot ; la municipalité socialiste de Roubaix et les manufacturiers de cette ville ; le président de la Chambre de commerce de Paris et le familistère de Guise ; M. Christophle ; M. Eugène Pereire ; ouvriers, paysans, marins ; — puis, au-delà de la Manche, M. John Burns, le leader socialiste à la Chambre des Communes, et le général Booth, généralissime de l'armée du Salut ; au-delà du Rhin, M. Bebel et le professeur Adolf Wagner ; le pasteur anti-sémite Stœcker et M. de Hansemann, président de la banque d'escompte de Berlin ; en Autriche, le prince Aloïs de Liechstenstein, chef des « chrétiens sociaux », et M. Schœffle ; le chef des socialistes russes, M. Pierre Lavrof, et l'éminent professeur à l'Université de Moscou, M. Wladimir Soloviev ; un *mir* russe et une émeute ouvrière en Pologne ; l'anarchiste italien Malatesta, et l'évêque populaire du Minnesota, Mgr Ireland : — voilà, certes, une galerie de portraits, de tableaux, comme peu de collectionneurs pourraient se flatter d'en réunir, et, en quelques pages, un monde de faits, d'idées, sur la constitution des sociétés et l'avenir de la civilisation. Vous avez illustré la gravité du sujet par la diversité piquante des peintures, et fait succéder habilement aux révoltes tragiques de la misère des scènes de mordante comédie, dignes du crayon de Forain. Votre livre est à la fois d'un homme de cœur et d'un artiste.

M. Jaurès vous loue d'avoir compris ; il a raison. Oui, vous avez bien marqué les grandes lignes des principaux systèmes qui se disputent à l'heure qu'il est l'empire des esprits. Et, de plus, vous avez senti. Vous avez senti ce qu'il y a, aujourd'hui encore, d'affreusement misérable dans un grand nombre d'existences, ce qui reste d'injustice dans nos vieilles sociétés à la veille du vingtième siècle.

Vous avez bien rendu aussi ce qu'il y a d'inévitablement partial (même hors l'égoïsme vulgaire) dans les vues de la plupart des hommes attelés, du haut en bas de l'échelle, à leur besogne. Chacun, — sauf de rares exceptions, — confond volontiers sa fonction avec l'intérêt social, et ne voit que le côté du problème qui le regarde ; chacun semble enfermé dans son compartiment, — qui dans son champ ou dans son atelier, qui dans sa banque ou sa boutique, qui dans son parti, sa secte ou son salon, — et isolé intellectuellement de ses voisins comme par des cloisons étanches.

Peut-être l'essor de la production et de la civilisation même est-il à ce prix : la spécialisation du travail est à la fois un effet et une condition du progrès. Mais c'est à vous, écrivains désintéressés, et c'est à nous, législateurs, d'essayer de nous élever au-dessus de ces cadres étroits, et de faire la synthèse des idées, afin de concilier les intérêts et de prévenir les conflits.

Permettez-moi donc d'espérer que vous ne vous en tiendrez pas là, et que vous poursuivrez votre enquête.

Ne serait-il pas utile, par exemple, au moment où la question des retraites ouvrières a été posée chez nous par des hommes de tous les partis, d'interroger, sur la loi allemande de 1889, qui a établi l'assurance obligatoire pour l'invalidité et la vieillesse, les inspirateurs mêmes de cette législation, M. de Bismarck ou un de ses collaborateurs, et d'apprendre, de la bouche des patrons et des ouvriers d'Outre-Rhin, les causes multiples de son insuccès et de son impopularité ?

De même, n'y aurait-il pas intérêt à consulter les hommes d'Etat suisses sur les essais de législation industrielle internationale qu'ils ont tentés à diverses reprises, sur ces projets qui tendent à organiser une entente dans l'ordre des questions de travail, comme il y a déjà, dans l'ordre politique, un droit des gens, et, en matière d'échange, des traités de commerce ?

Et permettez-moi d'espérer aussi que, après

avoir fait parler les autres, vous parlerez à votre
tour, pour votre compte?

J'imagine que vos conclusions ne seront pas
très éloignées des nôtres, et que vous viendrez
grossir les rangs, toujours plus nombreux, de
ceux qui n'admettent ni les exagérations du socialisme, ni celles de l'économie politique classique, et qui ont établi très fermement leur plan
de travail et d'étude dans une région intermé-
diaire entre ces deux pôles.

Certes, nous sommes pénétrés d'une recon-
naissance profonde envers les hommes tels que
Dupont de Nemours, Gournay, Turgot surtout,
qui ont conquis à la France la liberté du travail. Mais personne ne peut contester que l'économie politique, tournée d'abord contre les abus
du système corporatif et de la monarchie absolue, ait été tournée en même temps contre le
principe même d'association et contre l'action de
l'Etat. Les économistes, après avoir été engagés
au premier rang dans la lutte contre l'ancien régime, l'ont été ensuite, au cours de ce siècle,
dans la bataille contre le socialisme : c'est leur
honneur ; mais c'est aussi ce qui explique ce qu'il
y a de systématique et d'excessif dans leurs doctrines. La réaction se produit peu à peu ; elle ne
pouvait pas ne pas se produire : une conciliation
s'opère par la force des choses entre les idées
opposées ; le pendule, après avoir oscillé vio-
lemment d'un pôle à l'autre pendant un siècle,
tend à se rapprocher du milieu.

On ne peut contester non plus que les écono-

mistes, surtout ceux de l'Ecole anglaise, aient
fourni aux socialistes leurs armes. Toute l'œuvre
de Marx est un dérivé des erreurs de Ricardo,
de Malthus et de Stuart Mill ; tout le système de
socialisme agraire de Henry George est issu de
la fausse théorie de la rente du sol, de Ricardo.
Le socialisme repose sur les parties caduques de
l'économie politique. Et c'est pour cela, parce
qu'ils sont partis des mêmes notions erronées
— sur la valeur, le capital, la rente, le salaire, la
population, — que l'économie politique classique
d'une part et le socialisme de l'autre, sont également
ment impuissants à résoudre la question sociale.

A nos yeux, ceux qui attendent tout de l'intérêt privé, comme ceux qui s'en remettent en tout
à l'action publique, n'ont qu'une vue incomplète
des phénomènes sociaux. Nous ne sommes ni
avec ceux qui écrasent l'individu sous le joug
collectiviste, ni avec ceux qui prennent un minimum de gouvernement pour la liberté.

Quelle est, en effet, dans les doctrines des économistes classiques, l'idée juste, la conquête durable ? C'est la liberté du travail, c'est la force de
l'initiative individuelle, principal levier du progrès.
Et, au contraire, quelle est, dans ces mêmes théories, la part de l'exagération, quelles sont ou
quelles étaient les tendances qui ne correspondent
plus aux besoins de notre temps et à l'état présent
de la science ? C'était la peur de l'association ;
c'est une défiance de l'Etat qui se comprenait sous
les régimes de compression, lorsque le principe
de non-intervention était une arme de guerre

contre l'absolutisme monarchique, mais qui n'a plus les mêmes raisons d'être quand l'Etat, organe de la société, délégation de la souveraineté nationale pour une mission d'ordre et de bien public, n'a plus d'autorité souveraine sur les personnes et sur les biens ; c'est la propension à réduire toute l'économie sociale à la loi de l'offre et de la demande, à considérer l'intérêt personnel comme l'unique régulateur, enfin à ériger en « lois naturelles » et immuables des lois positives, nées de la volonté de l'homme, partant toujours modifiables à son gré.

Et, d'autre part, quelles sont les vues justes mêlées aux illusions et aux rêveries socialistes? C'est que l'industrialisme contemporain a engendré, par les crises de surproduction, par les chômages, par les accidents, etc., une nouvelle forme de paupérisme inconnue aux autres époques ; c'est l'utilité et la puissance de l'union, de la coopération (toute une élite intellectuelle a subi l'influence du Saint-Simonisme ; plusieurs des disciples de Saint-Simon ont été les initiateurs des grandes entreprises financières et des Compagnies de chemins de fer) ; c'est l'idée que l'Etat a d'autres devoirs que celui d'assurer l'ordre matériel, et qu'il ne doit pas seulement au peuple la justice au sens judaïque du terme ; c'est que, si l'inégalité est la loi de la nature et de la vie universelle, la grandeur de l'homme est de la corriger en ce qu'elle a de contraire au droit et à la morale ; c'est, en un mot, le principe de la solidarité.

Et, au contraire, quelle est, dans le socialisme,

la part d'erreur et d'utopie? C'est l'affirmation
que « les riches deviennent toujours plus riches
et les pauvres plus pauvres », maxime anti-scien-
tifique, manifestement contraire à la réalité, faisant renaître l'idée fausse de « classes » et la
lutte entre celles-ci ; c'est le sophisme qui consiste à dire que le collectivisme se fait sous nos
yeux par la concentration des capitaux, comme
si l'on pouvait assimiler le jeu des associations
libres et concurrentes à la coërcition collectiviste ;
c'est cet autre sophisme, qui confond la résurrec-
tion du droit de propriété souveraine, régalienne
(exercée, non plus par le prince ou le seigneur
féodal, mais par les comités de la révolution sociale et leurs agents), c'est-à-dire la superpo-
sition de deux droits de propriété sur les mêmes
objets, avec la coexistence des deux modes de
propriété, — publique et privée, — portant chacune sur des objets différents, tels que nous les
voyons se développer l'une à côté de l'autre dans
l'ordre actuel : si bien qu'aujourd'hui je suis propriétaire souverain de mon champ, de ma maison
ou de mon épargne, de même que l'Etat, les dé-
partements et les communes sont propriétaires
souverains de leurs biens, au lieu que dans l'ordre collectiviste « la nation », devenue propriétaire « éminente » de tous mes biens, aurait le
droit d'en disposer à sa guise ; (et c'est en quoi
ceux qui prétendent que ces deux mots : « communauté » et « partage » hurlent d'être accou-
plés, se dupent eux-mêmes, ou dupent les autres);
— c'est la contrainte en vue, d'une égalité de

fait à la fois chimérique et révoltante ; c'est le travail et la liberté de l'homme livrés à l'arbitraire d'une autorité sans frein ; c'est le ressort de l'activité personnelle et du progrès humain brisé, puisque, l'intérêt de tous les capitaux étant supprimé, comme dans le droit canonique du Moyen-âge (ce qui ne l'empêcherait pas de renaître, comme alors, sous la forme de l'usure), et puisque la propriété étant toujours précaire et révocable et l'héritage aboli (au moins en fait, par l'impôt progressif à haute pression), nul ne se soucierait plus de semer ce qui devrait être récolté par d'autres ; — c'est la production appauvrie ; la direction, la surveillance, le contrôle de la production et de l'échange impraticables ; enfin la répartition des biens, objet suprême de tous les arrangements autoritaires du socialisme, absolument impossible à fixer équitablement : car les pires abus du mode actuel de propriété ne prouvent pas que le mode socialiste lui serait supérieur ; il ne s'agit pas seulement de savoir si la répartition peut être injuste sous le régime de la propriété individuelle et pourquoi elle l'est, il faut encore être sûr qu'elle le serait moins sous le régime de la propriété collectiviste, — qu'il ne faut pas confondre, encore un coup, avec la propriété sociale, publique, parfaitement légitime, celle-ci, utile et compatible avec la propriété privée ; mais ce n'est pas cette conciliation normale, rationnelle entre les deux modes, que les socialistes ont en vue ; et ici encore, il y a une confusion qui risque d'égarer les esprits.

Voilà, suivant nous, ce qu'il y a de vrai et de faux des deux parts.

Il faut donc concilier l'individualisme et l'altruisme, combiner les forces privées — individu, association, coopération, — avec les forces publiques, — commune, département, Etat. — La forme supérieure de l'organisme social est, dans l'ordre économique, la synthèse de l'action privée et de l'action publique, comme, dans l'ordre politique, celle de la liberté et de l'autorité, et, dans l'ordre administratif, celle de la centralisation et de la décentralisation.

Certes, il est plus facile de laisser faire et de se croiser les bras, comme les économistes doctrinaires; et aussi il est plus facile de promettre au peuple, à défaut du paradis céleste, le paradis sur terre, et de bercer la misère humaine par une chanson nouvelle, comme les socialistes ; les uns et les autres, du haut de leur intransigeance dogmatique et de leurs maximes toutes faites, raillent notre éclectisme, — qu'ils appellent scepticisme ; — ils nous demandent avec ironie jusqu'où nous irons, et ils nous reprochent de manquer de principes et d'idéal. Il est très vrai qu'à nos yeux, dans l'ordre économique comme dans l'ordre politique, et en matière de travail comme en matière de douane, chaque cas qui se présente est une question d'espèce et demande une solution particulière, différente ; nous ne croyons pas à la vertu des axiomes *a priori*, à la magie des formules uniques et absolues, pour résoudre ces complexes problèmes. Mais quoi !

est-ce donc manquer de principes et d'idéal, que de nous refuser à séparer l'histoire, le droit, la morale de l'économie politique, et la notion du juste de celle de l'utile? Est-ce manquer d'idéal, que de mettre au-dessus des biens matériels la créature qui pense et qui souffre ? Est-ce manquer de principes, après avoir fait le tour des idées, des systèmes qui ont agité le monde depuis un siècle, d'y reconnaître ce qu'il y a de contingent et de relatif, d'en discerner le fort et le faible, d'essayer de ramener les intérêts particuliers à l'intérêt général, et de nous élever à ce point qui, dans une société, domine les contradictions et les travers?

Alors, loin de flotter au hasard des circonstances, on tient, pour chaque affaire, le fil conducteur ; dans le détail des choses et les applications de la pratique, on sait où l'on va, parce qu'on a eu, du sommet qu'on a gravi d'abord, une vue d'ensemble.

Quand, par exemple, vous nous conduisiez, à la suite de pauvres femmes en haillons, dans les misérables taudis sans lumière et sans air des quartiers ouvriers de Roubaix, je pensais à tout ce qui nous reste à faire au point de vue du logement de l'ouvrier, de la salubrité et de l'hygiène, et à ce qu'ont fait d'autres peuples. Sans doute, de généreux efforts ont été accomplis dans notre pays depuis quelques années, soit par l'initiative privée, soit par le législateur (je n'ai garde d'oublier l'excellente loi de mon ami Siegfried) ; mais, en cela comme en bien d'autres choses, la France

s'était laissé trop longtemps distancer : nous
sommes en retard.

De même, quand j'écoutais avec vous les doléances de l'ouvrier du Creusot contre les institutions patronales qui l'enserrent en même temps
qu'elles le protègent, je pensais que ces œuvres
si utiles aujourd'hui encore et en bien des cas
indispensables, qui font tant d'honneur au génie
d'organisation et à la prévoyance de nos grands
industriels, je pensais que cette tutelle, dont les
ouvriers sentent plus la sujétion que les bienfaits,
tiennent à un régime transitoire entre l'industrie
du passé et celle de l'avenir; que ces formes, actuellement bienfaisantes et nécessaires, sont
destinées à disparaître ; et que, comme l'a dit un
de ces grands patrons philanthropes, un de ceux
précisément qui ont élevé les institutions patronales au plus haut degré de perfection, M. Engel
Dollfus, la pratique de l'épargne et de la prévoyance sous les auspices du patronage précède
logiquement la complète émancipation économique au moyen de la coopération.

Je pourrais multiplier ces exemples.

Ainsi, chaque cas particulier se ramène aussitôt
à une vue générale. Résultats acquis, conquêtes
nouvelles à réaliser, législation et histoire com-
parées, méthodes, tous les éléments du problème
se présentent en même temps à la pensée. Sans
doute, ces vues d'ensemble ne peuvent supprimer,
hélas ! un des facteurs indispensables de toute
amélioration sociale : le temps ; mais on voit le
but à atteindre, la voie à suivre, les obstacles à

franchir, les moyens de les vaincre, et l'on trouve dans cette intelligence de la réalité plus de force pour agir, parce qu'on aperçoit clairement, au-delà des souffrances et des fatalités présentes, les délivrances futures.

C'est pourquoi nous devons remercier tous ceux qui, comme vous, monsieur, sans nul parti-pris d'éducation, de milieu ou d'école, apportent leur contribution désintéressée à ce libre examen.

Nous n'avons pas trop de toutes les intelli-gences et de tous les courages pour accomplir l'œuvre de solidarité et de justice qui est, — avec le relèvement définitif de la patrie, — le noble tourment et le grand devoir de notre génération.

Paul DESCHANEL.

ENQUÊTE

SUR

LA QUESTION SOCIALE

EN EUROPE

AVANT-PROPOS

Le socialisme — qu'il faudrait définir : la systé-
matisation de la solidarité humaine — est devenu
la préoccupation générale, presque la hantise de
l'heure présente. De tous les phénomènes susci-
tés par les prodigues enfantements du siècle,
beaucoup le considèrent non seulement comme
le plus important, mais comme celui dont la solution est la plus impérieuse : appréciation qui,
peut-être, ne tient pas suffisamment compte des
éléments de fortuité, d'actualité pittoresque qui
la constituent. Certains évènements récents,
malgré leur retentissement énorme, méritaient-
ils bien l'effroi qu'ils ont causé ? Ou ne s'en est-
on pas effrayé quelque peu par jeu, amour des
émotions théâtrales ? La manifestation du 1er mai,
qu'est-elle en somme, sinon le lundi idéal de la
classe ouvrière ? Des catastrophes comme celle de
Fourmies, ne se renouvelleront pas de sitôt ; si
la leçon a été rude, du moins dégoûtera-t-elle
les foules des frissons dramatiques. Les exploits
de Pini, ceux de Ravachol ne diffèrent des cri-

mes vulgaires que par l'ironie des arguments et
l'originalité des moyens, sans d'ailleurs moins
relever du feuilleton que ceux de Rocambole.
Même, pour remonter à des faits dignes de l'histoire, aux journées de juin ou aux mois de la
commune, ces insurrections ne doivent-elles pas
leur durable terreur aux épisodes épiques, aux
monstrueux incidents de la bataille ? Leurs causes ne furent-elles pas de courte venue, quoique
de jet puissant, plutôt psychologiques que sociales ? Et la principale, chez une plèbe grandie
dans la légende des barricades, ne serait-ce pas
le besoin d'une truculence héroïque par-dessus
la pâleur de ses joues d'anémie ?

Ces remarques ne tendent pas à méconnaître
l'acuité du phénomène socialiste, mais plutôt à
lui donner, à lui rendre, avec son véritable caractère, sa décisive importance. Cette importance, il faut la voir, au matériel, dans les transformations amenées par le machinisme, dans les
avatars de la production et de l'échange, dans la
constitution des centres industriels et l'agglomération, la condensation des capitaux. Au moral,
elle se manifeste par la continuité des revendications prolétariennes, leur énergie, leurs exigences toujours grandissantes ; par l'adhésion,
par la sympathie qui, de tant de côtés, leur vient
de l'élite humaine ; surtout par leur corrélation,
bien que longtemps inconsciente, avec les droits
physiologiques que la science moderne donne,

comme éléments premiers, aux existences de tout ordre.

De ces points de vue, le socialisme se découvre permanent et vivace durant tout le siècle, s'y développe sans une halte, a même l'excessivité de croissance de la vie générale. Dès son aube, à peine appliqués, les prodiges de l'industrialisme scientifique, des théoriciens de génie, observateurs autant que voyants, Saint-Simon et Fourier, annoncent, l'un la prédominance prochaine des faits économiques, l'autre la fatalité des crises industrielles et commerciales, leur fréquence de plus en plus grande tant que l'anarchisme sociologique persistera. Peu après, lorsque le développement du machinisme cause la gêne ou déjà la ruine des petites industries, condamne à de mortels chômages des milliers de bras prolétariens, le socialisme, puéril et surpris, ne sait que combattre en désespéré ou rêver le miracle ; et, même quand il balbutie des systèmes, son idéalisme prédomine si bien que dans l'association il voit surtout la concrétion de la fraternité. Mais voici qu'avec les chemins de fer le capital étend partout ses tentacules ; il possède des mines qui sont des contrées souterraines, des usines dont les villes forment la dépendance, des magasins qui donnent la vie à tout un quartier de capitale. Bientôt même, la voracité enivre le monstre qui s'abandonne à la furie des entreprises, à l'idéalisme des spéculations, aux risques

de l'accaparement, au jeu sans frein de la Toute
Puissance. Cependant, à ses côtés, le socialisme
croît, lui aussi, se virilisant et s'intellectualisant;
et l'oppression du régime capitaliste, ses théoriciens l'ont su décrire avant la pléthore, le dé-
noncer encore à demi tyrannique. N'y a-t-il pas
trente ans déjà que Karl Marx en fit la géniale
analyse et la critique définitive? Mais sa voix,
austérisée de science, ne parvint d'abord qu'à
une élite restreinte de travailleurs. Car, en dépit
des légendes, l'Internationale, dont on s'effara
tant, ne fut jamais qu'une peu nombreuse agglomération de politiciens de rebut et d'ouvriers
d'élection. C'est surtout après la Commune que le
socialisme marxiste se répandit dans les masses
prolétariennes. Des partis ouvriers se constituè-
rent en Allemagne d'abord, puis en France, en
Belgique, en Hollande, indépendants des partis
politiques et différant foncièrement d'idéal avec
eux, dont le programme comportait la création
d'un quatrième état, ou, plus exactement, la fusion
de toutes les classes dans une république de travailleurs.

Sans nous attacher aux changements de ces
partis, devenus depuis politiques, il nous faut
retenir leur force de propagande. Quoi qu'ils
deviennent, et bien qu'ils s'écartent du but premier, un résultat capital est acquis. Un nouvel
idéal a été révélé aux masses : elles ont été déli-
vrées du maillot des vertus séculaires, déseni-

vrées de l'éthérisation du rêve, et elles ont
retenu que, d'un bout à l'autre de l'Histoire,
trône la statue divine de la Force.

A cette organisation des forces ouvrières, à
cet idéal de matérialisme scientifique, qu'ont
opposé les classes dirigeantes ? Des plaisanteries
dont le succès date de 1848, des effronteries historiques à la Bossuet et à la Loriquet, des principes économiques qui furent d'actualité au temps
des diligences. Au vrai, théoriquement, elles
ne se sont pas défendues, dédaigneuses certes,
impuissantes peut-être. Elles eussent pu, sem-
ble-t-il, se réclamer, elles aussi, des constata-
tions de la science moderne, légitimer l'empire
de leurs pschutteux par la persistance du plus
apte, identifier la force et le droit, ériger en
sélection justicière la lutte pour la vie. Elles ont
négligé ces arguments, gênées sans doute par
les idéaux qui jusqu'ici avaient soutenu leur
domination : devoirs supraterrestres du chrétien
et droits abstraits de l'homme de 89. Elles se
sont bornées à dire, à répéter et à croire suc-
cinctement qu'*il en avait toujours été ainsi* : car,
nul ne l'ignore, la condition sociale de monsieur
Prudhomme est identique à celle de Téglath-Pha-
lazar ! Même la petite bourgeoisie s'est longtemps
affolée à la seule idée d'un changement dans le
mode propriétaire, sans s'apercevoir qu'il s'opé-
rait en dépit d'elle et à son détriment. Voici

pourtant qu'elle le soupçonne : son commerce de
détail languit; son industrie est presque morte;
l'intérêt de l'argent tombe à 3 o/o ; les place-
ments plus rémunérateurs nécessitent la spéculation; les krachs pullulent. Si l'ouvrier, qui
était presque un artiste dans l'ancienne organisation du travail, est devenu un manœuvre, un
quasi-automate, le bourgeois, lui, de petit patron,
de l'homme d'initiative et d'indépendance qu'il
était, est transformé, sous le régime capitaliste,
en ingénieur salarié ou en actionnaire passif, et,
sous ces deux formes, se trouve également à la
merci de la féodalité financière. D'autre part,
cette féodalité en apparence si puissante, si
royale, qui semble créer le destin, ne se dirige
guère qu'à tâtons dans la confusion monstrueuse
de ses entreprises. Des colonies se fondent, des
régions s'explorent, de jeunes nations se développent, les vieilles, âprement, se concurren-
cent; on mesure mal les besoins, on engorge
aussitôt les moindres débouchés, on spécule à
l'aveuglette, on surproduit néfastement. De là,
mille ruines, qui se répercutent d'un continent
à l'autre, ébranlent le crédit des Etats, raflent
les épargnes du rentier, réduisent le prolétaire
au chômage. Et, de ces mille ruines, mille plaintes, mille revendications, mille menaces, le sou-
lèvement de toutes les consciences à la suite du
péril de tous les intérêts. C'est peu, devant tant
d'ennemis qui, tôt ou tard, se coaliseront, de

n'avoir pour soi — et la féodalité financière, si riche, n'a rien d'autre — que les axiomes de J.-B. Say. Encore tout laisse-t-il prévoir que cette artillerie de bicoque va faire défection.

Or, tout récemment, à la suite de quelques incidents dont j'ai souligné l'insignifiance, les classes dirigeantes ont paru s'émouvoir, ont même prétendu s'effarer pour la volupté de leurs nerfs ; et si leur effarement moral est médiocre, on n'en peut dire autant de leur désarroi intellectuel.

L'indicible tohu-bohu de bonnes intentions, d'expédients charlatanesques et de remèdes de bonne femme ! Des religions dont c'est le rôle de prêcher la charité s'accommodent de la justice ; des empereurs improvisent des socialismes d'Etat ; des professeurs au Collège de France admettent des bornes au laisser-faire, laisser-passer ; des millionnaires catholiques trouvent mal gagnés les millions des circoncis ; des jacobins conçoivent que l'égalité civique ne soit pas l'unique pot-bouille ; les hommes de cheval ne voient pas d'inconvénient à la journée de 8 heures ! Et surtout tout le monde est unanime à déclarer *qu'il y a quelque chose à faire*. Le Pape est socialiste, Guillaume II est socialiste, M. de Bloechreder est socialiste, M. Maurice Barrès est socialiste, Nini-patte-en-l'air est socialiste !! Et plus on a de rentes, plus on ne fait rien, plus on joue au poker, plus on

five o'clocke, plus on s'habille chez Redfern, plus
on se coiffe chez Lentéric, plus on est socialiste!
Cauchemar si l'on veut, mode bien davantage.
Aussi bien, que d'autres s'en indignent. Si le
socialisme n'était devenu une actualité *bien pari-
sienne*, le reporter aurait-il jamais eu l'occasion
d'interviewer?

Les opinions qui me seront confiées, je les
transmettrai telles quelles: sincères ou menson-
gères, hurlantes ou discrètes, voire contradic-
toires et saugrenues. Le socialisme sera glorifié
et honni ; on le proclamera imminent et on l'as-
surera impossible ; il sera dit la formule suprême
des sociétés et la tarte à la crème du moment.
Pour moi, j'enregistrerai.

Août 1892.

PREMIÈRE PARTIE

CAPITALISTES ET PROLÉTAIRES

AU CREUZOT

UN CONTRE-MAITRE

Il fait nuit, le ciel est criblé d'étoiles ; tout le long de la route, par la portière entr'ouverte du wagon, j'avais respiré un air délectable chargé du parfum des foins fraîchement coupés ; je m'étais laissé vaguement assoupir dans la contemplation des paysages noirs fuyants sous ce ciel d'orfèvrerie, enveloppés par une brume fine où persistait un peu des clartés bleues d'un crépuscule attardé.

Seul dans mon compartiment, je ne pensais plus au Creuzot ni à rien de ce qui m'y amenait, tout à la jouissance molle de cette soirée rêveuse et douce. Le train s'arrête brusquement et je descends, encore engourdi.

En mettant le pied sur le quai de la gare, une odeur de soufre, qui ne me quittera plus pendant tout mon séjour là, me prend à la gorge ; en même temps, arrive à mes oreilles un bruit énorme, sourd, lointain, pesant ; je m'informe : c'est le marteau-pilon de 100,000 kilog. qui manœuvre jour et nuit.

Un ouvrier parisien de mes amis m'avait recommandé à son beau-frère, contremaître au Creuzot, qui m'attendait à la sortie de la gare ; je laisse mon bagage à l'omnibus de l'hôtel, et à

petits pas, je m'achemine avec mon compagnon
à travers les rues désertes. Je regarde autour
de moi : c'est déjà toute une ville éblouissante,
fantastique, aux pignons et aux murs de verre,
illuminés de la lumière bleue des lampes électri-
ques.

— Les ateliers n'arrêtent pas, me dit mon
contremaître; il y a une équipe de jour et une
équipe de nuit.

Autour de nous, tout près et très loin, comme
une armée de géants, la foule des cheminées
crache des tourbillons de fumée vers le ciel où
les étoiles clignotent plus faiblement. Nous gra-
vissons une pente assez abrupte, bordée de maisons aux façades sinistres. Tout à coup, à mi-
côte, devant une rampe en fer qui commence à
la dernière maison, éclate à nos yeux un spectacle terrifiant, formidable, grandiose.

Un gouffre immense est sous nos pieds, borné,
au fond, par une rangée de feux sombres; au
centre, dans le trou, un flamboiement extraordinaire illumine les façades vitrées de halls gigan-
tesques, les spectres prodigieux de tourelles de
fer, les pignons des hangars, les bras rigides
des grues, des amoncellements de métaux; sur
le ciel bleu profond sali de tourbillons de fumée,
toutes les choses prennent des développements
surhumains; c'est un chaos inouï de formes inat-
tendues, heurtées, rudes, disproportionnées, sur
lesquelles se projettent, démesurées, les ombres
d'hommes gesticulant follement devant la gueule
des fours, enjambant des ruisseaux de feu liquide

qui serpentent dans la terre noire ; de temps en temps, des guichets de brasiers s'ouvrent sur des constructions basses d'où s'échappent, par vingtaines, des flammes ardentes, et c'est, par ces portes d'enfer, une dégringolade continue de gros blocs rouges qu'un plancher roulant entraîne sous des jets d'eau.

Au-dessus de ce spectacle dantesque, l'accompagnant dans une harmonie farouche, un indescriptible bruit, fait de vacarmes indistincts, de tapages lointains, plane, gémit, hurle ; mais, dominant tout cela, dominant les rivières de feu, les incendies des fours, les ouragans de fumée, écrasant l'universel et tragique tumulte du gouffre, un prodigieux ronflement s'élève d'un coin de ténèbres, par intervalles réguliers : c'est la respiration de la « Machine soufflante », qui boit au ciel, avec sa grande gueule, l'air nécessaire au fonctionnement du monstrueux organisme. Dans la gloire épique du tableau, ce bruit-là, sinistre et géant, éclate comme un colossal et lamentable sanglot ; à l'écouter, le cœur se serre, et on voudrait plaindre et consoler l'invisible et douloureux bruit...

— Alors ces gens-là travaillent toute la nuit ? demandai-je sans quitter le spectacle des yeux, à mon compagnon qui fumait tranquillement sa pipe, le dos tourné au gouffre, appuyé au garde-fou.

— Naturellement. Les fours ne s'éteignent jamais.

— Combien y a-t-il d'ouvriers là-dedans ?

— En tout une douzaine de mille ici, et quatre mille à peu près aux mines de la Compagnie et dans les dépendances.

— Combien d'heures travaillent-ils?

— La journée est de douze heures; mais, en réalité, ils ne travaillent que dix heures, parce qu'ils se reposent un peu et qu'ils mangent.

— Et ils gagnent?

— Oh ! ça varie beaucoup ! Les manœuvres gagnent de 2 fr. 55 à 3 francs par jour, les bons ouvriers, les ajusteurs, les chauffeurs, les contremaîtres comme moi peuvent aller de cent sous à dix francs : mais bien sûr, ajouta-t-il en riant, qu'il y a en a plus à trois francs qu'à dix ! C'est même la très grande majorité.

Je ne pus m'empêcher de m'écrier :

— En voilà un métier ! En voilà un métier !

—Oh ! allez ! répliqua mon guide d'un ton dégagé, ils ne sont pas plus malheureux que d'autres ! Ils ne se plaignent pas d'ailleurs ; ils y sont tellement habitués ! Pensez donc : on vient ici en sortant de l'école et on ne s'en va que quand on n'est vraiment plus bon à rien.

— Y a-t-il souvent des grèves, ici ?

—Jamais. La dernière remonte à 1871. Oh ! ils savent bien que ça ne servirait à rien, d'abord, et puis ceux qu'on pincerait pourraient être sûrs de leur affaire...

Il ajouta, après un silence :

—Des grèves, pourquoi faire ? On fait tout pour les ouvriers ici ; quand les enfants sortent

de l'école primaire, ils passent des examens pour
entrer dans les écoles d'apprentissage de
M. Schneider; là on leur apprend tout ce qu'il
faut pour être admis à l'usine comme apprentis;
les plus intelligents, cinq ou six tous les ans, sont
envoyés à l'Ecole des arts et métiers de Châlons,
reviennent ici comme dessinateurs et peuvent
devenir contremaîtres et chefs d'ateliers ; les
autres sont reçus dans les ateliers de tournerie,
d'ajustage, de forge, de chaudronnerie : les
derniers sont mis aux fours à pudler s'ils sont
solides, ou bien on en fait des mineurs ou des
manœuvres. Alors, ils gagnent tout de suite et
ils apprennent leur métier ; ils ont douze sous
par jour pour commencer, et tous les ans, aux
bons sujets, on accorde cinq sous par jour d'augmentation; ils arrivent comme ça à se faire... hé !
hé ! cinquante-cinq sous, trois francs, et même
plus, au moment de tirer au sort. Ils font leur
service militaire et reviennent ici; souvent, s'ils
sont bons ouvriers et qu'il y ait de la place, on
leur trouve un emploi à l'atelier, ou bien on les
fait travailler comme manœuvres, en attendant.
C'est une bonne chose, çà ! Tenez, c'est comme
pour les accidents : il y a une infirmerie gratuite,
un chirurgien, gratuit aussi, pour les opérations,
parce que vous savez, ici, les accidents ne sont
pas rares, il y en a même tous les jours, plus ou
moins; pensez donc ! sur des milliers d'ouvriers,
il y en a toujours qui ne font pas attention...

— Ils sont payés, les ouvriers, quand ils sont
blessés ?

— Oh! je crois bien; on leur donne un tiers
de leur journée, et « les pharmacies » pour rien.
Vous comprenez bien que si on payait davantage il y en aurait qui se feraient blesser
exprès, histoire de pouvoir se reposer tranquillement chez eux!

— Et quand ils meurent?

— Eh bien! leurs femmes, s'ils sont mariés,
ont une pension...

— De combien?

— Ça dépend encore du nombre des enfants;
ça peut être vingt, trente et même quarante
francs par mois! Je vous dis, ici, il n'y a pas à se
plaindre; M. Schneider fait bien les choses, c'est
un brave homme qui a le cœur sur la main; il
est député d'ailleurs, conseiller général et maire
du Creuzot, ce qui prouve bien qu'on connaît
son bon cœur.

— Il doit y avoir encore d'autres avantages?
demandai-je à ce contre-maître modèle.

Il réfléchit un moment et ajouta en souriant
d'un air malin, très content de sa trouvaille :

— Ah! et puis, ici, les ouvriers peuvent devenir propriétaires!

— Comment cela?

— Mais oui! La Compagnie nous avance l'argent qu'il nous faut pour faire bâtir une maison;
on rembourse tant par mois, et, au bout d'un
certain temps, on a sa petite maison et son petit
jardin à soi... Alors, quand vient la retraite, on
peut faire le rentier!

— On a une retraite aussi?

— Et c'est la Compagnie qui paie, s'il vous plaît ! On ne nous retient pas un sou sur nos journées, comme on fait dans presque toutes les usines.

— Une retraite de combien?

— Eh! mais, ça va de dix ou quinze francs par mois, à trente et quarante francs, ça dépend des salaires, car la Compagnie verse tous les ans à la caisse en proportion de ce que l'ouvrier gagne. C'est bien généreux de la part de la Compagnie, il n'y a pas à dire.

Une odeur épouvantable de houille, de soufre, de suie, de poussière sortait du gouffre ; on se sentait comme enveloppé, pénétré par la fumée.

— Alors, dis-je, pour résumer, voilà des gens nés ici, entrés à l'école de M. Schneider, qui ont passé toute leur vie, douze heures par jour, été comme hiver, dans ce grand trou-là, à respirer ça, à s'éreinter, et qui finissent leurs jours, s'ils sont bien sages et s'ils ont fait des économies, dans des maisonnettes avec 20 francs par mois de pension?

Mon contremaître me regarda, étonné, ne sachant où je voulais en venir :

— Eh bien! dit-il, c'est toujours ça, voyons, ça vaut mieux que rien, puisqu'ils n'ont rien eu à verser! D'ailleurs, ils ne se plaignent pas! Encore bien contents, allez, de trouver de l'ouvrage jusqu'à 60 ou 65 ans... Qu'est-ce que vous voulez qu'ils demandent de plus, du moment qu'ils peuvent élever leurs enfants et qu'ils sont à peu près sûrs d'avoir du pain jusqu'à la fin de leurs jours ! Ça n'est-il pas le bonheur pour un ouvrier?

— Oui, dis-je, pour vider à fond les idées de mon contremaître, mais la Compagnie en gagne, de l'argent, tous les ans, avec le travail des ouvriers?

— Ah! ah! je crois bien! Il paraît même que, l'année dernière, il y a eu des millions et des millions de bénéfices!

— Eh bien, dis-je en ayant l'air de rire, ils n'ont pas envie de partager?

— Qui ça, partager ?

— Les ouvriers!

— Tout ça, c'est des bêtises, les ouvriers c'est des ouvriers, et les patrons c'est des patrons. On n'y changera jamais rien, allez. Vous croyez qu'il n'en faut pas, de l'argent, pour faire marcher des manivelles comme ça!

— Alors, il n'y a pas de socialistes, ici?

— Ah! ah! ils ne s'y frottent pas! Ils seraient mal reçus au Creuzot... Il ne faut pas qu'on bronche, sous ce rapport-là, vous savez... On les aurait vite fait filer, les récalcitrants, et à quoi ça les avancerait-il ? Ils seraient forcés d'aller chercher bien loin du travail... savoir même s'ils en trouveraient... c'est pas toujours commode... qu'est-ce qui donnerait du pain aux mioches pendant ce temps-là? Non, non, on se tient bien tranquille ici, je vous dis.

Le lendemain, je visitai le Creuzot en détail.

Rendre, même à peu près, l'horrible impression de pitié, de tristesse, de terreur que j'ai ressentie là, est une tâche au-dessus de mes forces. Sans doute M. Schneider sera bien étonné en lisant cela. Il y est habitué, lui, né, élevé au Creuzot, nourri, pour ainsi dire, de cette atmosphère, il s'est peu à peu blasé au spectacle de cet enfer qui est le produit de sa collaboration avec le progrès industriel; mais il est trop intelligent et à coup sûr trop sensible pour ne pas comprendre ce qui s'en dégage d'opprimant, d'effarant et de pitoyable à des yeux novices.

Une journée tout entière, j'ai parcouru les kilomètres d'ateliers qui sont le Creuzot. Mon admiration pour cette organisation merveilleuse, pour les engins monstrueux et dociles qui font des blocs de fer de 50,000 kilos une pâte aussi molle que la cire à modeler, s'épuisa vite, et je fus bientôt exclusivement absorbé, conquis par le grouillement d'humanité qui m'entourait. Je me disais : C'est donc cela « l'ouvrier » ! L'ouvrier, ce n'est pas seulement un homme en blouse et en casquette qu'on voit passer dans les rues et dont on craint la mauvaise éducation ; un homme qui travaille de ses mains, qui n'est pas riche et qui a un gros appétit; ce n'est pas seulement un homme sans instruction et aux idées rudimentaires qui remplit, en somme, sa destinée et son rôle social en fatiguant ses muscles : non ! non ! l'ouvrier, ce sont ces milliers d'êtres palpitant aux gueules des fournaises sous

le soleil de juillet; ce sont ces faces terreuses
et maigres, aux yeux brillants de fièvre, qui regardent passer, respectueusement, le visiteur
curieux de leurs fronts mouillés, de leurs pau-
pières rougies, de leurs cils brûlés, de leurs
torses dégouttants de sueur; ce sont eux qui mangent sans appétit, à deux pas des brasiers, assis
sur des tas de métaux, le pain que leurs mains
noircissent, que la poussière poivre, que l'horrible
fumée empeste; ce sont eux qui se lèvent à six
heures du matin tous les jours, tous les jours,
depuis leur plus tendre enfance, pour venir s'enfermer dans ces immenses hangars où tout est
noir et rouge... Et ils continueront demain, l'année prochaine, toujours, jusqu'à l'extrême vieillesse, sans quinze jours, sans huit jours de repos! Jamais, jamais ils ne sauront la calme et
reposante douceur des lacs bleus et des plages
normandes, pour eux n'existeront jamais les
forêts feuillues et profondes qui sont si fraîches!
où se reposent quelquefois les capitalistes, d'où
je viens moi-même, moi! Et pourquoi? pourquoi? Parce qu'un jour sans travail est pour
eux un jour sans pain! Parce qu'ils ont beaucoup d'enfants et que leurs pères étaient pauvres aussi! Est-ce juste ?

Et je fis le projet de le demander aux patrons
et aux capitalistes.

Puis, quand j'eus fini de m'apitoyer de la
sorte, je me dis que pourtant il faut bien que
quelqu'un travaille, que c'est la loi, que si ce
n'était pas eux ce serait moi qui suerais, qui gein-

drais près des fournaises, sous le soleil de juillet... Oui, ce serait moi peut-être, ce pudleur au
torse nu qui, une heure durant, enfonce, remue
formidablement son énorme pince de fer dans ce
four chauffé à blanc ! Mais il me semble que je
me révolterais...

Et je me promis de demander aux ouvriers
pourquoi ils ne se révoltent pas.

M. SCHNEIDER (1)

MAITRE DE FORGES

M. Schneider est fils de l'ancien président du
Corps législatif. Député, conseiller général et
maire du Creuzot, c'est le seigneur de la contrée, dans toute l'acception du mot. Dans le
pays, que je viens de visiter, on ne prononce
son nom qu'avec déférence, admiration ou
envie; il passe, d'ailleurs, pour être très populaire parmi ses 16,000 ouvriers. Je tenais à le
voir, parce qu'il est de notoriété que, sous sa
direction, l'accord du capital et du travail s'ex-
périmente dans des conditions passablement
satisfaisantes.

Pendant que je visitais le Creuzot, M. Schneider était en villégiature dans un château voisin;
il avait défendu qu'on le dérangeât sous aucun
prétexte, gourmand de quelques jours d'absolu
repos; aussitôt de retour, il voulut bien me
recevoir, et, très aimablement, se laisser ques-
tionner.

C'est un homme de haute taille, au cou court
et sanguin, blond, grisonnant, à la tête énergique
et brutale, la moustache tombante poivre et sel,
les yeux bleus, le teint rouge; beaucoup d'en-

1. Voir appendice.

train avec un peu d'affectation dans son aisance bon enfant.

M. Schneider a la moitié de la voix de Coquelin aîné, la partie claironnante, agressive et haut perchée.

Quand j'eus posé ma question, il me demanda brusquement :

— Mais enfin, voyons, qu'est-ce que c'est que le socialisme ?

Comme il m'était difficile d'improviser et de réciter une définition sortable, je dis : « Ce sont les théories dont on paraît se préoccuper davantage depuis les dernières explosions de dynamite. Ce n'est pourtant pas la même chose... »

— Évidemment, ça n'est pas la même chose ! interrompit M. Schneider avec cette fougue sanguine qui paraît la marque dominante de sa nature. Si Ravachol avait été M. de Rothschild, il n'aurait pas fait sauter des maisons, et si M. de Rothschild s'était trouvé à la place de Ravachol, il est probable qu'il en aurait fait autant que lui, en supposant que M. de Rothschild eût des instincts criminels, ce que je ne crois pas !... car Ravachol n'est rien autre qu'un criminel de droit commun... Mais les socialistes, qu'est-ce qu'ils veulent ?

— Entr'autres choses, on dit qu'ils voudraient supprimer le patronat... ou plutôt les privilèges exagérés des patrons...

— Ah ! oui ! M. de Mun, qui est un de mes amis, veut aussi supprimer les patrons. Je lui ai dit un jour : « Je n'entends pas être supprimé,

je me défendrai, soyez-en sûr ! » Voyons, est-ce
admissible ? Ne faut-il pas une tête pour penser ?
Un corps, quelqu'il soit, peut-il se passer de la
pensée ? Aujourd'hui, où tout est aux sciences et
aux arts, rêve-t-on un Pasteur sans tête qui
trouverait, avec ses mains ou ses pieds, le moyen
de guérir la rage ? Voit-on un artiste décapité
peindre un tableau avec ses seuls doigts ? De
même, comment admet-on une usine, même un
simple atelier sans une tête qui pense pour tous
les autres, sans patron ? C'est de la folie, c'est
de la folie pure.

— Mais s'il faut, en effet, une direction à
l'usine, est-il indispensable que ce directeur en
absorbe à lui seul tous les bénéfices ? Voilà comment la question se pose.

— Ça, c'est autre chose ! Pensez-vous qu'il ne
faut pas de l'argent pour faire marcher une
« boîte » comme celle-ci ? Eh bien ! qui est-ce
qui l'apportera, cet argent, à l'usine ? A côté du
directeur, de la *tête*, il y a le *capitaliste!*... qui
aboule la forte somme...

— C'est cela ! interrompis-je, nous y voici...

— Eh oui ! Le capital qui alimente tous les
jours les usines des outillages perfectionnés, le
capital sans lequel rien n'est possible, qui nour-
rit l'ouvrier lui-même ! Ne représente-t-il donc pas
une force qui doit avoir sa part de bénéfices;
n'est-il pas une collaboration indispensable qu'il
faut intéresser ?

— Peut-être. Car les théoriciens prétendent
qu'il est injuste que ce capital — qui est le pro-

duit du travail des ouvriers et qui n'existerait
pas sans eux — s'augmente encore, et indéfiniment, par ce même travail de la masse prolétaire.

— Voyons : j'ai un cheval, vous venez me
demander de vous le prêter... Je vous dirai :
soit ! mais payez-moi ! Car enfin, mon cheval,
que j'ai nourri de mon avoine, vous allez le fatiguer, vous pouvez le couronner, et puis il va
vous servir à quelque chose, à transporter je ne
sais quoi, à vous faire gagner de l'argent en un
mot ! Eh bien, pourquoi voulez-vous que je vous
le prête pour rien ? Je ne vous le prêterai pas,
voilà tout ! De même, si vous supprimez au
capital son intérêt, vous n'en trouverez plus
quand vous en aurez besoin ! Ceux qui l'auront
le conserveront, c'est tout simple. Il y a eu,
d'ailleurs, des pays où l'argent ne rapportait
pas d'intérêt; du temps des premiers chrétiens,
pour empêcher le développement de l'usure, on
interdisait jusqu'au simple intérêt normal; il
paraît même qu'il existe encore des contrées,
dans certains coins de l'Asie, où le capital ne
rapporte pas; mais cela se passe chez des peu-
plades non-seulement barbares, mais tout-à-fait
misérables ! Et comme ça se comprend ! Il y a
là quelques particuliers, quelques rajahs qui
empilent l'or et les pierreries dans leurs coffres :
c'est à celui qui aura le plus gros tas, c'est un
match ! Comme personne n'est intéressé à faire
gagner leur vie aux pauvres diables, à faire cir-
culer les richesses, ceux qui n'ont rien continuent

à végéter sans aucun espoir de sortir jamais de la misère! Je ne vois pas bien ce que cet état-là a d'enviable pour une société comme la nôtre...

« Le capital! le capital! continua M. Schneider, mais il existe depuis que le premier homme des vieilles civilisations a construit sa première maison! Il lui fallut pour cela des économies, c'est-à-dire un capital, car pendant qu'il mettait les pierres les unes sur les autres, il n'allait pas à la chasse, et pourtant il lui fallait vivre : il avait donc des provisions de côté! C'est cela, le capital!

— Aussi, objectai-je, n'est-il pas question de supprimer le capital proprement dit; il ne s'agit que du *capital privé* qu'on empêcherait de se former et de grossir; il ne subsisterait que le *capital social*, reconnu indispensable par tous les socialistes, pour le travail lui-même, les crises possibles, les fléaux.

— Mais comment peut-on empêcher la formation du capital privé? Ou plutôt, que veut dire cette différence? Est-ce que le capital n'est pas déjà *social?* Est-ce que tout l'argent qui circule ne retourne pas aux ouvriers? Tenez, j'ai un million en louis d'or, dans le tiroir que voici, en belles piles; bon! Je veux faire bâtir une usine, n'est-ce pas? J'appelle un millier d'ouvriers, des ingénieurs, et, au bout d'un an, mon usine est bâtie. Mais où est mon million de beaux louis? Tous les jours j'ai payé les journées de tout ce monde, et mon capital *privé*, comme vous l'appelez, est devenu capital *social!*

— Avec cette différence, ripostai-je, que mille ouvriers ont travaillé un an pour gagner 1,000 francs chacun, et que vous demeurez seul propriétaire de l'usine qu'ils ont construite, qui vaut, au minimum, un million, sans doute beaucoup plus. Voilà le capital privé.

— Ah! mais naturellement! C'est l'échange perpétuel, c'est la vie du capital, et c'est là en même temps son utilité. Comment empêcher le capital de se former? Je reprends mon exemple de tout à l'heure, la parabole du million de louis... Il y avait un ouvrier, parmi les mille que j'ai employés, qui gagnait cent sous par jour ; il s'est dit : « Tiens! Bibi n'a besoin que de quatre francs pour vivre, Bibi va mettre vingt sous de côté tous les jours! » Il dit, et au bout de l'année il a 365 francs; il recommence l'année suivante, dix ans, vingt ans de suite, et voilà un capitaliste! presque un petit patron! Son fils pourra agrandir le capital paternel, et c'est peut-être une grande fortune qui commence. La trouverez-vous mal gagnée ?

— Au contraire ! répondis-je. Mais si l'ouvrier qui a des instincts d'économie et qui gagne cent sous par jour a cinq enfants et une femme à nourrir, comment mettra-t-il de l'argent de côté? Bibi n'aura-t-il pas plutôt faim?

M. Schneider leva les bras et les épaules d'un air qui signifiait : qu'y faire? et il dit, en effet :

— Ça, c'est une loi fatale... On tâche, ici, de corriger, le plus qu'on peut, cette inégalité... mais comment la supprimer? Oh! à cet égard le

Pape a dit tout ce qu'il y avait à dire ; je trouve
que sa dernière Encyclique est une merveille de
sagesse et de bon sens. Il y explique que le patron a des devoirs étroits à remplir vis-à-vis
des salariés, et c'est vrai... Je vous le répète,
ici nous faisons tout ce que nous pouvons ;
mais sous ce rapport, nous sommes un peu
comme la douce violette... nous n'aimons pas
beaucoup à en parler... Mes ouvriers me mon-
trent bien qu'ils sont contents de moi, puisqu'à
chaque occasion qui s'offre à eux, ils témoignent
de leur confiance...

— Oui, je sais, ils vous ont nommé député,
conseiller général et maire.

Il y eut un instant de silence. Je cherchais
les questions qui me restaient à poser à mon
interlocuteur ; très aimable, M. Schneider attendait patiemment.

— Croyez-vous, dis-je enfin, que les crises de
surproduction sont fatales et que, pour empêcher le chômage qui en résulte, une entente soit
possible entre les patrons ?

— Pas du tout ; c'est un mal nécessaire, on
n'y peut absolument rien ! La production dépend
de la mode, ou d'un courant dont on ne peut
prévoir ni la durée ni le développement. Un
exemple : sous l'empire, on portait des crino-
lines. Eh bien : les usines qui s'installèrent pour
fabriquer les cercles d'acier se sont vues, le
jour où la mode a changé, surchargées de produits et avec un outillage devenu tout à fait
inutile. De même, il y a quelques années, lorsque

M. de Freycinet, étant ministre des travaux publics, voulait créer partout des chemins de fer, une foule de métallurgistes se sont mis à produire et à surproduire des rails et tout ce qui est du matériel de traction. M. de Freycinet a disparu et tous les travaux faits à l'avance sont restés pour compte aux producteurs ! Aujourd'hui, tout est au « militaire », on ne fait que des canons en acier et des plaques de blindage ; demain, ce mouvement peut s'arrêter pour une cause ou pour une autre, qu'aujourd'hui nous ne pouvons pas prévoir. Donc : pléthore sur le marché, arrêt dans le travail, chômage, chômage forcé, fatal !

— Oui, dis-je, saisissant la balle au bond, avez-vous pensé à l'éventualité du désarmement au point de vue de votre industrie ?

M. Schneider répondit :

— Oh! ce serait un grand malheur... Je ne sais pas ce qu'on ferait.

Puis, après une courte réflexion :

— Après tout, il y aurait peut-être équilibre ? Les cinq cent mille hommes que nous nourrissons, vous et moi, à rien faire se trouveraient sans emploi du jour au lendemain ; ils viendraient faire la queue à la porte des usines, offrir leurs bras au rabais ; ça ferait baisser les salaires et nous n'aurions plus à payer les vingt sous par jour qu'ils nous coûtent à chacun !

Ces mots d'armée, de canons, de soldats, jetés ainsi dans la conversation firent passer devant

mes yeux la vision énorme des engins de guerre
vus la veille. Et je ne pus m'empêcher de demander à M. Schneider :

— Je voudrais bien savoir ce que dit votre
psychologie devant ces immenses fabrications
d'instruments de mort?

Il se récria, et tendant les bras en avant, comme pour se défendre :

— Oh! je ne suis pas psychologue, moi! je suis
maître de forges; je fais des factures... c'est tout!

Mais, comme j'insistais :

— Voyons, dit-il; ce ne sont pas des instruments de mort, au contraire, puisque ça fait vivre
cinq cent mille hommes qui les astiquent du matin au soir et qui sont payés pour ça! Ce sont
des instruments de vie!...

On rit.

— Pensez-vous, dis-je pour continuer, que l'agglomération des moyens de production dans des
usines comme le Creuzot ne faciliterait pas la
révolution sociale annoncée par les marxistes?

— Sans patron, sans quelqu'un d'intéressé à
faire marcher tout ça, le Creuzot serait absolument fichu au bout de huit jours!

— Croyez-vous que la concentration des capitaux et des moyens de production a atteint son
maximum ou doit encore se développer ?

— Il n'y a pas de maximum ! s'écria rudement M. Schneider.

Et ses mains firent un grand geste autour de
lui :

— Ça marche toujours, ça n'a pas de bornes,

ça ! Ce qui est particulier en ces temps-ci, en
1892 par exemple — car dans dix ans je ne sais
pas ce que ce sera — c'est la tendance universelle à se spécialiser. L'industrie va, de plus en
plus, vers la spécialisation. Ainsi le Creuzot,
d'où sort tant de fer, est obligé d'acheter des
chaînes ailleurs ; il y a des qualités d'acier qu'on
ne fait pas ici non plus, et qu'il faut aller chercher dans des forges qui ne sont pas, néanmoins,
nos concurrentes. Je crois que plus on va, plus
cette tendance se généralise.

— Et l'expropriation des industriels et capitalistes annoncée par les marxistes, comment l'envisagez-vous ?

— Si on m'exproprie, j'espère qu'on me paiera
mes usines ce qu'elles valent ; alors je m'achè-
terai un beau château à la campagne et j'irai y
vivre tranquillement.

— Ce sont les modérés, remarquai-je, qui
parlent d'indemnité, les autres sont nettement
pour la dépossession pure et simple.

— Le vol, alors ! Bien sûr ! On peut aller chez
vous, prendre tout ce qu'il y a et vous expulser !
Ce sont des moyens qu'on ne peut pas discuter.
Mais dans une société collectiviste, comme ils
disent, je crois bien, allez, que si je suis malin,
je saurai bien faire ma pelote tout de même !

— Pardon ! c'est qu'il y aura des lois pour
empêcher toute accumulation et toute usure.

M. Schneider me comprit mal sans doute et
me dit assez vivement :

— Pardon, monsieur, croyez bien que je ne fais pas d'usure !

— Oh ! dis-je en riant, je me servais du vocabulaire socialiste, qui appelle usure tout intérêt de l'argent...

— Alors, dit M. Schneider avec un accent de découragement, je n'y suis plus du tout, je ne vois vraiment pas comment tout cela pourrait s'arranger...

— L'intervention de l'Etat ?

— Très mauvaise ! très mauvaise ! Je n'admets pas du tout un préfet dans les grèves ; c'est comme la réglementation du travail des femmes, des enfants ; on met des entraves inutiles, trop étroites, nuisibles surtout aux intéressés qu'on veut défendre, on décourage les patrons de les employer et ça porte presque toujours à côté.

— La journée de huit heures ?

— Oh ! je veux bien ! dit M. Schneider, affectant un grand désintéressement, si tout le monde est d'accord, je serai le premier à en profiter, car je travaille souvent moi-même plus de dix heures par jour... Seulement, les salaires diminueront ou le prix des produits augmentera, c'est tout comme ! Au fond, voyez-vous, la journée de huit heures, c'est encore un dada, un boulangisme. Dans cinq ou six ans, on n'y pensera plus, on aura inventé autre chose. Pour moi, la vérité, c'est qu'un ouvrier bien portant peut très bien faire ses dix heures par jour et qu'on doit le laisser libre de travailler davantage si ça lui fait plaisir.

— En résumé, que croyez-vous qu'il soit bon de faire, étant donnée la situation présente ?

— L'Encyclique ! lisez l'Encyclique ! C'est tout à fait cela ! Et c'est très amusant de voir M. de Mun, qui se dit catholique et qui obéit au Pape quand il s'agit de devenir républicain, se mettre en dehors des prescriptions pontificales pour devenir socialiste !...

— Ne croyez-vous pas qu'il y ait, en effet, un péril socialiste ?

M. Schneider répondit posément :

— Les ouvriers ont le plus profond mépris pour toutes ces théories et surtout pour les hommes qui espèrent s'en servir pour les berner. Vous pouvez m'en croire.

Il ajouta en riant :

— En définitive, la question se résume ainsi : savoir ce qu'on peut tirer de la poche de gens qui sont les patrons pour le faire passer dans celle d'autres gens qui sont les politiciens, sous prétexte de socialisme.

UN OUVRIER

C'est dimanche, les rues du Creuzot sont inondées de soleil, et pourtant l'atmosphère n'en est pas égayée ; on dirait qu'avec les rayons tombe du ciel une pluie dense et continue de poussière et de fumée ; l'air est irrespirable, une odeur de soufre vous gratte la gorge, une fumée aveuglante et puante emplit les rues. Les façades des maisons sont noires, tout ce qu'on touche est sale ; un grand bruit continu de métaux remués emplit la ville, et la pensée est ramenée fatalement vers la nécessité implacable du travail. Pourtant, c'est dimanche.

Je reviens vers le gouffre. Vu sous ce plein soleil, le tableau, toujours monstrueux, n'a plus sa mystérieuse grandeur de l'autre soir ; les cheminées, les tourelles, les hangars couverts de poussière, ont simplement l'air des dépendances d'un bagne triste, triste à mourir ; même les flammes des fours, les ruisseaux de fonte en fusion, les avalanches de coke rouge n'ont plus rien de terrible, ni d'infernal : je pense seulement, encore une fois, que les ouvriers qui restent douze heures par jour dans ce grand trou sale et brûlant sont bien à plaindre. Et il fait si chaud à les regarder, que j'essuie machinale-

ment mon front. Je rêve aux souffles frais des
grèves, aux mousses froides des solitudes.

Je traverse la grand'place, accompagné par
les sourds mugissements de la « soufflante »;
au centre de la place une statue de bronze se
dresse : un homme en redingote, debout, regarde
devant lui le trou formidable; sur ce piédestal
une inscription : *Le Creuzot, à Eugène Schneider, 1878*. C'est l'effigie du fondateur des usines
du Creuzot, père du directeur actuel. Devant le
socle de la statue, en bronze comme elle, un
groupe symbolique : une femme du peuple, indique,
de son bras levé, « le Bienfaiteur », à un jeune
forgeron d'une dizaine d'années. C'est là l'unique
monument du Creuzot; il s'érige mélancolique-
ment au milieu de l'espace désert; et, sans cesse,
comme un encens, la lourde fumée qui sort du
trou vient le caresser, et le recouvre lentement
d'une crasse épaisse. A sa gauche l'église, et au
fond, un grand rideau d'arbres couronnant un
long mur, ferment l'horizon. Je me dirige vers
ces arbres, je longe pendant vingt-cinq minutes
le mur interminable qui enserre un parc immense.
C'est la résidence du maître de forges. Derrière
ces murs, un château, une ferme, un bois, des
pelouses, même des moissons jaunes, qu'on voit
par des échappées de grilles. Les petites maisons
des ouvriers se succèdent, innombrables, éche-
onnées autour de la vaste enceinte.

C'est dans un de ces logis que je suis attendu.
J'ai parlé à beaucoup d'ouvriers, depuis quatre
jours, dans les cabarets, et sur le seuil des por-

tes, le soir, en flânant ; j'ai choisi celui qui m'a paru le plus intelligent, et je lui ai demandé la permission d'aller lui faire visite aujourd'hui. Il m'attend devant sa maisonnette ; deux enfants, un petit garçon de cinq ans, et une fillette de sept ans, se refugient derrière lui à mon approche. Il me fait entrer. La femme est assise auprès de la table ronde de bois blanc, où traînent les res- tes du déjeûner : elle allaite son dernier né, un poupon à la peau couleur de brique ; la grande sœur une blonde de quatorze ans, aux grands yeux tristes, aux cheveux rares qui font entre ses omoplates saillantes une misérable et courte tresse, m'avance une chaise en dérangeant deux autres mioches qui se chamaillaient dans un coin.

Je me retourne en riant :

— Est-ce toute la petite famille ?

— Oui ! oui ! me répond mon hôte, j'en ai six, je crois que c'est assez ! C'est que ça mange ! Il faut voir ça ! Si on les écoutait, le pain serait toujours sur la table...

— Baste ! fis-je, ça vous distrait !

— Oui ! je vous assure que je me passerais bien de cette distraction-là...

La femme, en allant et venant dans l'étroite pièce, avec ce déhanchement fatigué des femmes du peuple, berçait son enfant dans ses bras pour l'endormir ; elle était vêtue d'une camisole grise trouée aux coudes et d'une vieille jupe rapiécée. Les petits se tenaient dans un coin en me regar- dant avec des yeux curieux et ahuris. Pour rompre la glace, je les envoyai acheter des gâteaux et je demandai au père de me montrer son jardin.

Il consentit et sortit avec moi :

— Oh! un jardin! fit-il en me montrant du doigt ses dix mètres carrés de terrain, faut voir ça! Vingt carottes, autant de navets et quelques pieds de pommes de terre! Mon aînée sème ici des pensées et des pois de senteur; ça l'amuse de les voir pousser.

— C'est la Compagnie qui vous donne ça?

— Qui nous le donne... qui nous le donne... Qui nous le vend, vous voulez dire! La maison et le terrain m'ont coûté 3.500 francs.

— Vous aviez donc des économies?

— Vous riez! Je verse tous les mois quarante francs pour m'acquitter, capital et intérêts, car on paie 5 o/o d'intérêts... Ah! c'est dur... Je gagne cent sous, six francs par jour en moyenne, comptez; on travaille entre vingt-trois et vingt-cinq jours, ça fait à peu près 140 francs qui me reviennent; il reste juste 100 francs à la famille. Si je fume quelques pipes tous les jours et que je prends un verre le dimanche, c'est pas gras! c'est pas gras!... Oh! je ne me plains pas, je sais bien qu'il y en a de plus malheureux, même ici.

— Ça doit être fatigant, votre métier?

— Pour sûr. Mais que voulez-vous? on s'y fait. Le pire, c'est qu'on ne mange pas parce qu'on n'a pas faim, les trois quarts du temps...

— Comment, pas faim, quand on travaille dix ou douze heures par jour?

— Oh ! ça ne fait rien ! A respirer des chaleurs de douze cents degrés devant les fours, toute la journée, ça vous emplit, allez, rien ne vous goûte plus... La patronne, quelquefois, achète de la viande, parce qu'à la longue les pommes de terre ça vous écœure... mais on ne peut pas toujours avoir de la viande !

L'ouvrier disait cela très simplement, sans aigreur, sans l'ombre de reproche dans l'accent. Il portait une longue barbe châtaine mêlée de quelques poils gris ; sa figure jaune, aux os saillants, aux yeux rougis, sans sourcils, avait une naturelle expression de mélancolie et de tristesse. Je lui demandai s'il n'était pas malade.

— Non, pas trop, je n'ai pas d'appétit, voilà tout.

— Si vous tombiez malade, pourtant ?

— Oh ! faut espérer que non, mon Dieu ! Qu'est-ce que je ferais avec les quarante sous par jour de la Compagnie ?

— Oui, qu'est-ce que vous feriez ?

Il ne parlait plus. Je me reprochais de le torturer ainsi ; mais je brûlais de savoir ce qui se passait dans sa tête à cette idée... Il finit par dire avec un inoubliable geste de désespoir et de résignation :

— ... Je les enverrais au pain...

— Mendier ?

Un long silence suivit ces mots. L'ouvrier avait les regards perdus dans le vague, ses yeux paraissaient se mouiller un peu. Je devi-

nai qu'il se sentait malade et qu'il avait peur...
Je continuai :

— Vous devriez être tranquille puisqu'il y a
une caisse de retraite au Creuzot ?

— Oui, je le sais bien! ma retraite de 20 francs
par mois quand j'aurai soixante ans... Bien sûr
que ça me servira, si je vis jusque-là... Mais le
plus pressé, c'est aujourd'hui! Ah! c'te mau-
dite maison qu'il faut payer tous les mois!
C'est ça qui vous tue, ces quarante francs...
Quelquefois, ils nous seraient si utiles, si utiles!
Mais il n'y a pas à dire, si on ne paie pas, la
Compagnie vous vend; il vaut encore mieux se
serrer le ventre!

— On aime bien le patron, ici ?

— Peuh ! On ne l'aime ni on le déteste; il
n'est pas plus mauvais que les autres.

— N'est-il pas député, conseiller général et
maire ?

Il hésita un instant, balbutia et finit par répondre, plus bas, comme s'il avait peur d'être entendu :

— Oui, on vote pour lui, on le connaît, on
connaissait son père ; pourtant il n'en manque
pas, des ouvriers qui voudraient bien ne pas
faire comme les autres. Mais ils n'osent pas !
Le jour des élections la frousse les prend qu'on
reconnaisse, devant l'urne, que le papier des
bulletins de vote n'est pas de la couleur qu'il
faut... oui, ils ont peur qu'on les fiche à la
porte...

Mon interlocuteur s'était un peu échauffé quand

on avait commencé à parler politique ; j'en profitai pour lui dire :

— Voyons, vous qui êtes si malheureux, vous n'auriez pas envie de voir changer tout ça ?

— Ah ! ah ! répondit-il en s'animant davantage si on pouvait ! Il y en aurait des choses à faire !

— Quoi, par exemple ?

— Ah ! oui ! il y en aurait ! il y en aurait ! répétait-il en grattant la terre du bout de son sabot. Si seulement on avait de quoi vivre ! si les mioches pouvaient manger tout leur saoul ! si on n'était pas si fatigué !

— La journée de huit heures ?

— Pourquoi faire, si on doit diminuer nos salaires ? Nous ne sommes déjà pas trop riches, mon Dieu ! Non, ce qu'il faudrait, c'est, peut-être, que les patrons ne gagnent pas tant et en laissent un peu plus aux ouvriers ; ce qu'il faudrait, ce serait d'être sûr que quand on sera vieux on aura vraiment pour de bon de quoi manger, au moins ; surtout, ce qu'il faudrait, voyez-vous, c'est que si on meurt, les femmes et les mioches ne crèvent pas de faim... Qu'est-ce que vous voulez ? la retraite, c'est joli, mais il n'y en a pas tant, allez, qui arrivent à soixante ans, avec des métiers pareils !

— On n'a pas envie de se révolter un peu, de faire des grèves ?

L'ouvrier haussa les épaules, sa bouche se plissa railleusement :

— Ici ? Jamais de la vie ! On n'y pense seulement pas ! Ce qu'on veut, c'est conserver son

ouvrage, et gagner sa journée le plus longtemps
possible... C'est plein de mouchards d'abord, et
gare au premier qui aurait l'air de faire le ma-
l'n ! Dans le temps, il y a eu des réunions socialistes ici... tous les ouvriers qui y sont allés ont
été balayés, tous ! Pas ensemble, mais un à un,
pour une raison ou pour une autre. A présent
on se méfie. Et puis, on n'y pense pas, voyez-
vous, à faire les méchants, ça n'avance jamais à
rien, on n'est pas les plus forts, et puis, et puis...
conclut-il avec un immense accent de découragement et de lassitude... on est trop fatigué !.

M. EUGÈNE PÉREIRE

J'ai pensé que dans cette série de « Capitalistes et Prolétaires », il serait peut-être intéressant de mettre l'avis de M. Eugène Péreire,
fils du fameux financier saint-simonien. A la
tête lui-même d'institutions financières très puissantes, président de la Compagnie transatlantique, actionnaire d'une foule d'exploitations
industrielles, M. Eugène Péreire, nourri en même
temps de la moelle saint-simonienne, devait donner, dans ce concert, une note personnelle bien à
part.

Voici le résumé de ses opinions :

Je demandai au président de la Compagnie
transatlantique de m'expliquer comment se légitime, à leurs propres yeux, la puissance énorme
que donnent leurs capitaux à certains individus
privilégiés de la société actuelle ?

— D'abord, me répond-il, on exagère toujours
la fortune des financiers. On dit facilement qu'ils
ont quarante ou cinquante millions de fortune,
quand c'est le tiers ou peut-être le quart qu'on
devrait dire pour être dans la proportion vraie...
Et puis, cette puissance, si puissance il y a, ne
se légitime-t-elle pas d'elle-même, par son utilité ? Les gros capitaux individuels ont une utilité

sociale indiscutable, mais ils ne sont rien en présence des capitaux de la masse... La réussite des emprunts d'État le prouve surabondamment. Il est évident que les gros capitalistes entraînent la foule des petits pour l'exécution des grands travaux d'utilité publique, la création des chemins de fer, les colonies nouvelles et l'exploitation des grandes découvertes. Tout cela demande de l'initiative, fait courir des risques, exige une centralisation d'efforts que l'on ne peut réaliser qu'avec les grands capitaux. Quel est le particulier, par exemple, qui aurait osé aventurer près de huit millions pour construire la *Touraine*, le plus beau paquebot de France, qui a coûté, à lui seul, plus que le chemin de fer de Paris à Saint-Germain?

J'objectai :

— La nécessité des gros capitaux n'est pas discutable ; ce que les socialistes attaquent et qu'il serait intéressant de voir défendu par vous, c'est le fait que les capitalistes, en tant qu'*individus*, peuvent user pour leurs plaisirs et leur superflu d'une si grosse part du capital social.

— Il n'y a rien de parfait dans ce monde, dit M. Péreire, et je crois que, comparée à la masse des capitaux disponibles, la portion mal employée ou gaspillée par certains individus est infiniment petite et constitue une quantité absolument négligeable. Il n'y a donc pas lieu, suivant moi, de limiter la liberté qu'a chacun de disposer comme il le veut de son bien, sous le prétexte que quelques rares exceptions pourraient abuser de cette liberté. Il faut laisser *au temps* le soin de régulariser et d'améliorer cette situation...

— Pensez-vous, dis-je à M. Péreire, que le collectivisme bourgeois a atteint tout son développement, qu'il doive grandir encore, ou qu'il songe à se restreindre ?

— Je pense, au contraire, que le principe de l'association au profit de tous commence à peine à être compris et que plus nous irons plus l'association sous toutes ses formes sera appelée à se développer. Rien n'est impossible à l'association... et c'est là qu'est le salut.

— Mais croyez-vous qu'il est possible à l'association ouvrière de lutter contre le collectivisme patronal en l'état actuel des choses ? Tous les capitaux ne sont-ils pas entre les mains de la classe bourgeoise ?

— C'est une erreur profonde ! s'exclama M. Péreire. Il n'y a donc pas de Caisses d'épargnes, de Sociétés de secours mutuels, de Sociétés coopératives, d'entreprises sérieuses où l'épargne ouvrière vient déjà s'accumuler ? Ce sont ces institutions qu'il s'agirait de protéger et de développer pour lutter contre ce que vous appelez le collectivisme patronal. Qui empêcherait, par exemple, qu'à l'instar du *Bon Marché* ou du *Printemps*, un autre magasin du même genre soit fondé par dix mille petits commerçants qui auraient rassemblé leurs capitaux, et pourquoi ne prospèrerait-il pas comme les autres ?

— Vous pensez donc qu'il vaut mieux être chef de rayon au *Bon Marché* que petit commerçant à son compte ? Envisagez-vous le point de vue de l'indépendance et de la dignité humaine ?

M. Péreire riposta vivement :

— Je crois qu'il vaut mieux gagner presque sûrement 20,000 francs en qualité de chef de rayon au *Bon Marché,* n'avoir aucune responsabilité, ne courir aucun risque, que d'être un petit commerçant, assurément indépendant et honorable, mais ayant la plus grande peine à équilibrer ses recettes et ses dépenses, et toujours exposé à tous les risques commerciaux les plus imprévus.

— Et ceux qui n'ont rien à mettre en participation, rien que leurs bras ?

— Pour ceux-là, je voudrais un salaire fixe et une participation dans les bénéfices de leurs patrons dans une proportion mesurée à l'importance de leur coopération. En un mot, il serait désirable de voir se développer le principe excellent de la participation avec le concours puissant des chefs d'industries, des maisons de commerce et même des administrations de l'Etat. Il serait enfin très intéressant de donner une large extension aux économats créés depuis longtemps par les Compagnies de chemins de fer et les grandes entreprises en faveur de leurs employés et ouvriers. En se procurant dans ces économats, au prix coûtant, tout ce qui est nécessaire à l'existence, la masse des travailleurs réaliserait pratiquement le problème essentiel de la vie à bon marché. Ce serait, il est vrai, la suppression d'une quantité d'intermédiaires, mais qui disparaîtraient dans l'intérêt du plus grand nombre.

— Mais la participation aux bénéfices reste jusqu'ici le fait de quelques bonnes volontés particulières. Seriez-vous pour l'intervention de l'Etat en pareille matière ?

M. Péreire hésita une seconde, puis il répondit, sur un ton décidé :

— Ce serait difficile à réglementer, certes, mais ce ne serait pas impossible.

— Voilà du socialisme d'Etat ou il n'y en a pas ! dis-je un peu surpris.

— Oh ! je crois l'intervention de l'État nécessaire dans certaines questions sociales. L'État seul a la main assez puissante pour pousser aux réformes. L'État a déjà réglementé les Sociétés de secours mutuels, il les a encouragées, subventionnées. Pourquoi ne patronnerait-il pas aussi les Sociétés coopératives de production et de consommation ? Pourquoi n'amènerait-il pas les patrons à établir dans leurs entreprises des économats et la participation dans les bénéfices en faveur de leurs employés et ouvriers ? En procurant à leurs collaborateurs la vie à bon marché et en les intéressant à leurs bénéfices, les patrons y gagneraient encore, car ils stimuleraient leur zèle dans une proportion considérable. En résumé, pour atténuer la crise sociale actuelle, l'État devrait favoriser de plus en plus le développement des caisses d'épargnes, des caisses de retraites, des Sociétés de secours mu-

tuels, des Sociétés coopératives, et réglementer
la participation des employés et ouvriers aux bénéfices des patrons. Mais ce n'est pas tout ! Il y
a encore la question de la retraite pour tous dont
il serait temps enfin de s'occuper. Il suffirait
d'imposer annuellement chaque Français de
1 fr.50 à 2 fr., pour assurer à tout citoyen âgé
de 60 ans une retraite viagère de 365 fr. par an.
C'est une question qui mériterait d'être appro-
fondie et qui fournirait un bon moyen pour lutter
contre le paupérisme.

— En attendant que ces réformes se trouvent
réalisées, dis-je à M. Péreire, et que les bonnes
volontés consentent, la crise, paraît-il, bat son
plein. Les machines se perfectionnant tous les
jours, un ouvrier fait l'ouvrage de trois, que voulez-vous que devienne cette armée de gens privés de travail et de ressources ?

M. Péreire déclara :

— Ils suivront l'exemple des Anglais et des
Suisses : ils iront en Amérique ou en Afrique.
Quand il n'y a pas d'ouvrage dans une région,
les ouvriers ne vont-ils pas en chercher dans
une autre ? La terre est assez grande et l'Europe
peut déverser son trop plein de force et de bras
sur les pays neufs qui en manquent !... C'est bien
simple !

M. COUSTÉ

PRÉSIDENT DE LA CHAMBRE DE COMMERCE DE PARIS.

L'intérêt d'une consultation prise sur la question sociale au président de la Chambre de commerce de Paris se dégage de lui-même. M. Cousté, par sa fonction même, autant que par sa haute situation personnelle dans l'industrie du bâtiment, doit me fournir, pour le but que je me propose, une note spéciale qu'on pourra considérer comme l'opinion moyenne d'une classe imposante de la société moderne.

J'ai trouvé M. Cousté à Vichy. Le matin où, à l'hôtel, je l'avais rencontré, je l'avais vu trop peu de temps, dans le costume d'intérieur justifié par les 36 degrés de chaleur qu'il faisait : un pantalon et une chemise blanche à vaste jabot retombant en gros plis sur la poitrine, enguirlandant le cou et les manches de flots de dentelles ; l'après-midi, après la douche, très correct en son costume « ville d'eaux » : chapeau gris-perle, gilet blanc, veston anglais.

Grand, très corpulent, M. Cousté donne l'impression d'un tempérament particulièrement vigoureux ; les traits remarquablement réguliers,

les cheveux blancs très drus, frisés sur le front
et les tempes, la moustache mousseuse assez
forte, la mouche blanche comme les cheveux
adoucissent la physionomie, l'encadrent de miè-
vrerie; pourtant l'œil est très vif, plutôt sec, la
mâchoire forte; les joues épaisses et tombantes
se perdent dans l'épaisseur du cou en formant
un double menton très large.

— Les socialistes, dis-je à M. Cousté, affirment
que la production industrielle marche à l'aveuglette et sans tenir aucun compte sérieux des
besoins de la consommation. Lorsque les marchés sont encombrés, on ralentit la fabrication,
on ferme tout à fait ou partiellement les ateliers,
et c'est le chômage pour un certain nombre de
travailleurs; ou bien, pour vendre quand même,
on avilit le prix des marchandises qui n'arrivent
plus à représenter le travail qu'elles ont coûté,
et c'est la baisse constante des salaires, la misère
pour l'ouvrier. Les socialistes veulent donc
rechercher une organisation, créer une entente
entre les producteurs ou au besoin instituer une
loi pour remédier à ces inconvénients.

M. Cousté, qui se présentait à moi de profil et
m'écoutait en regardant au plafond, se retourna
brusquement :

— Et la liberté, monsieur! qu'est-ce qu'elle
devient là-dedans? De quel droit empêcherez-
vous les fabricants de produire tant qu'ils voudront? Tant pis pour eux si les marchés sont
engorgés, c'est à eux de prévoir les demandes
probables et à se régler là-dessus. La concur-

rence doit être absolument libre, tout le commerce est là !

— Pourtant, fis-je, si réellement les ouvriers
voient leurs salaires diminuer, s'ils tombent peu
à peu dans la misère, s'il y a des chômages?

— Eh bien, qu'ils luttent, ils ont le droit, qu'ils
se mettent en grève ! Mais, au fond, ce qu'on
vous a dit là, ce n'est pas vrai !

Et me regardant avec une expression de défi,
il répéta :

— Ça n'est pas vrai ! Ça n'est pas vrai ! Ça ne
se joue pas sur le dos des ouvriers, tout cela.

— ...Mais, sur quel dos ?...

— Sur aucun dos !... sur l'échiquier du commerce libre ! D'ailleurs, vous n'avez qu'à voir les
statistiques qui sont déposées à la Chambre de
commerce, vous constaterez que depuis vingt ans
les salaires ont doublé, et ça continue toujours ;
les ouvriers gagnent beaucoup plus aujourd'hui
que dans le temps ! Tenez, moi, j'avais des travaux à faire à la campagne, j'ai dû payer le
double de ce que je payais il y a dix ans, et
encore je n'ai trouvé que difficilement le nombre
d'hommes qu'il me fallait; mes parquets sont restés là, inachevés. Où voyez-vous le chômage là-
dedans ?... C'est comme pour la journée de huit
heures, continua M. Cousté, vous n'avez qu'à
vous reporter à nos statistiques, vous verrez que
sur deux cent cinquante chambres syndicales
ouvrières consultées, deux cent quarante ont
repoussé la journée de huit heures !

— Ça se comprend assez, puisque pour ceux

qui travaillent aux pièces et qui sont la majorité, la réduction des heures de travail, ce serait la réduction du salaire.

— Justement, triompha M. Cousté. Alors il faudrait supprimer le travail aux pièces, me direz-vous ? Voilà une chose qu'il ne faut pas faire ! Le travail aux pièces, c'est la noblesse de l'ouvrier, c'est l'initiative, l'intelligence récompensées, il ne faut pas y toucher !

— Ce n'est pas tout-à-fait la question, il s'agit surtout d'une entente pour assurer aux travailleurs le repos reconnu nécessaire et surtout les moyens d'existence, un minimum de salaire, par exemple, calculé sur le coût actuel des objets de première nécessité.

M. Cousté parut chercher un instant, puis il dit lentement, avec une conviction qu'il voulait rendre communicative :

— D'abord, ceux qui ont dit que les ouvriers meurent de faim se trompent. Jamais l'ouvrier n'a été plus heureux qu'aujourd'hui. Pour ne vous parler que de mon industrie à moi, celle du bâtiment, je puis vous affirmer que nos Limousins, nos maçons, se font de 10 à 15 francs par jour et se retirent tous dans leur pays après quinze, vingt ans de travail, avec de petites économies ; ils font bâtir une maisonnette avec ça et sont tout à fait heureux. Et quant à la cherté de la vie, c'est encore une erreur. Les loyers n'ont que peu augmenté, les vêtements sont à bon marché et, quant au bouillon et au bœuf du déjeuner, je peux vous en parler moi, car je l'ai mangé !

Et M. Cousté hochait la tête avec crânerie, en se renversant dans son fauteuil.

— Eh bien! de mon temps, ça coûtait neuf sous, et aujourd'hui c'est encore neuf sous, seulement le prix de la journée d'un ouvrier a doublé !

— Pourtant, il y a des industries où tout ne marche pas aussi bien ; dans les grandes usines il y a des ouvriers qui ont faim...

Il m'interrompit :

— Vous avez vu le Creusot, n'est-ce pas? Eh bien! est-ce que tout ne va pas très bien là-dedans? J'ai lu votre conversation avec M. Schneider, hein ! vous avez trouvé là quelqu'un pour vous répondre ! Il n'y a rien à ajouter à ce qu'il vous a dit : c'était superbe !

M. Cousté riait d'un air aimable, découvrant deux rangées de dents blanches; sa moustache et ses cheveux blancs si joliment frisés lui donnaient l'aspect d'un capitaine des gardes françaises en belle humeur :

Mais l'expression de son visage changea tout-à-coup :

— Vous me parlez d'un minimum de salaire, du pain assuré pour l'ouvrier? Mais c'est notre rêve à tous, c'est tout le sentiment paternel du patron, ça ! (Et il mit, d'un air bon, la main sur son cœur). — Nous voudrions tous voir les ouvriers parfaitement heureux! Quand on aime l'ouvrier, on comprend ça ! Seulement il ne faut pas oublier que la liberté doit passer avant tout, l'industrie doit être absolument libre, c'est le principe de la société moderne!

— Peut-être pourrait-on le changer ce principe, car la société moderne n'est pas la perfection.

— Mais voyons, dit-il, prenons la France.
Comment voulez-vous que les fabricants français
luttent avec la concurrence étrangère si la loi
vient les forcer à payer à leurs ouvriers un certain minimum, si la journée de travail est réduite,
etc., etc.? Non, non! c'est impossible! tout cela
c'est de la pure utopie, ce sont des meneurs qui
racontent tout ça! mais, au fond, les ouvriers
savent bien que les patrons ont raison, qu'il n'y
a qu'avec la liberté entière qu'on peut faire quelque chose et que c'est grâce à elle que notre
patrie est si grande. Car je viens d'assister à un
magnifique spectacle et je tiens à ce que vous le
notiez si vous faites un article de notre conversation : je viens, comme vous savez, de parcourir la France avec le Congrès international de la
navigation intérieure : il y avait là des ingénieurs
de tous les pays; c'est beau de voir leur admiration pour les richesses de la France! Je pré-
sidais ce Congrès au point de vue commercial, et M. Guillemain, un ingénieur éminent,
directeur de l'École des ponts et chaussées, pré-
sidait au point de vue technique; on nous a fait
des réceptions enthousiastes, et les étrangers
admiraient, admiraient... Oh! dites bien cela!
vous avez là une belle page à faire, oui! une
bien belle page!

— Je m'efforcerai... mais pour en revenir à la
concurrence et à la surproduction?

— Oui, eh bien! pour me résumer je vous dirai que je préfère la liberté absolue que nous avons maintenant à n'importe quelle réglementation. Les ouvriers ont la liberté de la grève, et c'est une excellente chose, ils ont les syndicats, les sociétés coopératives : qu'ils luttent!

— Mais cette lutte à outrance entre des intérêts si opposés pourrait peut-être avoir des conséquences terribles?

— Qu'importe! c'est la vie, ça! et ce ne sera jamais comme le socialisme d'État qui est la mort, entendez-vous, la mort!

— Pourtant, représentez-vous une grève générale, tous les mineurs et les métallurgistes refusant en même temps de travailler dans toute l'Europe et s'arrangeant pour résister huit jours, quinze jours! Que de ruines!

Il se mit à rire.

— Oh! oh! alors, c'est une autre affaire!

— Ce serait la révolution, insistai-je.

Alors, redevenant subitement grave :

— Mais c'est impossible une entente pareille! Et puis, on mettrait des soldats dans les usines, dans les ateliers, et on pourrait bien forcer les ouvriers à travailler!

— Forcer? Mais, alors... la liberté dont vous parlez?...

— Il y a liberté et liberté! car, enfin, ça deviendrait criminel, des agissements semblables? De même que les patrons n'ont pas le droit d'accaparer, de monopoliser, etc.., les ouvriers n'auraient pas le droit de se révolter de cette manière...

— Dans le cas de falsification de denrées, par exemple, vous seriez aussi *contre* l'ingérence du gouvernement !

— Absolument ! Il y a une loi qui punit la tromperie sur la qualité de la marchandise vendue, elle suffit bien ; mais quant à vouloir tout analyser tout contrôler, c'est très mauvais, ça tue l'industrie. Ainsi, on a prétendu qu'on vendait, à Paris, du vin frelaté : on a analysé le vin de raisins secs, on a trouvé que c'était très malsain ! d'autres chimistes ont trouvé que ça n'était pas mauvais du tout, et on s'est chamaillé làdessus. Résultat : l'étranger s'est ému, nos concurrents se sont servis de ces polémiques, et le commerce des vins français à l'étranger a reçu un coup !

— Pourtant, si vraiment ce produit empoisonne, si vraiment l'alcool qu'on vend aux ouvriers est mauvais, cause tant de maladies, prépare des générations malsaines, ne faudrait-il pas chercher un moyen de garantir la qualité de ces denrées d'un usage aussi commun, dans l'intérêt supérieur de la santé publique ?

— C'est peut-être un mal en effet, mais c'est un mal inéluctable ! Si l'Etat intervenait, ça n'irait pas mieux ; voyez toutes les entreprises de l'Etat : quelle infériorité sur l'initiative privée ! Et je vous le répète, s'il y a fraude, nous avons des lois très suffisantes. C'est comme pour cette question des margarines dont j'ai eu à m'occuper : au commencement, on n'avait pas le droit de la colorer ; elle restait blanche, et

vous savez que la margarine est composée de
graisse fondue et préparée d'une certaine façon :
c'est un aliment excellent pour le peuple, et qui
avait l'avantage d'être très bon marché ; il rem-
plaçait donc parfaitement le beurre ; (moi-même
j'en employais chez moi ; on faisait des fritures
avec ça et de certaines cuisines, on réservait le
beurre pour mettre sur le pain). Eh bien, on a
prétendu que c'était une fraude, qu'on vendait ça
comme du beurre, et on a forcé les fabricants de
margarine à colorer leurs produits en rouge.
Coup mortel pour une industrie ! Résultat : la
France exportait pour quatre millions de margarine ; aujourd'hui plus rien, ce sont les Danois
qui nous ont pris ça et ils en font des quanti-
tés.

— Qu'ils vendent pour du beurre ?

— Pour du beurre... pour du beurre... je n'en
sais rien ! En tous cas, ils mettent 3e ou 4e qualité... et puis enfin, puisque ça n'est pas malsain !

— Pour finir, dis-je à M. Cousté, dites-moi ce
que vous pensez de la participation aux bénéfices ?

— Oh ! ça, c'est très bien, — quand on peut le
faire ! voilà du vrai socialisme, et pratique !
Certainement, on peut distribuer aux ouvriers
une part quand les affaires marchent, et ça se
fait d'ailleurs beaucoup, seulement il ne faut pas
que ça serve de prétexte aux syndicats ouvriers
pour mettre le nez dans les affaires du patron,
car alors tout est fini !

— Comment cela ?

— Bien sûr ! et puis c'est très dangereux.
Qu'est-ce qui fait le commerce, sinon le crédit ?
Eh bien, quand un patron fait une mauvaise
année, il ne tient pas à le faire savoir au public,
et s'il n'y a pas de bénéfices à répartir aux
ouvriers, on le sait tout de suite et souvent c'est
tout simplement la ruine.

— En résumé, dis-je à M. Cousté, comment
appréciez-vous le mouvement socialiste en
France ? Le croyez-vous sérieux, menaçant ?

— Ah ! s'écria-t-il, avec tous ces meneurs on
ne sait jamais où on va ! Mais, quant aux vrais
ouvriers français, à la bonne moyenne, ils n'y
pensent pas du tout à ces balivernes ! ils savent
très bien qu'il n'y a encore que la liberté du
travail telle que nous l'avons qui peut leur
donner satisfaction.

« Et, tenez, ajouta-t-il, on peut dire que nous
avons un gouvernement assez démocratique,
n'est-ce pas ? Voilà M. Yves Guyot qui a été
ministre des travaux publics et qui en a écrit,
lui, des livres dans ce sens-là ; eh bien ! il me
le disait lui-même :

« Comment voulez-vous intervenir ? c'est impossible ! Les ouvriers ne le demandent même pas.
J'en ai reçu au ministère, je leur ai dit : Aujour-
d'hui vous avez le droit de vous défendre, vous
pouvez vous syndiquer, vous mettre en grève,
lutter pour vos intérêts comme le patron lutte
pour les siens, que voulez-vous de plus ? Le
gouvernement ne vous doit pas autre chose. »

Et M. Yves Guyot ajoutait : « Ils ont très bien
compris ça ; en France, ce qu'il faut avant tout,
c'est la liberté. » Eh bien, dit M. Cousté, en se
levant, ça résume toute mon opinion !

M. LE BARON Alph. DE ROTHSCHILD (1)

A Dinard, là-haut sur la côte, cette grande construction blanche qui domine la falaise, c'est le *Château des Deux-Rives*, appartenant à M. Rochaïd-Dadah et loué pour la saison (8,000 fr., si cela vous intéresse) à M. le Baron Alphonse de Rothschild. On gravit la montée en spirale; le château est fermé par une haute grille; je cherche une sonnette, pas de sonnette; j'ouvre et j'entre. Devant moi, entre deux rangées de fusains, derrière un parterre de géraniums, la mer bleue et calme apparaît, confondue avec le ciel limpide. Un colosse à la tête ronde, à la face rasée, sanglé dans un habit noir boutonné jusqu'au col, se promène devant le perron, les mains gantées de blanc derrière le dos.

— M. de Rothschild est-il là?

— Oui, monsieur. Il vient de sortir de table.

Je donne ma carte et j'attends.

Je vais donc voir « Rothschild » ! On a beau entendre ce nom cent fois par jour, M. Drumont peut le traîner régulièrement aux gémonies, il n'en sonne pas moins à toutes les oreilles avec un bruit de légende lointaine, comme quelque chose de mystérieux, de formidable et de fantas-

1. Voir appendice.

tique, comme d'autres mots d'éblouissement et
de richesse, qu'on ne peut prononcer sans fermer les yeux : Crésus, Golconde, mines d'or,
milliard... Rothschild ! C'est un des premiers
noms qui ont frappé mon oreille d'enfant, en
même temps que ceux des contes de fées. Combien de fois n'ai-je pas entendu ma mère me
répondre quand je tendais les mains vers un
jouet de plus de treize sous : « Tu crois donc
que j'ai la bourse de Rothschild ? » Et quoi que je
fasse, ce nom superbe évoquera toujours à mon
esprit ce qu'il y aura pour moi d'inaccessible
dans la vie...

Pour le moment, j'oubliais l'action effective de
ce Roi des Rois dans le sort économique des
nations européennes, pour ne penser qu'à la
somme irréelle de bonheurs que sa fortune représente ; et je m'acharnais à me figurer des choses
énormes et pourtant vraisemblables : celui que
j'allais voir pouvait charger d'or des trains
entiers, en emplir une maison de la cave au toit,
égrener des cascades de diamants entre ses
doigts pendant une heure, créer à sa fantaisie
de la vraie joie, pour toujours, dans des âmes
désespérées ! Même il pourrait payer 10,000 fr.,
chacun des cheveux de M. Drumont ! et tant
d'autres choses diverses et folles !

— M. le baron vous attend.

C'était le domestique qui venait me chercher.
Il ouvrit une porte du rez-de-chaussée et m'in-
troduisit dans une petite pièce donnant sur la mer.

M. de Rothschild se leva quand j'entrai, me fit

asseoir sur un canapé adossé au mur et s'installa
dans un vaste crapaud, près de la fenêtre ouverte
sur l'horizon bleu.

J'exposai le but de ma visite : apprendre son
opinion sur les causes et sur l'importance du
mouvement socialiste en France. Je détaillai le
plan de mon enquête ; et comme mon interlocuteur se trouvait de profil, je pus, tout en causant,
l'examiner à mon aise. De taille moyenne, mince,
dans un complet de cheviotte noire à longs poils
un peu chiffonné, une lavallière noire sous le col
rabattu, les cheveux d'argent, assez longs, sépa-
rés sur le côté droit par une raie, les favoris
blancs, flottants, et la moustache blanche aussi,
le menton ras, le teint très rose, les pommettes
saillantes, le nez long un peu aplati au milieu
de l'arête ; seuls, les yeux bleus, à fleur de tête,
animés d'une vie extraordinaire, rappellent la
race. L'ensemble de la physionomie est, au repos,
volontaire, énergique et grave.

Quand je me tus, il tourna la tête en signe de
dénégation, et dit :

— Il n'y a pas de crise en ce moment, je ne le
crois pas du tout. Il y a eu des crises momenta-
nées, des crises produites par des faillites malheureuses, comme celle de la banque Baring, de
Londres, par exemple ; mais la situation générale en Europe n'a pas changé, et elle n'est pas
mauvaise.

— On parle, dis-je, d'un malaise de la classe
ouvrière qui se traduit par un courant socialiste
devenant de plus en plus menaçant...

— Je n'y crois pas pour ma part, à ce mouvement ouvrier; je suis sûr que les ouvriers — je parle en général — sont très satisfaits de leur sort, qu'ils ne se plaignent pas du tout et qu'ils ne s'occupent pas de ce qu'on appelle le socialisme. Certes, il y a des meneurs, qui tâchent de faire le plus de bruit possible autour de leurs personnes, mais ces gens-là n'ont aucune prise, aucune influence sur les ouvriers honnêtes, raisonnables et travailleurs. Car il faut distinguer entre les bons et les mauvais ouvriers! Ainsi, il est absolument faux, par exemple, que les bons ouvriers demandent la journée de huit heures; ceux qui la demandent, ce sont les paresseux et les incapables; ils se tiennent ce raisonnement : « Travailler dix ou douze heures par jour, d'abord c'est fatigant, et puis il y en a qui sont moins paresseux et plus adroits que nous, qui produisent davantage dans le même espace de temps, et qui par conséquent, gagnent davantage; tâchons de les forcer à travailler moins, notre intérêt et notre paresse ne pourront qu'y gagner! » C'est bien cela! Mais les autres, les pères de famille, sérieux et rangés, n'entendent pas du tout qu'on les empêche de travailler le temps qu'ils jugent utile à leurs besoins et à ceux de leurs enfants. Mais quand même! Admettons qu'on les force tous à ne travailler que huit heures! Savez-vous ce qu'ils feront, la majorité? Eh bien! ils iront boire! Ils iront davantage au cabaret, voilà tout! Que voulez-vous qu'ils fassent?

Le baron de Rothschild parlait ainsi, d'abondance et très simplement, répétant volontiers les mêmes mots dans la même phrase, d'une voix grêle, avec un rien d'accent anglais dans la prononciation de certaines consonnes ; les jambes croisées, les chaussettes noires déboulant sous le pantalon relevé par la pose, chaussé de bottines épaisses, lacées très lâchement, il fumait un mauvais cigare qui s'entêtait à ne pas vouloir brûler comme il faut ; de temps en temps, à un geste brusque, de la cendre tombait et s'écrasait sur le gilet du baron, dans le creux de l'estomac ployé.

— Des théoriciens prétendent, monsieur le baron, que l'agglomération des capitaux dans les mains d'une classe restreinte d'individus, la haute banque, par exemple, sera la cause d'une révolution sociale à brève échéance, qui marquera la fin du régime capitaliste....

— D'abord, je n'ai jamais compris ce qu'on entendait par la « haute banque ». La *haute banque*, répéta-t-il en appuyant, qu'est-ce que c'est que ça ? Il y a des gens plus riches, des gens moins riches, voilà tout ! Les uns sont plus riches aujourd'hui et seront plus pauvres demain ; cela suit les variations de toutes choses. Tout le monde est exposé à ces variations, *tout le monde*, absolument ! Et *personne* ne peut se vanter d'y échapper. Et puis, ces agglomérations de capitaux, c'est de l'argent qui circule, qui se meut, qui fructifie... C'est la fortune des peuples ! Il cir-

cule aevc les mêmes risques pour chacun, c'est
de l'argent qu'on prête avec confiance pour des
affaires qu'on croit bonnes et qui ne le sont pas
toujours. Mais cela est vrai pour les gros comme
pour les petits. Si vous l'effrayez, le capital, s
vous le menacez, il disparaîtra. Et ce jour-là, on
est perdu! On est perdu ! insista-t-il. J'ai toujours
fait cette comparaison, moi: le capital se comporte
comme l'eau... Si vous la brutalisez, si vous ser-
rez la main pour la saisir, elle s'échappe de vos
doigts, elle fuit... Au contraire, prenez-là par la
douceur, creusez un canal, elle viendra où vous
voulez l'amener, docilement, sans effort... Le
capital, c'est la même chose ! Si vous voulez le
violenter, il se cachera, il fuira ! Et, encore une
fois, c'en sera fait de la prospérité du pays ! Car
le capital, c'est la fortune du pays ! Il représente
l'énergie, l'intelligence, l'économie, le travail des
peuples ! Le capital, c'est le travail !...

Je me permis d'interrompre pour dire:

— Les socialistes ajoutent : — le travail... des
autres !

— Comment cela? interrogea le baron en tournant la tête vers moi. A part des exceptions
malheureuses, des accidents inévitables, chacun,
en général, a la part de capital que méritent son
intelligence, son énergie, son travail propres !
Que le hasard ou la chance interviennent quelquefois dans le sort des individus, c'est certain!
Oui, des gens indignes sont favorisés par le
hasard, des gens méritants sont éprouvés injuste-
ment, mais c'est la même loi pour tous, c'est

vrai à tous les degrés de l'échelle sociale ! Et la seule loi générale, la seule juste, c'est *la loi du travail* pour tous, pour tous !

— On en veut surtout, Monsieur le baron, à l'organisation actuelle qui fait que des milliers d'hommes travaillent toute leur vie pour en enrichir un seul. Le partage n'est peut-être pas équitable.

Il éleva un peu le ton :

— S'il n'est pas équitable, si les ouvriers ne se trouvent pas assez payés, n'ont-ils pas la grève ? Ils ont le droit de grève, qui est très légitime et que personne ne songe à leur retirer. Qu'ils s'en servent ! Et d'ailleurs, ils ne s'en privent pas. Mais, n'est-il pas naturel que celui qui apporte la force première, indispensable, le capital, et en même temps son intelligence, ses facultés d'organisation, d'invention, son savoir et toutes les forces de son cerveau, soit mieux rétribué et ait plus de jouissances, en somme, que l'ouvrier grossier et brutal qui n'apporte à l'œuvre que le concours inintelligent de ses bras ? N'est-ce pas, d'ailleurs, un socialiste, Saint-Simon, qui a dit : « A chacun selon sa capacité, à chacun selon ses œuvres » ? Je suis absolument de cet avis. Ce principe est d'une sagesse applicable à tout, et, dans un pays de liberté, il se vérifie tous les jours.

— Pensez-vous donc, Monsieur le baron, qu'il y aura toujours des riches et des pauvres ?

Posément, la voix calmée, il répondit :

— Croyez-vous qu'on puisse supprimer la

maladie ? N'y aura-t-il pas toujours des gens
malades et des gens bien portants ?...

La brise de mer entrait en rafales par la fenêtre du petit fumoir ; des journaux dépliés en face
du baron, et qu'il lisait sans doute tout-à-l'heure,
s'envolaient de temps à autre du guéridon placé
devant lui ; il les ramassait et, chaque fois, il les
chiffonnait un peu plus. Il tirait avec difficulté
d'ingrates bouffées de son cigare qui se fumait
tout de travers, s'acharnant à ne pas le jeter.

Je touchais à la question brûlante, et je profitai
d'un moment où le cigare parut s'amender pour
dire :

— A côté du socialisme qui fait la guerre au
capital, il y a une partie de la bourgeoisie, artistes, bohêmes, révoltés du catholicisme, qui, ayant
des instincts révolutionnaires et manquant peut-
être d'une vue générale, ont des tendances à
diriger contre les juifs le mouvement que les
autres voudraient diriger contre les capitalistes
de toutes catégories. Ne craignez-vous pas,
Monsieur le baron, que cette autre partie de
la bourgeoisie ne consente à chercher un dériva-
tif, à faire la part du feu et à reculer sa défaite
définitive en vous sacrifiant ? Dans les pays les
moins civilisés de l'Europe, en Russie, dans certaines parties de l'Autriche, le mouvement est
même populaire et toléré par les autorités...

M. de Rothschild répondit lentement :

— La guerre au capital est une chose bête et
funeste, l'antisémitisme est bête et odieux. Mais

c'est la même race d'esprit qui fait cette double
guerre... Si, par malheur, de telles insanités
prenaient du crédit, ce serait la ruine définitive
d'un pays. Si on permet d'attaquer le capital
par un côté ou par l'autre, la classe tout entière
des possédants y passera : il en sera comme des
mailles d'un filet... si l'une d'elles est rompue, le
reste du filet s'en va en ficelle...

— Croyez-vous à un danger réel?

— De la part des ouvriers, pas du tout; de la
part des pouvoirs publics, c'est autre chose... Si
le gouvernement se met à intervenir dans les
conflits entre patrons et ouvriers, si la Chambre
vote des lois comme la loi Bovier-Lapierre, dans
dix ans il n'y aura plus de commerce ni d'industrie possibles en France. J'espère qu'on n'en
arrivera pas là... mais c'est de ce côté que le
vrai danger viendra...

J'étais là depuis près d'une heure et je son-
geais à ne pas être importun plus longtemps. Mais
j'avais deux questions encore à poser, deux petites
questions auxquelles on me reprocherait, à coup
sûr, de ne pas avoir pensé. Et je dis, d'abord :

— Votre opinion sur le bonheur, Monsieur le
baron, intéresse bien des gens... On vous croit
l'homme le plus heureux de la terre, avec vos
milliards...

Il sourit, en haussant les épaules, et les yeux
au plafond :

— Mes milliards ! Oui, on m'a montré l'autre
jour un journal qui disait: « M. de Rothschild, qui

a *trois* milliards de fortune !... » C'est de la folie !...

— N'importe le chiffre... Croyez-vous « que la richesse fait le bonheur » ?

Il se leva, fit quelques pas devant la fenêtre et répondit :

— Ah! non. Ce serait trop beau... Le bonheur c'est autre chose...

Je regardais le baron de Rothschild de tous mes yeux; j'ouvrais les oreilles toutes grandes. Cet instant de la conversation m'apparaissait comme vraiment unique dans le cours de mon enquête. J'ajoutai :

— Aujourd'hui la puissance des millions est énorme...Elle doit donner des jouissances infinies...

Il dit lentement, comme en se parlant à lui-même :

— Certes, s'il n'y avait pas quelques avantages attachés à la fortune, on ne se donnerait pas tant de mal pour la gagner... Mais le bonheur, au fond, le seul vrai, c'est le travail...

Je m'étais levé à mon tour :

— Il est pourtant des hommes, insistai-je, qui jouissent de tous les avantages de la fortune sans avoir travaillé pour la conquérir... Les attaques qui s'adressent à la loi de l'héritage, ne les trouvez-vous pas assez justes ?

Nous nous dirigions vers la porte :

— Etes-vous marié ? me dit-il brusquement.

— Pas encore, fis-je.

— Eh bien ! quand vous serez marié et que vous aurez des enfants, vous n'admettrez plus qu'on attaque l'héritage...

Il souriait aimablement. Je pris congé.

A ROUBAIX

LA MUNICIPALITÉ

On sait qu'aux élections municipales de mai
1892, un fait caractéristique s'est produit dans
le Nord : à Roubaix, la plus importante ville
industrielle de la région, trente-six ouvriers
socialistes ont été élus conseillers municipaux ;
des sièges au Conseil général et au Conseil
d'arrondissement ont été enlevés par le Parti
ouvrier, et le maire de Roubaix est, à l'heure
actuelle, un socialiste, M. Carrette, porteur de
journaux et cabaretier.

Je ne devais pas négliger, dans l'enquête que
je mène, ce précieux élément d'investigation, et
je suis allé passer quelques jours dans le
« repaire ». Un député du gouvernement, que
j'avais rencontré en wagon, m'avait dit :

— Ah ! ah ! vous allez là-bas ! Vous en verrez
de belles ! Depuis qu'ils sont élus, nos édiles se
sont tous faits mastroquets, tenanciers de cafés-
concerts, etc. ! Il y a de quoi vous amuser : mais
il faut que vous voyiez Branquart ! Branquart,
c'est le premier adjoint, l'orateur, celui à qui le
maire passe la parole dans les grandes occasions, c'est un cabaretier aussi.

L'après-midi du dimanche où j'arrivai, j'allai
donc tout droit chez Branquart : café de l'Hôtel-

de-Ville, juste en face le bâtiment municipal. C'est un petit cabaret sombre et propret, quelques tables de bois, du sable sur le plancher. On me dit que le patron est au « jardin ». J'y vais : un étroit rectangle à ciel ouvert formé par deux murs blanchis à la chaux, où s'alignent deux rangées de bancs peints en vert ; au fond se dresse une petite scène ; un homme en bras de chemise balaie la terre par devant : c'est le premier adjoint. Deux consommateurs sont assis sur les premiers bancs et causent avec le patron. Je m'installe près d'eux et j'entame la conversation qui ne tarde pas à rouler sur la question qui m'intéresse. Au bout d'un instant, je leur demandai de m'expliquer le triomphe si complet et si soudain du parti ouvrier de Roubaix.

— Il y a à peine trois ans, dis-je, vos électeurs étaient encore boulangistes, et votre ancien Conseil municipal n'était composé que de bourgeois ?

— Oui, mais voilà longtemps, me répond le citoyen Branquart en déposant son balai sur le devant de la scène, que Roubaix est travaillé par le parti. Il faut bien que ça rapporte des fruits, quand la semence est bonne et le terrain aussi. Vous ne savez pas que les ouvriers sont de plus en plus malheureux ici... quinze francs par semaine, voilà la moyenne du salaire des tisseurs à Roubaix. Qu'est-ce que vous voulez qu'ils deviennent avec ça ?

— Mais si les affaires ne marchent pas, que

voulez-vous qu'on fasse ?

— Ça, ça nous est égal, on travaille, on a faim, il faut manger, il n'y a pas à sortir de là !

— Et puis, si les affaires vont si mal, ajouta l'un de mes deux autres interlocuteurs qu'on me présenta comme le rédacteur d'une feuille socialiste de Lille, si les affaires vont si mal, avec quoi les patrons bâtissent-ils les hôtels superbes du boulevard de Paris? Allez voir cela. Des palais! Vous m'en direz des nouvelles.

— On se loge comme on peut, insinuai-je. Et vous ne m'expliquerez pas pourquoi les patrons de Roubaix n'auraient pas le droit de se loger comme ceux de Rouen, de Lyon ou de Marseille.

— Ils n'ont pas plus raison les uns que les autres... Nous ne savons qu'une chose : les ouvriers roubaisiens crèvent de faim. M. Julien Lagache, l'ancien maire, a gagné trente-sept millions en quelques années, et ceux qu'il emploie mangent du pain sec et de l'oignon cru à leurs repas.

— Voyons, tout le monde ne peut pas être riche, pourtant !

— Non, mais personne ne devrait crever de faim, excepté les fainéants.

— Bien. Mais comment voulez-vous arriver à cela ?

— Oh ! c'est bien simple ! Vous n'avez qu'à lire les écrits de Karl Marx, de Lassalle, de Lafargue, de Guesde et de tous les collectivistes.

— Je les connais, dis-je. Ce que je voudrais savoir, c'est votre façon à vous de comprendre le collectivisme.

— Nous le comprenons comme eux ; ce n'est pas nous, bien sûr, qui l'avons inventé ; mais ils nous l'ont enseigné, à nous et à tous les ouvriers de Roubaix, et il n'y a rien de plus juste au monde.

— Vous croyez que les ouvriers de Roubaix sont collectivistes ?

— Sûr, que nous le croyons ! Les preuves sont là, nous avons été élus tous les trente-six sur le programme de Lyon.

— Ce n'est pas une raison... Ont-ils seulement la notion de ce que serait l'égalité dans une société collectiviste ? Vous-même trouvez-vous que l'*égalité absolue* soit une chose juste ?

Je m'adressais au citoyen Branquart. De taille moyenne, la face ronde et pâle, la bouche très rouge, épaisse, d'un dessin puéril, à demi cachée par une longue moustache retombante, il me regardait de ses yeux bleus attentifs et doux, l'air simple, convaincu.

— L'égalité, dit-il avec une voix chantante qui traînait en caressant les mots, est-ce que ce n'est pas un bien beau rêve ? Est-ce que tout le monde ne serait pas heureux si nous étions tous égaux, si les patrons se contentaient du nécessaire pour laisser le nécessaire aussi à l'ouvrier ? Est-ce que tous les hommes ne sont pas faits pour s'aimer ? S'ils sont méchants, ce n'est pas leur faute, c'est qu'ils sont malheureux. Pourquoi

aurais-je plus de droits que mon voisin ? Un
patron ne peut pas se passer de ses ouvriers, et
les ouvriers ont besoin de quelqu'un pour les
diriger, je veux bien, mais ce sont toujours
des travailleurs au même titre ! Pourquoi un
ingénieur gagnerait-il plus qu'un balayeur des
rues ? La société a besoin de tous les deux et ne
peut pas plus se priver de l'un que de l'autre.

— Mais, interrompis-je, qui sera le patron ?

— Le plus intelligent, bien sûr.

— Comment distinguerez-vous le plus intelligent ? Chacun prétendra être celui-là !

— Pourquoi ? puisqu'il n'y aura pas d'intérêt
à commander les autres à moins d'en être vraiment capable, attendu que tout le monde aura
les mêmes avantages. Et puis... Et puis... quoi !
on les reconnaîtra toujours, ces mieux doués,
il y aura des commissions pour ça, des médecins, des savants qui les désigneront. Enfin,
est-ce qu'à présent on ne reconnaît pas les aptitudes des jeunes gens pour le dessin et la
musique ? Si tout le monde recevait exactement
la même instruction, est-ce qu'on ne verrait pas
bien vite quels sont ceux que leur inintelligence
empêche de dépasser un certain niveau, etc., etc ?

— Pardon ! interrompis-je encore.

Mais il continua :

— D'abord, il ne s'agit pas de ce qu'on fera ;
les ouvriers sont malheureux, ils travaillent uni-
quement pour enrichir les patrons. Il n'y a pas
besoin de savoir autre chose ; ça ne peut pas
durer, voilà tout ! Ce que nous voulons, c'est

que tout le monde pense comme nous ; nous ne
sommes pas des assassins, nous sommes des
socialistes, des gens convaincus. Ah! monsieur,
voyez-vous, si on voulait nous comprendre,
comme ce serait facile de faire tout le monde
heureux, avec un peu de justice : il y a tant de
richesses !

— C'est fort beau, tout cela, dis-je, et tout le
monde en convient. Seulement, encore une fois,
comment y arriver? Ça ne me semble pas aussi
simple qu'à vous.

Il paraissait tout attristé de mes doutes :

— C'est qu'on ne veut pas s'entendre, c'est
qu'on ne veut pas savoir! gémit-il. Les riches,
parbleu! ils tiennent à leurs privilèges ; mais si
vraiment ils voyaient la misère qu'il y a dans le
peuple, ça n'est pas possible, pas possible, ils
comprendraient ! Tenez, moi, avec mon peu
d'instruction, j'ai bien compris! Il y avait longtemps que je cherchais un chemin à donner à
ma vie : on ne peut pas ne penser qu'à soi, n'est-
ce pas? Eh bien! un jour, à l'atelier — j'étais
trieur de coton — un de mes camarades assis
près de moi se met à me parler socialisme ; je
ne voulais pas admettre tout ça. J'étais républicain et je n'avais jamais pensé à faire de révolutions. Pendant une heure, voilà que je le combats de toutes mes forces, et pourtant je me
disais au fond de moi : « Tu as tort de le combattre, c'est lui qui a raison. » Alors, je me
suis donné quelques jours pour réfléchir, et à la
fin je me suis déclaré convaincu. Je suis entré

dans le syndicat, on m'a nommé secrétaire, j'ai
été porté au Conseil municipal et maintenant me
voilà adjoint; je n'avais jamais fait de politique,
mais je trouve que c'est bon, voyez-vous, de
faire tout ce qu'on peut pour le bonheur de ses
semblables! Et ce n'est pas bien difficile... Excu-
sez-moi, dit-il tout à coup, voilà le concert qui
va commencer, il faut que je serve mes clients,
je vous dis au revoir...

Vu le citoyen Branquart il me restait à visiter
le citoyen Carrette, maire de Roubaix; je le
trouvai servant des bocks dans son étroit débit
à l'enseigne de la *Brasserie sociale*, orné des
portraits de Karl Marx, de Guesde, de Lafargue et de Culine. C'est un grand homme maigre, à la face romaine, entièrement rasée, douce
et énergique à la fois. Il a la réputation d'être
peu discoureur, et il fut, en effet, très concis;
pendant que nous prenions ensemble la *chope*
traditionnelle, je lui dis:

— Maintenant que vous voilà à la tête des affaires de la ville, qu'est-ce que vous comptez faire?

— Appliquer notre programme d'abord. Quand
il n'y aurait que ça de fait, ça serait déjà un bon
résultat, n'est-ce pas? et Roubaix n'aurait pas à
s'en plaindre. Nous savons ce que c'est que les
économies, nous autres, nous ne dépenserons
pas plus d'argent qu'il ne faudra, et nous le dépenserons à propos.

— Et votre programme?

Très simplement, d'une voix tranquille et voi-
lée, il explique, avec des gestes courts et gau-
ches :

— Eh ben ! voilà : nous allons commencer par
les cantines scolaires ; puisque, d'après nous, les
enfants devraient être élevés par l'État, c'est
bien juste que les pauvres aient de quoi manger
à l'école, n'est-ce pas ? On leur donnera un repas
de viande à midi ; ceux qui auront le moyen de
payer paieront. On distribuera aussi des chaussures et des vêtements à tous ceux qui en man-
queront. Ensuite nous créerons une Bourse du
travail, nous supprimerons les taxes d'octroi sur
les denrées alimentaires ; ah ! nous aurions bien
voulu les augmenter pour les vins fins, les gants,
les cravates et tous les objets de luxe, mais,
vous savez, on n'est pas les maîtres, il y a des
lois qui forcent les villes là-dessus. Nous ferons
des établissements de bains et des lavoirs publics et gratuits. Nous allons installer des maternités, des asiles pour les vieillards et les infir-
mes, des refuges de nuit ; nous ferons des distri-
butions de vivres pour les passagers sans asile
et sans ouvrage. Et puis il y aura des consulta-
tions judiciaires gratuites pour les ouvriers. Tout
ça, c'est le programme de Lyon, c'est là-dessus
que nous avons été élus, c'est ça que nous voulons réaliser, v'là tout ! Après... Eh ben, on
verra... Il n'en manque pas de choses à faire
pour le peuple ; le tout c'est d'avoir de la bonne
volonté ! Ça ne nous manque pas. Ainsi, il y
avait une foule d'affaires en souffrance à la mai-

rie ; en trois mois, après avoir travaillé comme des nègres, nous avons réglé tout ce que l'ancien Conseil avait laissé de côté depuis des années...

De nouveaux clients arrivaient, le maire me quitta un instant pour les servir. Je le suivais du regard; placidement, il allait de table en table, distribuant les consommations et les poignées de main. Pour moi, j'étais quelque peu déconcerté : en venant à Roubaix, je m'attendais à trouver de beaux parleurs d'estaminet, des « gueulards », des énergumènes, mais je n'aurais pas imaginé cette simplicité bonhomme et convaincue du maire Carrette et de son adjoint. Je me rappelai alors que ce fut cet excellent maire qui, au 14 juillet, sut éviter en ces termes, qu'on trouvera d'une simplicité antique, les ronflantes banalités du speech traditionnel aux pompiers :

« Citoyens pompiers, dit-il, buvez ce vin, il est le vôtre, c'est vous qui le payez! Moi, je le bois à votre santé, à la ville de Roubaix et à la République ! »

Le citoyen Carrette revient un instant vers moi. Avant de le quitter je lui demandai encore :

— Mais vos électeurs doivent vous assiéger de leurs demandes, ici?

— Ici? dit-il, ah ben! il ne manquerait plus que ça ! Quand il en vient, je leur dis : « Ici je suis cabaretier, si vous voulez une chope je vais vous servir, mais si vous voulez voir le maire, allez demain à deux heures à la mairie, il y sera ! »

Là-dessus, il me dit au revoir et me serra la main en riant doucement.

Pendant que j'y étais, je voulus visiter encore un adjoint dont on m'avait parlé, le citoyen Lepers : « C'est au cabaret du coin, me dit-on, il est sergent fontainier de la compagnie des pompiers, sa femme en est la cantinière. »

— Encore un ! ne pus-je m'empêcher de m'écrier.

J'affrontai une troisième fois la fumée des pipes et la tournée de chopes obligatoire. Le citoyen Lepers m'apporta lui-même mon verre de bière et, pour trinquer avec moi, se servit une « grenadine ».

— Toute la municipalité vend donc de la bière ? lui dis-je en riant.

Mon étonnement parut l'amuser.

— Mais oui, monsieur, dit-il, on est bien forcé ! On ne peut pas être en même temps à l'usine et à la mairie ; on ne peut pas faire des dix heures de travail par jour et s'occuper des affaires de tout le monde ! Comme le préfet a refusé d'approuver l'indemnité que nous avions votée pour les conseillers municipaux et qui s'élevait à l'équivalent du salaire des ouvriers, il a bien fallu que nous quittions nos ateliers. Alors quoi faire ? Faut bien nourrir sa famille pourtant ! Dans un cabaret, la femme et les enfants peuvent vous aider et vous remplacer pendant qu'on est dehors. On gagne sa vie tranquillement et, voyez-

vous, pour nous, dans notre situation, c'est
encore le métier le plus commode ; et puis, ça
nous amène toujours quelques clients, la politique !

Cela dit gaiement, il choqua son verre contre le
mien en souriant de tous les plis de ses yeux fins.

La conversation recommença sur les projets
de la municipalité ouvrière, il me redit les mêmes espoirs, il parla avec la même confiance
tranquille ; il devait aller à Lille le lendemain
siéger au Conseil général dont il est membre.

— Vous allez vous trouver là avec tous les
infâmes bourgeois ? dis-je en riant.

— Ah ben ! ils ne me font pas peur, allez ! Et
puis, ils n'y sont plus pour longtemps !

— Je me figure que vous ne les effrayez guère
non plus ; ils sont bien sûrs que la municipalité
socialiste de Roubaix ne durera pas !

— Allez, dit-il, nous sommes bien tranquilles,
les ouvriers ont compris, ils sont avec nous
maintenant. Bien malin qui les en fera démordre.

Le soir tombait, on allumait les lampes, et les
consommateurs avaient envahi toutes les tables ;
Mme et Mlles Lepers se multipliaient en vain.
L'adjoint me quitta, et comme je sortais, je l'en-
tendis qui criait :

— Allons, vivement, deux canettes par ici !

Le soir, je revins au café de l'Hôtel-de-Ville,
chez le citoyen Branquart. Je tombai au milieu
d'une petite réunion d'ouvriers et de conseillers
municipaux qui prenaient tranquillement leur
café autour d'une grande table ronde, dans une

étroite pièce attenant au cabaret. Une lampe
pendue au plafond l'éclairait d'une lumière jaune
salie encore par la fumée des pipes. Je m'assis
près du premier adjoint et j'écoutai parler. Je
n'eus pas de peine à saisir, dans la conversation
commencée, un biais pour l'amener tout de suite
sur la discussion que je cherchais. On parlait
justement des doléances des ouvriers en général.

— Les députés! — disait l'un — ils se fichent
pas mal de nous! Tant que nous ne ferons pas
nos affaires nous-mêmes...

Je m'empressai de tirer de ma poche un numéro du *Temps* de la veille qui contenait un
article de M. Jules Simon, précisément sur la
question ouvrière, et je dis :

— Voulez-vous savoir tout ce qu'on a fait
pour les ouvriers? Tenez, lisez, M. Jules Simon
le racontait hier en détail.

Et je tendis le journal par-dessus la table à
celui qui me parut le plus animé de la société ; je
tombais bien, c'était un jeune ouvrier tisseur, de
23 ou 24 ans, au collier de barbe noire, à la
moustache fine, et dont l'œil brilla tout à coup
de plaisir à l'idée de la lutte dont je lui fournis-
sais l'occasion.

— Ah! ah! dit-on de tous côtés, nous allons
voir !

Un jeune homme blond, à la face grasse et
montée en couleur, à l'œil intelligent, habillé
d'une veste de toile claire à raies blanches et
violettes, à la manière des garçons bouchers,
s'adressa à moi :

— Vous avez lu *Gil Blas de Santillane?*
Vous vous rappelez l'archevêque de Tolède
disant sur ses vieux jours : « Je crois avoir fait
bonne œuvre dans ma jeunesse et dans mon âge
mûr, à présent je suis vieux et perclus, restons-
en là, ne compromettons pas ce que nous avons
écrit de bien par des œuvres médiocres ou
mauvaises. » Eh bien! M. Jules Simon ferait
mieux de prendre exemple sur l'archevêque de
Tolède que de nous affliger de son gâtisme.

— Très bien! bravo! cria-t-on dans des rires.

Un peu étonné de cette rude sortie, je m'in-
formai près du citoyen Branquart qui me dit :

— C'est un jeune Belge, docteur ès-sciences
et diplômé d'histoire de l'Université d'Oxford,
qui a appris le métier de cuisinier pour gagner
sa vie; il travaille ici, à côté.

Mais l'autre avait déplié le *Temps* et commençait à lire. On cria : « Silence! silence!
Ecoutons! » Et le lecteur commença :

Je veux bien dire qu'il faut tout faire pour les ouvriers. Ce
que je conteste, c'est qu'on n'ait rien fait pour eux. Je sou-
tiens qu'on a fait beaucoup. Je conviens qu'il y a encore beaucoup à faire. Je voudrais montrer aujourd'hui, pour couper
court à toutes ces déclamations, une partie de ce qu'on a fait
pour les ouvriers.

— Voyons! voyons! Silence!

Je prends l'ouvrier avant sa naissance. Un projet de loi préparé par le gouvernement et présenté au Sénat crée des asiles-
ouvroirs pour les femmes enceintes de sept mois et des maternités où le secret est assuré. Presque toutes les municipalités
distribuent des secours d'allaitement. Paris est, pour ce service,
d'une générosité sans égale.

En ce moment même l'initiative privée fonde des Maternités. Elle établit partout, dans les grandes villes, des crèches et des asiles pour les enfants valides, des dispensaires et des sanatoriums pour les enfants malades. Un grand effort est tenté, en ce moment même, pour régulariser le service des nourrices et tous les services médicaux dans les campagnes.

Le lecteur s'interrompit :

— Un *projet* de loi ! Si nous nous mettons à compter les *projets*, ça, c'est vrai, nous pourrions en dénicher pas mal dans les cartons de la Chambre et du Sénat, et des meilleurs, qui dormiront encore longtemps, si jamais ils voient le jour !... Quant aux secours d'allaitement, il y en a peut-être à Paris, mais dans quelle proportion ? C'est ce que nous ne savons pas, et pour la province, c'est encore un rêve. Quant aux maternités, aux crèches, aux asiles, aux dispensaires, aux sanatoriums de l'initiative privée — et dont la présidence est le monopole de M. Jules Simon — nous savons ce qu'en vaut l'aune ! N'y entrent que les protégés des belles dames des comités, qui ont toujours des tas de cousins de leurs femmes de chambre à y caser. Et quand même tous ces beaux établissements privés donneraient asile à quelques milliers de nécessiteux dans toute la France, en quoi seraient-elles avancées, les centaines de mille ouvrières que le chômage, la maladie ont rendues indigentes momentanément et qui n'auront pas profité de ces belles institutions, faute de place ou de recommandation, ou pour avoir eu l'orgueil de ne pas faire la queue aux guichets et de fuir l'humiliation du certificat d'indigence ?

Ce que nous voulons pour le prolétaire, Monsieur Jules Simon, ce ne sont pas les aumônes des belles dames centralisées dans vos mains sacerdotales, ce sont les millions du budget de l'Etat et des villes. Ce que nous voulons, c'est le droit à l'assistance égal pour tous.

— C'est ça ! très bien !

Il continua :

L'enseignement primaire est obligatoire. Il est continué et complété par l'enseignement primaire supérieur et par l'enseignement des adultes. Tous ces enseignements sont gratuits. Des bourses d'étude et de voyage sont attribuées à ceux qui se distinguent dans les examens et les concours. On donne au mérite exceptionnel l'occasion de se manifester ; on donne au mérite qui s'est manifesté l'occasion et le moyen d'arriver à tout.

Il y a des écoles d'arts et métiers de divers degrés, des écoles professionnelles, des écoles d'apprentissage.

— Ah ! nous y voilà ! ça c'est vrai ! L'instruction laïque, gratuite et obligatoire ! C'est la seule vraie réforme que la République ait faite. Et, entre parenthèses, il serait curieux de savoir combien de députés et de sénateurs républicains la regrettent aujourd'hui... Les bourses, très bien ! Les écoles d'arts et métiers, les écoles professionnelles, parfait !... pour ceux qui peuvent y aller, et qui ne sont pas forcés, comme c'est le cas de la majorité, d'entrer à l'atelier à douze ans pour gagner au moins leur morceau de pain. Tout ça sert peut-être à faire sortir quelques ouvriers de la classe ouvrière, mais ça n'avance pas les autres.

— D'ailleurs, interrompit un autre que je n'avais pas vu et qui montra tout à coup sa tête

broussailleuse à l'extrémité de la table, à quoi
ça sert, les écoles d'arts et métiers? A faire des
mécaniciens, des chefs d'atelier qui reviennent
apporter au patron leur intelligence, leur savoir-
faire, leurs inventions! Moi, je le sais, j'en sors,
des écoles d'arts et métiers, est-ce que ça m'empêche de crever de faim avec ma femme et mes
cinq gosses? Et si les patrons font des écoles
d'apprentissage, comme M. Schneider a l'air de
s'en vanter, c'est parce qu'ils ont besoin d'ouvriers intelligents et habiles pour gagner plus
d'argent encore! Ça leur sert à eux, pas à nous!
Qu'est-ce qu'ils racontent!

— Bon, continuons, dit le lecteur qui s'animait de plus en plus, tandis que les quinze ouvriers, l'oreille attentive, l'œil ardent, souriaient,
tout fiers qu'un des leurs sût improviser aussi
crânement l'éreintement en règle d'un homme
aussi considérable que M. Jules Simon!

Il reprit :

L'Etat, prenant l'intérêt des enfants contre l'ignorance ou
l'imprévoyance des familles, ne permet le travail qu'à certaines
conditions et à un âge déterminé.

Il suit l'enfant et l'ouvrier dans l'atelier. Il prescrit des précautions contre les accidents du travail. Il règle avec sévérité,
peut-être même avec trop de sévérité, la responsabilité civile des
patrons. Il veille à l'aération, à l'espace. Il prescrit la visite du
médecin, l'organisation et l'entretien d'une pharmacie. Il inter-
dit aux enfants et aux femmes le travail de nuit et le travail
souterrain. Il donne à tous les ouvriers, quels que soient leur
âge et leur sexe, un jour de repos hebdomadaire.

— Comment la trouvez-vous, la sollicitude de
l'Etat? Elle est bien bonne, celle-là! Cette pro-

tection des enfants, est-ce que ça ne se traduit
pas tout juste par la liberté de crever de faim,
quand le père est mort et que la mère reste
là avec cinq ou six gosses, ce qui n'est pas
rare !

« La responsabilité des patrons, faut voir comme
ça se joue devant le Tribunal ! Quand vous
n'acceptez pas l'indemnité dérisoire que le patron
vous offre, vous plaidez ; bon ! mais c'est des histoires à n'en plus finir. Le Tribunal finit par
vous donner raison, mais quoi ? une jambe ou
un bras d'ouvrier ça ne se paie pas cher ! Et
alors, si vous voulez utiliser ce qui vous reste
de membres, il faut que vous cherchiez bien loin,
car les patrons n'aiment pas les récalcitrants. Et
c'est toujours la même rengaine, d'une manière
ou de l'autre vous avez toujours tort !

— C'est vrai ! c'est vrai ! cria-t-on tout autour
de la table.

— Silence ! Je continue :

Il (*l'Etat*) *veille à l'aération et à l'espace!*
(Ici tout le monde se mit à rire, d'un rire
amer, et à frapper des coups de poing de gaieté
sur la table).

— Je vous défie de respirer une minute dans
les peignages, Monsieur ! Un homme comme vous,
qui n'y êtes pas habitué, en crèverait ! Allez-y,
allez-y voir ! Tâchez donc d'y emmener le père
Jules Simon. Et il y a des femmes et des enfants
là-dedans, tout comme dans les mines, d'ailleurs.
Vous les lui montrerez. Mon Dieu ! peut-on
avoir un toupet pareil ! Quel toupet ! Quel toupet !

L'orateur avait rejeté son chapeau en arrière, et il s'épongeait le front avec ardeur ; ses yeux noirs jubilaient d'une joie profonde et naïve, les applaudissements de son auditoire improvisé le grisaient ; de temps en temps il avalait une gorgée de café, et reprenait de plus belle :

— Citoyens ! Voici une perle :

Il permet les coalitions. Il n'intervient que pour protéger la liberté de ceux qui refusent de faire grève. Il permet et favorise la création des syndicats. Il a étendu la juridiction des prud'hommes. Il a établi dans le sein des conseils l'égalité entre patrons et ouvriers.

— La liberté des grèves, citoyens, nous avons la liberté des grèves ! C'est M. Jules Simon, sénateur, qui nous l'a dit !

Tous répondirent en chœur, la face illuminée de triomphe, comme s'ils étaient heureux de pouvoir répondre par cet argument :

— Et Fourmies ! et Fourmies !

— Ça n'est pas tout, citoyens. Nous avons aussi, paraît-il, la liberté des syndicats ! N'est-ce pas, citoyens, qu'elle est propre, cette liberté-là ? On nous renvoie tous, petit à petit, un par un, quand on sait que nous faisons partie d'un syndicat. Ah ! oui, la loi Bovier-Lapierre ! Oui, oui, la Chambre l'a votée ; elle la votera encore autant de fois qu'on voudra... Qu'est-ce que ça peut lui faire à la Chambre ? Les députés voteraient même tout le programme socialiste ! Parbleu ! ça ne les engage à rien ! Est-ce que le papa Sénat n'est pas là pour empêcher les petits agneaux du Palais-Bourbon de faire leurs farces?

On se tordait à chaque apostrophe irrévéren-
cieuse de l'orateur à l'adresse des pouvoirs publics, des patrons, des ministres ou de M. Jules
Simon. De temps en temps, de nouvelles « tour-
nées » de consommations faisaient leur apparition sur la table ronde. On s'interrompait une
minute, on rallumait les pipes, et alors, arrivait
distinctement aux oreilles le bruit des danses
qu'un orchestre criard jouait dans le jardin tout
proche.

Depuis longtemps, je n'essayais plus de défendre M. Jules Simon; au début, je l'avais tenté en
vain, et comme je m'apercevais que mes inter-
ruptions nuisaient à la marche de l'argumenta-
tion, j'avais fini par me taire.

La voix gouailleuse, avec des modulations de
raillerie, mais maladroites, le contradicteur
recommença la lecture :

L'initiative privée a créé des cités ouvrières. De tous côtés
l'État, les communes, les particuliers sont à l'œuvre pour remplacer les anciens taudis par des maisons agréables et commodes.
On facilite l'acquisition de ces maisons : il suffit à un jeune ouvrier d'être bon travailleur et économe pour devenir propriétaire.
On encourage la participation aux bénéfices, les sociétés coopératives de consommation, les sociétés coopératives de production,
les économats. Le rêve si longtemps caressé des invalides civils
va devenir une réalité. Une loi proposée par M. Constans et déjà
prise en considération par un vote de la Chambre crée des
retraites civiles pour les ouvriers.

Il s'arrêta :

— Ah ! c'est beau ! c'est beau ! c'est beau !

Vraiment peut-on dire des choses pareilles ? Ça vaut-il la peine de répondre à cela ?

— Non ! non ! c'est trop bête ! crièrent quelques voix.

— Si, si, répondez, insistai-je.

Alors, mon blond voisin, le docteur-cuisinier, qui avait écouté avec placidité toute la discussion, prit la parole :

— Dites donc, entre nous, si vous étiez embarrassé de capitaux, est-ce que vous ne trouveriez pas que c'est un joli placement, une centaine de maisonnettes avec de bonnes hypothèques dans vos tiroirs? Le voilà le secret des cités ouvrières ! La voilà la philanthropie des patrons, qui ont inventé ce joli truc pour avoir tous leurs ouvriers dans la main, pour être sûrs qu'ils ne se mettront pas en grève et qu'ils resteront doux comme des moutons soumis à leurs caprices !

« Et pour ce qui est des *anciens* taudis, on ne ferait pas mal de se dépêcher de les remplacer par des « maisons agréables et commodes »! Pendant que vous êtes à Roubaix, monsieur, allez donc faire un tour rue des Longues-Haies... un tout petit tour seulement...

— Oui ! oui ! rue des Longues-Haies ! crièrent les autres. Allez-y !

— Et puis, continua mon voisin, que dites-vous de ce jeune ouvrier qui peut devenir propriétaire avec trente sous par jour de salaire ? Que dites-vous aussi du « on encourage les sociétés de coopération, etc. »? Qui ça *on*? A

Guise, oui! Et où encore? Et la Caisse de secours de M. Constans! *Prise en considération* par la Chambre! Avouez qu'il n'est pas fort, votre M. Jules Simon! Il croit donc les ouvriers si bêtes, si bêtes qu'on pourra toujours les payer avec des mots? C'est fini de rire, ohé! les bourgeois! Venez donc à Roubaix, monsieur Jules Simon, on vous mettra au courant et on vous montrera le pas de géant qu'a fait la classe ouvrière depuis que vous avez été jeune.

— Finissons, messieurs, finissons; encore un paragraphe : c'est le plus beau :

Les ouvriers sont électeurs. Ils sont éligibles. Ils ont des représentants choisis par eux, parmi eux, à la Chambre, au Sénat, dans les Conseils municipaux. Je cherche en vain quel est le privilège laissé aux bourgeois. Il est hors de doute que si les bourgeois venaient à découvrir qu'il subsiste un privilège en leur faveur, ils seraient les premiers à en demander la destruction.

— Si vous voulez, conclut l'orateur, nous ne gâterons pas la saveur de ce petit morceau par des commentaires inutiles. M. Jules Simon n'est plus, en somme, que le président de beaucoup d'œuvres de bienfaisance, et il serait cruel de l'oublier.

La réunion se leva sur ces mots, au milieu du tumulte des rires, des exclamations et des chaises remuées. La lampe pendue au plafond filait depuis un instant, on proposa de prendre un peu l'air.

Ahuri, j'acquiesçai avec empressement.

A ROUBAIX (*suite*)

Voir un patron avant de partir, puis parcourir cette fameuse rue des Longues-Haies dont on m'avait si véhémentement parlé la veille, et mon programme à Roubaix serait rempli.

Oui, que pensent les fabricants de la conquête du Conseil municipal par leurs ouvriers? Que pensent-ils des théories socialistes qui les ont vaincus? Et comment envisagent-ils la situation générale des travailleurs dont ceux-ci se plaignent tant? N'y a-t-il pas eu exagération de la part de ceux que j'ai vus jusqu'ici? Et, dans tous les cas, que se passe-t-il dans la tête des patrons?

Je sonnai chez l'un des principaux fabricants de Roubaix qu'on m'avait désigné comme particulièrement intéressant à consulter : « C'est un homme très entier dans ses opinions, très riche et représentant bien la moyenne du patronat roubaisien. »

Boulevard de Paris, à gauche en montant, un hôtel monumental tout neuf, à la porte massive ; une voûte somptueuse, où abonde le marbre noir, quelques larges marches de marbre noir encore, et un vestibule garni de plantes, avec, dans le fond, un escalier à double révolution menant au premier étage.

On me fait entrer dans un vaste et luxueux salon et aussitôt arrive le maître de la maison. Dès mes premiers mots, il dit :

— Je ne demande pas mieux que de vous renseigner, monsieur, sur la situation à Roubaix, mais promettez-moi que vous ne me nommerez pas, j'y tiens absolument.

Je promis, bien à regret.

— C'est qu'ici, voyez-vous, la lutte est violente, et désormais elle n'est plus égale... Il n'y a pas à dire, on a beau ergoter sur ceci ou sur cela, le parti socialiste est le plus fort, et les ouvriers sont avec lui.

— A quoi attribuez-vous cette victoire ?

— A quoi... à quoi... aux campagnes acharnées des commis-voyageurs en socialisme, aux Lafargue et aux Guesde, et à toute la bande ! Ils viennent ici mentir aux ouvriers, exciter leur envie, les détourner de la bonne voie, leur retirer ce qui leur reste de religion et de morale. Ajoutez à cela qu'on a naturalisé deux ou trois mille Belges avant les élections, et cela a suffi pour faire la majorité socialiste.

— Les ouvriers se plaignent un peu aussi de leur misère, dis-je, ils parlent d'une moyenne de salaire de quinze francs par semaine. Il faut avouer que c'est peu pour nourrir une famille.

— Mais, c'est faux, monsieur, c'est archi-faux ! Livres en main, je peux vous montrer que pour les ouvriers que j'emploie — et tous les

fabricants de Roubaix comme moi — la moyenne
des salaires des tisserands varie entre 20 et
25 francs par semaine! Ce sont des menteurs!
des menteurs! Vous ne pouvez pas savoir à
quel point les ouvriers sont menteurs! Ce serait
vraiment à décourager de les soutenir et de leur
faire du bien... Heureusement que ça n'est ni
pour leur franchise, ni surtout pour leur recon-
naissance, qu'on s'occupe d'eux... Tenez, un
exemple, arrivé à moi-même. Je vais un jour
chez un de mes ouvriers tombé malade, je le
trouve dans une misère noire; je le fais parler,
je lui demande combien il gagne : il me répond
qu'il gagne dix-huit ou vingt francs, je ne sais
plus. Bon. Je fais vérifier, et savez-vous ce que
je découvre? que mon bonhomme avait touché
les dernières semaines trente-huit francs! Oui,
monsieur, trente-huit francs! Je sais bien qu'il
avait beaucoup d'enfants... mais c'est pour vous
dire combien ils sont menteurs, et faux, et hypo-
crites! Quand on est là avec eux ils font les
sainte-n'y-touche, et, le dos tourné, ils ne savent
quel mal dire de nous!

« Et puis, savez-vous quoi? Ce sont des ivrognes. C'est malheureux à dire, mais à Roubaix
les ouvriers boivent beaucoup. Ils touchent des
vingt-cinq francs par semaine, et ils vont en
boire la moitié au cabaret... alors, naturellement,
la femme manque de tout, les enfants ont faim.
Mais à qui la faute? Comment voulez-vous qu'il
en soit autrement d'ailleurs? Il y a deux mille
cabarets à Roubaix! Deux mille, oui, monsieur !

Il faut bien qu'ils fassent des affaires! Et quels
cabarets! C'est honteux ce qui se passe, là-dedans... La preuve c'est qu'un adjoint, un nommé
Milbéo, qui est encore le plus raisonnable, a
demandé dernièrement au Conseil municipal d'en
fermer un certain nombre qui étaient vraiment
par trop scandaleux ! Mais que voulez-vous ?
Toute la municipalité vend de la bière ! Depuis
qu'ils sont nommés, c'est à qui s'installera cabaretier ! Tenez, Branquart, le premier adjoint,
tient un café-concert! C'est comme ça, monsieur, c'est comme ça !

Mon interlocuteur s'était très monté. Il s'indi-
gnait avec une conviction réelle et ses gestes
croissaient. C'était un homme d'une cinquantaine
d'années, de taille moyenne, de mise très simple.
à la moustache courte, grisonnante, au teint très
rouge, colérique, à l'aspect volontaire et entêté.

— Ils se plaignent! continua-t-il, ils se plaignent! Ils feraient mieux de travailler. Vous ne
savez pas qu'il y a ici une grève qui dure depuis
trois mois! On leur envoie de l'argent, ils font
des quêtes ! Parbleu! ils trouvent cela plus commode que d'aller à l'atelier! Est-ce que ça n'est
pas un scandale que de laisser des ouvriers se
promener dans la ville avec des troncs, mendier
la charité des passants? Vous avez dû en rencon-
trer sur votre chemin... Remarquez qu'aux
patrons ça leur est bien égal ! Depuis que la
grève dure, ils commandent leurs articles à

Saint-Quentin, on leur envoie tout fabriqué ici,
et ça leur revient encore à meilleur marché !
Mais enfin ça ne peut pas durer... Si on continue de ce pas-là, dans six mois d'ici l'industrie
de Roubaix est morte ; les affaires ne vont pas
si bien, la concurrence étrangère nous déborde...
et tant pis pour ceux qui l'auront voulu !...

— J'ai entendu des ouvriers se demander comment, si les affaires vont si mal, les patrons peuvent faire bâtir leurs « palais » du boulevard de
Paris ?

— Je vous l'ai bien dit, Monsieur, c'est l'envie
qui les pousse ! l'envie ! pas autre chose. C'est
ce mauvais sentiment-là que l'on excite chez eux.
Ils voudraient tous habiter des hôtels ! On leur
promet qu'ils n'auront plus rien à faire et qu'ils
seront riches ! Parbleu ! qu'ils fassent comme
les autres ! Qu'ils travaillent ! et qu'ils écono-
misent ! Ils croient donc que ça se gagne tout
seul, sans mal et sans douleur ? Mais d'abord où
sont-ils, ces palais ? On fait bâtir à son goût,
pour être chez soi, à son aise, c'est bien naturel... Mais vous savez ce que c'est... — ajouta
mon interlocuteur d'un ton sincère, en jetant un
timide coup d'œil autour de lui, l'air un peu embarrassé et mal à son aise en sa simplicité dans
ce milieu de confort à outrance, — vous savez ce
que c'est... l'architecte vous pousse petit à petit,
on se laisse entraîner... je veux bien qu'on ait
tort... Mais enfin, reprit-il en se redressant, et
changeant de ton, on fait de son argent ce qu'on
veut, après tout ! On a eu assez de mal à le

gagner ! Ah ! ils prétendent qu'on ne fait rien et
que c'est eux qui font tout ? Eh bien ! moi monsieur, moi qui ai cédé mes usines à mes fils et
qui pourrais bien me reposer un peu, n'est-ce pas
eh bien ! moi, je suis tous les jours debout à
cinq heures du matin, et quand arrive l'heure de
l'ouverture des bureaux, j'y arrive encore le
premier ! Je travaille, c'est un besoin, c'est plus
fort que moi, l'habitude, vous comprenez ! Alors
mon ouvrage ne vaut pas le leur ? Il ne vaut pas
le leur, mon ouvrage ? Il sont fous, ma parole !
Oui, des fous !

Et quand il eut répété, sous une forme différente, les arguments qui précèdent, il conclut, le
sang à la tête, et devenu très nerveux :

— Plus de religion, plus de morale, qu'est-ce
que vous voulez faire ?

A ROUBAIX (*suite*).

C'est une longue rue toute droite, au centre de Roubaix ; c'est le quartier ouvrier par excellence. De petites maisons uniformes bâties en briques rouges, de pauvres magasins de mercerie et d'épicerie, des boulangeries, des cabarets, beaucoup de cabarets.

Tous les dix mètres, entre deux maisons s'ouvre un sombre boyau où deux personnes ne peuvent pas passer de front, et qui aboutit à une sorte de cour étroite ; dans cette cour, à droite et à gauche, s'entassent des maisonnettes basses, un rez-de-chaussée et une mansarde ; une eau noire croupit au milieu de la cour, et dans les creux des pavés.

Par cette chaleur torride d'août, on étouffe dans ces impasses ; des enfants, presque nus ou en loques, sont assis sur le devant des portes et jouent avec du sable et de la terre ; leurs tignasses couleur de chanvre, raides comme des perruques de paille, leurs joues sales et leurs yeux clairs et doux en font autant de petits tableaux de Murillo, lamentables.

Des femmes sont assises aussi dehors et tri-
cotent, ou raccommodent des étoffes décolorées.
Je voudrais bien entrer dans une de ces masures...

Une femme s'approche en me voyant là curieux
et indécis.

— Est-ce que je pourrais entrer voir?

— Oh! je crois que oui, monsieur. La mère est
sortie faire une course, au bureau, je pense,
mais sa fille est là.

— A quel bureau est-elle allée?

— Au Bureau de bienfaisance, chercher du pain.

— Est-ce qu'on peut monter à la maison?
demande-t-elle à une fillette d'une dizaine d'années
qui se tenait sur le seuil, silencieuse, les pieds
nus.

— Oui, répond l'enfant.

J'interrogeai la voisine :

— Qui est-ce qui demeure ici ?

— Ah! c'est des malheureux! le père ne
gagne presque rien, l'ouvrage ne va pas, hein?
la mère a ses six enfants à garder; tenez, en
v'là cinq, celle-ci est l'aînée; la dernière, une
petite fille de trois mois, la mère l'a emmenée
avec elle.

Connaissez-vous cette voix des populations du
Nord, cette voix traînarde et chantante qui dit
toutes les choses avec les mêmes intonations
mélancoliques, on dirait bémolisées, et le même
rythme lent qui vous berce et vous attriste?

La voisine se tourna vers moi pour ajouter
tout bas :

— L'aînée, là, voyez-vous, a une maladie d'humeur, et le médecin a dit que quand ça se passerait, dans un an ou deux, ça tomberait sur les yeux, et qu'elle serait aveugle... Elle ne le sait pas, bien sûr !

Je regardai les yeux bleus de la petite, ces yeux de naïveté et de mélancolie qui devaient bientôt se fermer pour toujours. « Si elle savait, pensai-je, elle se dépêcherait de regarder... »

— Qu'est-ce qu'il fait, le père ?
— Il est tisserand ; il travaille chez MM. X... ; mais je vous dis, ça ne va pas fort, on attend souvent après l'ouvrage.
— Mais enfin, combien gagne-t-il ?
— Je ne sais pas, n'est-ce pas, mais mettez quinze ou dix-huit francs, allez, ça serait encore beau, s'il les gagnait toutes les semaines. Ah! ils n'ont pas à manger tous les jours...

Oh! l'infinie douceur de cette voix résignée, plus déchirante qu'un cri tragique, les lents hochements de tête de cette vieille femme aux cheveux rares, et la simple grimace pitoyable qu'elle avait en promenant son regard éteint sur les enfants !

— Entrez, monsieur, continua-t-elle, vous pouvez voir, ça n'est pas riche.

C'était une petite pièce de cinq mètre carrés, couverte d'un dallage qui s'en allait et qui laissait voir des trous béants sur la terre noire;

pour tout meuble, un minuscule poêle de fonte, deux ou trois chaises dépaillées et boiteuses, une table ronde ; quelques ustensiles pendus au mur, à côté d'images coloriées noires de poussière.

— Mais... où couche-t-on?

— Là-haut, dans le galetas, montez puisque la petite a dit que ça ne faisait rien.

Je montai les quelques marches d'un escalier à pic qui prenait au fond de la pièce et pénétrai dans le galetas... C'était une chambre de la dimension du rez-de-chaussée, où le jour entrait à peine quoiqu'il fût trois heures après-midi. Je ne pouvais pas tenir debout, ma tête cognait le plafond. Il y avait là trois lits de fer garnis d'un grabat de paille, un pour le père et la mère, et les deux autres pour les six enfants; pas de draps, pas d'oreiller ; seulement, jetées au hasard sur la paillasse noire, des loques innomables devant servir de couverture. Rien autre chose dans le galetas. J'étouffais ; je descendis rapidement l'escalier, et après avoir remercié la vieille et dit adieu à la petite fille aînée, je quittai la maison le cœur serré, pour distraire mes yeux de ce spectacle.

J'errai longuement dans la rue. Le ciel était d'un bleu pur, le soleil inondait les toits des maisons; à côté de la cour d'où je sortais, cette longue rue triste avait l'air d'une cité heureuse. Mais les passages noirs s'ouvraient de distance en distance, — et bientôt l'envie me revint de voir davantage...

9

Dans une cour pareille à l'autre, aussi noire, aussi humide, des femmes sont assises sur le devant des portes ; je m'avance vers un groupe de trois femmes qui causent silencieusement. On visite rarement ces endroits-là, sans doute, car une grande curiosité se lisait dans leurs yeux à mon approche.

L'une pouvait avoir cinquante ans ; elle était petite, presque chauve, la gorge nue, la face maigre et pâle, avec de grands creux au milieu des joues ; l'autre, d'une trentaine d'années, très brune, très rouge, les traits énergiques, presque masculins, le regard dur ; on voyait ses pieds nus à travers les trous de ses chaussures ; la troisième, trente ans aussi, l'air triste, abandonné, en état de grossesse avancé.

Quand j'eus entamé la conversation sur le travail dans les usines et qu'elles m'eurent répondu : « Oh ! ça ne marche pas fort, pas fort ! » je dis :

— Tout le monde travaille, ici, pourtant, c'est donc qu'il y a de l'ouvrage ?

— Il y a de l'ouvrage cinq jours sur sept, tout au plus ; comptez, ça fait quinze francs par semaine.

— On ne gagne pas plus de trois francs par jour ? On m'a dit qu'on se faisait une moyenne de vingt à vingt-cinq francs par semaine ?

— Il y en a peut-être qui se font ça, des conducteurs, des mécaniciens, mais pas les tisserands... J'ai le mien, moi, qui attend quelquefois des deux jours après l'ouvrage... Comment

voulez-vous qu'il gagne vingt francs par semaine ?
Avec cinq enfants, voyez s'il y a de quoi faire
gras... Otez le loyer, dix ou quinze francs par
mois, et dites s'il ne reste pas juste de quoi
mourir de faim...

C'était la femme brune qui parlait, elle avait
une voix de cuivre, dure et sonore :

— Et demandez à la dame, là, tenez, elle en
a neuf, elle, d'enfants, et un près de venir ; son
homme gagne 25 ou 28 francs pourtant, demandez-lui si elle est heureuse.

Celle dont on parlait, attendrie de voir qu'on
s'intéressait ainsi à son malheureux sort, avait
des larmes au coin des yeux, et ne répondait
rien.

Jusqu'ici, la vieille s'était tue aussi ; elle continuait à coudre, le nez sur son ouvrage ; elle dit
alors :

— Oh ! c'est pas ici qu'il faut chercher des gens
contents !... Moi, j'ai trois enfants, je suis veuve ;
mon aînée qui a dix-huit ans, gagne trois francs
par semaine, comme rattacheuse ; mon second, il
a quatorze ans passés, ne peut pas trouver d'ouvrage les trois quarts du temps ; la dernière, la
v'là, elle a sept ans ; moi, je suis malade, on me
défend de bouger les bras, je ne sais pas ce que
j'ai là, à l'épaule, voulez-vous voir, monsieur ? si
vous êtes médecin, vous pourrez peut-être me
donner un conseil...

Elle pleurait à chaudes larmes quand elle finit
de parler ; et, s'exaltant à sa propre douleur, elle

continua, sa maigre gorge haletante de sanglots, me tirant par la manche pour me faire entrer chez elle :

— Venez voir, monsieur, venez voir, puisque ça vous intéresse. Tenez, j'ai tout vendu ce que j'avais ici, il n'y a plus rien... Montez en haut, montez... Voyez-vous? Plus rien non plus, deux paillasses, et puis c'est tout...

C'était, en effet, une misère lamentable, poignante, pareille à celle que j'avais vue tout à l'heure.

— Mais on vous donne des secours? La ville doit faire quelque chose pour vous?

— ... Oui, le Bureau de bienfaisance... du pain, mais souvent on ne peut seulement pas le manger... l'autre jour, il était tout vert au milieu quand on le cassait...

— Voyons, dis-je, s'il n'y a pas d'ouvrage, qu'est-ce qu'il faudrait faire, selon vous, pour que ça marche un peu mieux?

Elles se taisaient toutes trois. Evidemment, la question ne s'était jamais ainsi posée devant elles. La femme brune répondit pourtant, après un moment de silence, en continuant à coudre :

— Il faudrait... il faudrait qu'on paie mieux les ouvriers; voilà. Les patrons deviennent trop riches, ça c'est sûr.

Je dis :

— Est-ce qu'on ne fait pas de grèves, par ici, quelquefois, pour être mieux payés?

— Oui, répondit-elle encore, en élevant sa voix de cuivre qui devint agressive ; mais les hommes, voyez-vous, ça ne sait pas se révolter... parce que ça ne sait pas ce que c'est que la misère... C'est les femmes qui devraient se mêler de ça...

Elle n'en dit pas davantage, les dents serrées, et je vis des larmes couler sur ses grosses mains rouges.

Le crépuscule tombait. Je revins tristement vers la ville.

M. DE LA ROCHEFOUCAULD (1)

DUC DE DOUDEAUVILLE.

Président de la droite royaliste à la Chambre, chef d'une des premières familles de France, mais ne descend pas très directement des *Maximes*. Fut ambassadeur à Londres sous l'ordre moral, y représenta de par ses richesses son nom et sa prestance. À la tête d'une fortune princière, le duc de la Rochefoucauld fait beaucoup de bien autour de lui et reçoit admirablement, — les échos disent : plus de 4,000 personnes à la fois.

Rue de Varenne, après avoir franchi le seuil de la porte monumentale où s'inscrit en lettres d'or, sur le fronton : *Hôtel de la Rochefoucauld-Doudeauville*, on traverse une vaste cour et on monte un perron à droite ; au bas du grand escalier à la rampe et aux murs de marbre rouge et vert, se tiennent debout cinq ou six valets en livrée de drap bleu à liseré rouge, en culotte courte à la jarretière de soie blanche ; sur les paliers de l'escalier sont espacés de grands lampadaires polychromes : des femmes soutenant des torches dorées et des lampes.

L'un des valets me précède et me conduit, à

1. Voir appendice.

travers de grands et de petits salons que je n'ai
pas le loisir de détailler, jusqu'à un étroit bureau
où je ne vois rien, pris tout entier, dès l'entrée,
par le maître de céans : frisé au fer, la raie un
peu à droite, les cheveux poivre et sel, la moustache cirée, grisonnante, les traits réguliers, le
nez pur, une lavallière de soie noire flottant sur
son gilet blanc.

— Ah! ah! me dit le duc, en riant un peu, le
socialisme! Oui, question brûlante ! C'est très
gros! très gros! et dame ! il faudrait réfléchir...
Moi je n'ai eu le temps de penser à cela que
superficiellement, vous comprenez. Il y a tant
d'autres questions d'une actualité aussi immédiate ! Il faudrait réfléchir...

— Je préfèrerais, monsieur le duc, répondis-
je, avoir vos idées de tous les jours, je suis sûr
que cela sera plus intéressant ainsi... La classe
bourgeoise paraît un peu anxieuse sur ses destinées, et l'opinion d'hommes d'État, de grands
propriétaires comme vous doit être faite pour la
rassurer.

— Allons, voyons, que voulez-vous me demander? fit-il, résigné et bon enfant.

— Croyez-vous le socialisme imminent?

— D'abord, ils ne savent pas eux-mêmes ce
qu'ils veulent, les socialistes. Qu'est-ce qu'ils
veulent? Comment peut-on parler sur les sujets
que les intéressés eux-mêmes ne connaissent
pas? Non, mais, c'est vrai! Je crois, d'ailleurs,
qu'en France on n'est pas socialiste, ou très
peu. En Allemagne, oui, on l'est davantage, c'est

évident, ils sont rêveurs, les Allemands, un peu
dans le bleu... comment dirai-je? l'esprit roman-
tique, quoi! ça leur va mieux qu'à nous; mais
qu'est-ce qu'ils veulent? Le savez-vous, vous?

— Je crois qu'ils ne veulent plus qu'il y ait
des gens si riches! fis-je en riant.

— Oui, c'est cela! qu'il n'y ait plus de riches!
Qu'est-ce que cela veut dire? C'est l'éternelle
histoire de « l'ôte-toi de là que je m'y mette » !
Qu'on nous prenne nos fortunes, à nous, aujour-
d'hui, c'en seront d'autres qui les auront demain,
voilà tout ! Ils ont beau dire et beau faire, il y
aura toujours des pauvres et des riches. Que
serait une société où il n'y aurait plus de riches ?
Plus d'ouvriers non plus, alors ? D'abord, c'est
impossible, et puis, oui, qu'est-ce que ce serait?
Le retour à la barbarie ! Ma grand'mère, qui
était une femme très spirituelle, me disait toujours : « Dans notre temps, vois-tu, tout le monde parle d'égalité ; mais c'est toujours de l'égalité
par en haut qu'il s'agit, jamais par en bas ! On
veut devenir l'égal de Monsieur un tel qui est
au-dessus de vous, et quand on sera son égal, ce
sera Monsieur un tel qui voudra monter, à son
tour, jusqu'à Monsieur tel autre, et ainsi de
suite ! » Elle avait raison ! L'égalité, qu'est-ce
que c'est au fond, aujourd'hui qu'il ne reste plus
de la noblesse que le nom ?... Il est vrai que
souvent des noms valent des fortunes, même à
présent, mais qu'importe ? Si moi je suis un imbécile et que vous êtes intelligent, vous êtes
supérieur à moi, c'est bien simple ! Comment

peut-il y avoir égalité entre nous ? Non, voyez-vous, tout cela c'est de la farce !

Ses deux mains aux bras du fauteuil, le dos bien appuyé dans toute sa longueur, la tête très haute, l'air souriant et affable, le duc parlait ainsi, de ces choses graves, avec une remarquable aisance, sur un ton simple et bonhomme ; même sa volubilité devenait, par moments, un léger bredouillement qui n'était pas sans grâce.

— Ah ! je ne nie pas continua-t-il, je ne nie pas que ce soit excellent comme tactique pour ceux qui veulent supprimer l'état de chose existant ! C'est la vieille histoire de : « Vive la Charte ! » pour renverser Charles X, de « Vive la Réforme ! » pour se débarrasser de Louis-Philippe, et de « Vive la Commune ! » pour balayer l'Empire ! Autrefois, ils s'appelaient communistes, aujourd'hui ils s'appellent socialistes, collectivistes, mais au fond c'est toujours la même chose... Baste !

— Mais ne croyez-vous pas, monsieur le duc, qu'il est urgent que les classes conservatrices — si elles veulent lutter efficacement contre le quatrième État qui les menace — laissent de côté leurs divergences d'opinions et se liguent pour la préservation ?...

— C'est impossible, monsieur, c'est absolument impossible ! Comment voulez-vous ? Le Pape et M. Magnard, qui se trouvent d'accord en la circonstance (fit-il en riant), j'aime beaucoup M. Magnard, qui a beaucoup d'esprit... mais je vous assure qu'ils se trompent ! Ils rêvent, et

avec eux mon ami M. Piou, un parti catholique
français ! C'est irréalisable, c'est de la pure
utopie ! Je voudrais bien qu'il y en eût un, parbleu ! mais, hélas ! il faut se rendre à l'évidence...
Il n'y en a pas... Il ne peut pas y en avoir... On
verra, on verra aux prochaines élections, ce
qu'il en passera de ces députés catholiques !
Ainsi, moi, par exemple, tenez, je suis depuis
près de vingt ans député d'une circonscription
qui a élu Ledru-Rollin. Eh bien ! si je m'avisais
d'avoir avec moi les curés, ostensiblement, je
serais perdu ! Jamais je ne serais réélu ! C'est
comme ça ! Ils votent pour moi, les curés, je le
crois, et ils ont raison, car, enfin, ils savent bien
mes sentiments (d'ailleurs, votent-ils pour moi ?
Je n'en sais rien au fond !) Mais le jour où je
me présenterais à mes électeurs avec une encyclique du Pape, jamais je ne serais réélu ! Notez
que c'est un catholique qui vous parle, et un
catholique pratiquant ! Non les paysans ne veulent pas du *gouvernement des curés*, comme ils
disent ; ils vont bien à la messe, oui ; quand ils
n'ont pas de curés, il leur manque quelque chose
et ils en demandent, mais ils n'entendent pas que
les curés fassent la politique.

« De même si je me présentais à eux comme
adhérent à la République, ils ne comprendraient
plus du tout ! Remarquez que moi, depuis vingt
ans, jamais je n'ai fait profession de foi, ni monarchiste, ni rien, je suis donc très libre à cet égard ;
il est vrai que mes électeurs savent bien à quoi
s'en tenir, mais enfin ils se diraient : « Comment !

monsieur le duc devient donc comme les autres!
Lui, si honnête, si franc, si loyal, le voilà à présent qui change ! » Oh ! je serais sûr de mon
affaire... Et on verra, oui, oui, je vous le dis, on
verra, aux prochaines élections, ce qu'il en passera de ces députés. D'ailleurs, c'est bien simple,
les républicains n'en veulent pas... voyez comme
ils reçoivent bien leurs avances !

— Pourtant, insistai-je, si le socialisme devenait plus menaçant, les conservateurs de toute
nuance n'auraient-ils pas intérêt...

— Il n'y a pas de danger de ce côté-là. Je ne
crois pas au socialisme menaçant. En France il y a
trop de petites propriétés pour cela. Et puis,
savez-vous comment il entend le socialisme, le
paysan? A son avis, le socialisme consisterait à
me prendre une de mes fermes et à la conserver
pour lui tout seul. Mais s'il a cinquante francs de
rente, demandez-lui de m'en céder vingt-cinq !
Vous verrez son socialisme ! Non. Savez-vous ce
qui est dangereux ? Ce sont les lois qu'on vote
tous les jours à la Chambre, ce sont les discours
qu'on y prononce, ce sont les mauvais journaux
qui les répandent. Ce qui m'étonne, c'est qu'avec
tout cela, avec les idées extraordinaires qu'on lui
met dans la cervelle, l'ouvrier ne soit pas pire
qu'il est, c'est qu'on puisse encore le maintenir
dans le bon chemin... Ce qui est bien autrement
dangereux que le socialisme, allez, ce sont les
anarchistes et les francs-maçons.

— Alors, monsieur le duc, vous n'êtes pas
pour le socialisme d'Etat ?

— Pas du tout! pas du tout! Le gouvernement ne peut rien faire! Que voulez-vous qu'il fasse? Quand il intervient entre les patrons et les ouvriers, c'est encore pis, c'est toujours le patron qui pâtit. Moi je suis pour la liberté, voilà. La liberté pour tous! De quel droit allez-vous empêcher une brave femme de travailler la nuit pour finir une toilette qu'elle a promise pour le bal du lendemain? De quel droit interdirez-vous à cet homme de travailler une ou deux heures de plus parce que sa femme est en couches ou que ses enfants sont malades? Et pourquoi m'interdire, à moi fabricant de faïences, de faire gagner quelques sous à cet enfant, s'il peut, sans se fatiguer, s'amuser à planter de petits clous dans du sable, — par exemple.

Le duc parlait très vite, sans chercher un seul mot, d'une sorte de voix de tête, la fin de ses phrases toujours mangée par la rapidité de l'élocution.

— Je voudrais savoir, monsieur le duc, demandai-je, ce qu'il y a — selon vous — à répondre à ce reproche qu'on fait aux riches, même très bêtes, d'être venus au monde avec tant d'avantages sur les pauvres?

— Mais comment! Mon père a fait valoir des propriétés, il a économisé et il m'a transmis sa fortune : qui est-ce qui peut empêcher ça?

— On répond : votre père a travaillé, économisé, on comprend, au pis aller, qu'il soit riche; mais vous, qui êtes venu au monde riche, est-ce juste?

Le duc s'écria :

— Voilà ! c'est avec des idées comme ça qu'on trouble la cervelle des ouvriers ! Evidemment, il faut en revenir à l'Evangile, qui dit que si on est malheureux sur cette terre, on sera plus heureux dans l'autre monde. Il n'y a pas moyen autrement. Remarquez que c'est là un des côtés merveilleux de la religion ! Et puis le riche a des devoirs à remplir, c'est clair. Mon grand-père, qui était un grand philantrope, me répétait toujours : « Tu as un nom, de l'éducation, Dieu t'a donné une grande fortune, physiquement tu ne seras pas mal, eh bien ! si tu veux être heureux, il faut savoir te faire pardonner tout cela. Si tu es bon, serviable, charitable, si tu n'as pas de fausse fierté, tu auras des amis et tu seras heureux; sinon tous ces avantages ne serviront qu'à faire ton malheur!... » C'est très juste !

« On envie le sort des riches, continue M. de La Rochefoucauld, comme s'ils n'avaient pas, comme les autres, leurs douleurs... Ne perdent-ils pas des femmes qu'ils aiment, des enfants? n'ont-ils pas des tracas, des responsabilités de toutes sortes? Mon Dieu! je ne veux pas dire que je suis malheureux. Mais savez-vous, moi, si j'avais une composition à faire sur le bonheur parfait, quel serait mon thème?

Je regardai le duc avec plus d'attention encore, ses yeux gris-bleuté, un peu bridés, sa face large aux traits jolis, ses cheveux frisés, et, de toutes mes oreilles, j'écoutai cette déclaration vraiment peu banale :

— Eh bien! pour moi, le bonheur parfait serait celui d'un paysan qui aurait deux mille francs de rente et une bonne ferme sur un plateau fertile. J'exploiterais moi-même, mes enfants m'aideraient dans mes cultures et dans l'élevage des bestiaux (Bien sûr que je n'en ferais pas des bacheliers comme la mode en vient dans la Beauce. Là, les paysans envoient leurs enfants au lycée de la ville prochaine, et ils abusent de la « crise agricole » pour ne pas payer leur loyers! Et puis, quand ces enfants ont leurs diplômes, pas de danger qu'ils consentent à cultiver la terre...) Je n'aurais pas de soucis, ni joies extraordinaires, mais non plus de grands malheurs, et ce serait, en somme, le bonheur aussi complet qu'on puisse le rêver sur cette terre.

— ... Que pensez-vous, monsieur le duc, de l'impôt progressif?

— Il ne rapporterait rien au Trésor; c'est bon dans les pays où se sont conservées de très grandes fortunes, comme en Angleterre, où il y a encore des majorats. Mais en France, ça ne produirait rien. Moi j'ai plus de 75 o/o de mes amis qui dépensent déjà plus que leurs revenus, par habitude, par émulation d'amour-propre, pour paraître enfin! Eh bien! le jour où on grèverait encore leurs fortunes, que voulez-vous qu'ils fassent, ces gens-là? Ils placeraient leur argent à l'étranger, ou bien quoi? ils dépenseraient, en effet, moins! Mais alors ça retomberait sur les ouvriers! Car moins les gens riches dépensent, moins le commerce et les industries de luxe marchent, c'est bien simple !

— En résumé, monsieur le duc ?...

— En résumé, je ne dis pas, remarquez, que tout va pour le mieux ! Ainsi, par exemple, il y a trop de déclassés ; on instruit de pauvres diables jusqu'à vingt ans, on leur donne des bourses, et puis, ils restent sur le pavé à ne savoir à quoi s'employer... C'est très mal de la part de la société... Demandez à M. de Mun ce qu'il pense de cela, lui qui a étudié à fond la question.

Et, sur un ton légèrement perplexe, le duc ajouta :

— Oh ! il va loin, M. de Mun, il va très loin !

— Pourtant, dis-je, ne croyez-vous pas, monsieur le duc, qu'en présence des dernières agitations, la dynamite et Ravachol, les pouvoirs publics ne devraient pas examiner si quelques concessions ne sont pas à faire pour éviter le retour de faits semblables ?

— Eh ! répondit le duc, que voulez-vous ? Il faut tâcher de les pincer, s'il y a moyen !

M. CHRISTOPHLE

GOUVERNEUR DU CRÉDIT FONCIER.

C'est sur les bords du lac Léman, dans la
coquette station d'Evian, que j'ai rencontré le
gouverneur du Crédit foncier.

L'éminent financier me reçoit dans la chambre
qu'il occupe au Grand-Hôtel des Bains, la chambre d'hôtel classique, avec ses pauvretés de
confortable et sa misère d'ameublement; mais la
fenêtre ouvre sur le lac aux eaux de turquoise
et les montagnes de l'autre rive, Ouchy et Lau-
sanne, sont baignées dans l'atmosphère bleue.
Je dérange M. Christophle dans sa correspondance, qu'il écrit sur une petite table recouverte
d'un tapis à vingt-neuf sous.

J'expose que l'une des théories fondamentales
du socialisme moderne est de prétendre que
l'accumulation extrême des capitaux entre les
mains d'un petit nombre de financiers ou de
sociétés financières est un commencement de
réalisation de ses principes, c'est-à-dire que,
selon les théoriciens, du collectivisme, il suffirait que l'État se mît simplement à la place du
Crédit foncier, par exemple, pour que les béné-

fices de ses opérations revinssent à tout le monde, au lieu de revenir à des actionnaires privilégiés...

— Bien, répondit M. Christophle, mais l'État n'aurait-il pas à payer, comme nous, les intérêts de leurs capitaux, à ceux qui les lui auront avancés?

— A moins, observai-je, qu'on ne supprime l'intérêt lui-même du capital, comme le veulent les radicaux du socialisme. Ils prétendent que ceux qui font partie de votre organisation et qui n'ont pas d'argent travaillent pour ceux qui en ont, puisqu'ils leur font des rentes! Ils demandent que le produit du labeur de chacun lui soit intégralement assuré ; par conséquent, ils entendent supprimer complètement toutes ces servitudes, hypothèques et intérêts, et faire de tout cela la propriété de la masse.

Le gouverneur du Crédit foncier leva les bras et s'exclama :

— Oh! mais c'est le vol, cela ! tout simplement! Et puis, supprimer l'intérêt du capital, mais c'est une théorie que je ne peux même pas discuter !

— Je voudrais pourtant bien, insistai-je, obtenir de vous une sérieuse réfutation de cette théorie.

Posément, en appuyant sur chaque membre de phrase, M. Christophle reprit :

— Enfin, voyons, je suis possesseur d'une terre...

— Oui, fis-je.

— ... Vous êtes laboureur, mais vous n'avez pas de terre...

— Pourquoi n'en ai-je pas?

— Admettons que vous l'avez dilapidée, et que pourtant vous voulez travailler, n'est-ce pas? J'ai une terre, moi...

— Soit.

— Eh bien! moi, je vous dis : vous êtes père de famille, vous avez de bons bras, vous connaissez votre métier, je vais vous prêter ma terre vous allez la cultiver, en vivre, en tirer profit. Pour cela, ne me devrez-vous rien?

— Si vous m'avez prêté votre champ, c'est que vous n'en aviez pas besoin, c'est que vous en aviez deux, ou d'autres moyens de vivre! D'où vient cette infériorité?

— Du jeu naturel des choses! De l'inégalité fatale entre les hommes! Voilà deux frères : l'un est solide, intelligent, l'autre est malingre et imbécile. Ils sont venus au monde comme ça, ce n'est la faute de personne, c'est la nature! Il est évident que le plus intelligent finira par posséder davantage, parce que d'abord, étant plus apte, il produit plus, et, en même temps que ses autres qualités, pourquoi n'aurait-il pas le génie de l'épargne? — ce qui est une vertu, une grande vertu, à mon sens. Il épargne donc, il épargne de l'argent ou il acquiert de la terre. A partir de ce moment, vous avouez bien qu'elle lui appartient, cette terre? Eh bien! un jour quelqu'un vient la lui demander, pour en tirer profit. N'est-il pas tout naturel que, puisqu'il n'est pas obligé

de la lui prêter, il exige le paiement de ce service? Mais vraiment, non, je vous avoue que je
n'ai jamais rien compris aux théories socialistes !

Pendant que mon interlocuteur parlait, je
l'examinai avec attention. C'est un homme de
taille moyenne, d'une cinquantaine d'années, à la
mine rose, aux cheveux blancs, en brosse, aux
favoris blancs coupés ras, aux sourcils touffus
recouvrant un petit œil noir extraordinairement
jeune et vivant. La bouche grande et très mobile
donne une expression de décision, d'intense
volonté, en même temps que d'enjouement et
de finesse.

Il continua, en s'animant :

— Mais nous en arriverions, avec ces théories,
à cette folie, à cette imbécillité, de vouloir supprimer la propriété elle-même ! La vieille histoire
du partage en nature ! On partagerait tout ; mais
voyons, ça ne durerait pas une semaine ! Il y
aura toujours des hommes à passions vives et
dévorantes, pressés de jouir, et d'autres aux
besoins modérés, contenus ; les premiers aban-
donneront tout de suite leur part de propriété
pour satisfaire un caprice ; les autres sacrifie-
ront leur part de jouissance et accumuleront les
biens qu'ils auront obtenus des premiers en paiement de leur sacrifice !

— Les socialistes objecteront que ses sortes
de transactions seront défendues et rendues
impossibles.

— Alors, c'est le nivellement universel ! la

médiocrité imposée ! la suppression du luxe, qui
est, en somme, un besoin comme un autre ! Toutes les maisons pareilles, car qui habiterait les
châteaux, et qui les chaumières ? Et les progrès
de l'industrie, les inventions nouvelles, n'est-ce
pas seulement avec les grands capitaux qu'on
peut les réaliser, et n'est-ce pas pour gagner
plus d'argent que les autres qu'on s'acharne à
les trouver ? C'est la vie, tout cela ! Un homme
intelligent qui a beaucoup d'argent peut faire
des choses merveilleuses ! L'épargne, monsieur,
l'épargne, quelle force ! Les petits capitaux accu-
mulés par des gens qui ont travaillé toute leur
existence, et réunis dans une main intelligente et
puissante, ce n'est que grâce à cela qu'on a pu
faire les chemins de fer ! Eh bien ! toutes ces
opérations rapportent à ceux qui, par leur
vertu d'économie, ont aidé à les réaliser, et, en
même temps, elles sont un bienfait général :
c'est le progrès lui-même ! Enfin, il y a le côté
moral de la question : Voici un père de famille
que le travail ne gêne pas, il sent son fils moins
apte que lui, et il l'adore. Pourrez-vous l'empêcher d'économiser pour assurer l'aisance à ce
fils ? Je trouve qu'il n'y a pas de plus noble mobile ; et le travail de ce père, les qualités qu'il
lui aura fallu développer, n'auront-ils pas concouru, comme je vous le disais tout-à-l'heure,
à un plus grand bien général ? Et l'émulation !
l'amour-propre ! tout n'est-il pas là ? Encore une
fois, est-ce que chacun ne travaille pas pour
gagner plus d'argent que les autres ? La fortune

est toujours la juste récompense du travail, l'étalon du mérite et des efforts faits. La preuve, c'est que vous voyez beaucoup de bourgeois, de commerçants, plus fiers de la situation qu'ils ont acquise, de la distance qu'ils ont parcourue sur l'échelle sociale, que des sommes qu'ils ont dans leur coffre-fort.

« Bref — continua M. Christophle — pour en revenir à ce que vous me demandiez tout-à-l'heure, je trouve au contraire que les grandes associations financières n'ont rien à redouter du mouvement socialiste, puisqu'elles servent les intérêts de la masse travailleuse et économe. Ne sont-elles pas, d'ailleurs l'application des idées des premiers socialistes ? C'est le principe de l'association, tel que l'ont conçu les Saint-Simoniens, qui a présidé, avec le concours de l'État, à l'organisation du Crédit foncier, de la Banque de France et de tant d'autres établissements utiles ! Ah ! je ne dirai pas la même chose des sociétés d'assurances, par exemple... je ne devrais pas vous parler de cela, pour qu'on ne m'accuse pas d'attaques intéressées... mais il faut bien le reconnaître, au fond ces sociétés ne profitent absolument qu'à leurs souscripteurs, leurs capitaux ne font rien fructifier, ce sont des capitaux immobilisés, des sortes de biens de mainmorte. L'État, d'ailleurs, a intervenu un peu déjà : il a mis des impôts pour rétablir l'équilibre, si possible...

— J'admire, dis-je, monsieur le gouverneur, l'impeccable logique de vos raisonnements, mais

pourtant je ne peux m'empêcher de penser à la
situation, qui apparaît inique, de deux enfants
venant au monde, l'un imbécile et pourvu de
millions, l'autre merveilleusement doué par la
nature et dénué de tout? Ils sont bien inégale-
ment armés pour les luttes de la vie, et d'une
telle façon que le bien général aura peut-être à
en souffrir?

— On ne peut rien faire contre cela! Et puis,
je suis bien convaincu, allez, que l'enfant du peuple intelligent, actif et économe, saura bien per-
cer son trou! Combien n'en voyez-vous pas qui,
partis de rien, sont arrivés aux plus hautes
situations!

— Oui, mais aussi, combien de forces perdues! Pour un qui réussit, combien dont on
ignore les luttes vaines et héroïques, contre
une misère acharnée! Car enfin, condamnés dès
l'enfance à un travail abrutissant, pour sortir du
rang il faut que la chance les serve beaucoup!...

— Les meilleurs en sortent toujours! D'ailleurs, si vous voulez mon opinion personnelle,
je suis d'avis qu'il y a encore beaucoup à faire
pour améliorer le sort de l'ouvrier, et surtout
pour faciliter aux enfants du peuple intelligents
les moyens de s'élever; ce seraient, en effet,
autant de forces gagnées pour la société, et, en
même temps, un acte de justice. Oh! dans cet
ordre d'idées-là, on ne fera jamais trop.

— Fort bien! Mais tout cela n'empêchera pas
les fils de millionnaires de commencer la vie
avec, entre les mains, une énorme puissance,

qu'ils n'ont rien fait pour mériter, et de mener une existence toute d'agréments, pendant que les autres peineront pour conquérir les mêmes avantages. Ce qui fait la récompense des uns, c'est l'état naturel des autres.

— Mais, véritablement, qu'y faire ? Il ne faut pas juger ainsi les choses ! Comment persuaderez-vous jamais un homme riche que son fils est plus bête que son voisin pauvre ! Et puis c'est le droit absolu du père de famille de laisser ses millions à son fils !

— C'est un droit contesté, rectifiai-je.

— Mais si vous supprimez l'héritage, plus de famille ! Tous les enfants élevés pêle-mêle, par l'Etat... Quelle folie ! Et puis enfin, il ne faut pas s'arrêter aux cas particuliers, aux exceptions. Il ne faut pas voir qu'une génération. Dans une question aussi générale, il est indispensable d'envisager les choses d'ensemble, par grands cycles. Vous connaissez le proverbe : « A père avare, fils prodigue ! » Et ma foi, il est presque toujours vrai. Les immenses fortunes faites par les roturiers sous Louis XIV, où sont-elles ? Perdues, disséminées, évidemment, entre des milliers de travailleurs ! Je sais bien, il y a des exceptions... nous en arrivons au sémitisme... la famille Rothschild...

— Oui, qu'en pensez-vous ?

— Ça, c'est un phénomène particulier... Et il n'est pas mauvais que, dans une société, il y ait des gens qui épargnent, qui accumulent même. Ce ne sont pas ceux-là qui jouissent le plus, au contraire, ils ont souvent les goûts les plus simples. Mais, soyez tranquille, tous ceux qui ont de grandes fortunes les dépensent d'une manière ou d'une autre, les frais de luxe sont les plus profitables aux travailleurs. Tenez, un exemple qui m'est personnel et qui va peut-être vous faire rire. Je suis chasseur; quand je suis arrivé à l'Assemblée nationale, j'aurais voulu proposer qu'on supprimât les grandes chasses louées par l'Etat, je trouvais cela plus démocratique, on aurait accordé des permis de chasse à tous ceux qui en auraient demandé, moyennant quarante ou cinquante francs. Plus de privilèges! Eh bien! j'ai changé d'avis. Ne croyez pas, — dit en riant M. Christophle, — que c'est parce que j'ai eu, depuis, les moyens de me payer une grande chasse, — c'est tout simplement parce que j'ai remarqué que ceux qui les louaient y dépensaient des sommes considérables. J'en connais à qui elles coûtent 150 ou 200,000 francs par an! Cela fait vivre une vingtaine de gardes-chasses, on est obligé de construire des grillages pour empêcher le gibier de sortir, tout le pays travaille; il y a les indemnités aux cultivateurs voisins quand les lapins font des dégâts, on va même jusqu'à faire pousser du blé exprès pour nourrir les faisans!

— Ces pauvres faisans! pensai-je.

Il continua :

— Eh! les moyens de dépenser l'argent ne manquent pas. Tous ceux qui font vivre les travailleurs sont excellents. Que feraient-ils de

leur argent, tous ces gens-là ? Ils iraient souper
avec des cocottes !

— Mais les cocottes n'ont-elles pas aussi leur
utilité dans... le mouvement des fonds ?

M. Christophle se mit à rire et dit :

— J'admettrais même les cocottes ! Elles se
paient des robes très cher, des chapeaux ; l'argent qu'on leur donne va aux couturières, aux
modistes, et la petite couturière à son tour, si
elle est économe, peut s'amasser un petit
pécule...

— Et s'acheter une obligation du Crédit foncier ?

— Si vous voulez ! fit-il en riant encore.

— Que pensez-vous du socialisme d'Etat ?
demandai-je ensuite à M. Christophle.

— Je n'en suis pas partisan du tout. Je trouve
que le rôle de l'Etat est un rôle d'éducateur seulement. Il doit préparer les forces sociales, mettre chacun en état de produire selon ses moyens,
et ensuite laisser les forces s'exercer librement.
Ainsi, il est bon qu'on instruise le peuple de ce
qu'il doit savoir ; il faut donner à chaque classe
une éducation appropriée au rôle qu'elle doit
jouer ; qu'on apprenne aux enfants à lire, à écrire,
à compter, mais je ne veux pas que tout le monde
soit bachelier. Mon avis est que si l'on voulait
toucher à l'instruction primaire, il vaudrait beaucoup mieux restreindre les programmes que les
étendre. Voilà le rôle de prévoyance qui revient
à l'État. Il faut aussi qu'il s'occupe de l'hygiène

des ouvriers ; on ne doit pas les laisser croupir dans des taudis comme il en existe malheureusement encore beaucoup ; il faudrait dépenser des millions, beaucoup de millions pour loger proprement les travailleurs. Le Crédit foncier peut aider à cela, et il y serait tout disposé, je vous assure.

— Mais, en l'état actuel des choses, devant les grèves qui deviennent de plus en plus menaçantes, les coalitions des syndicats ouvriers, les gouvernements n'ont-ils pas à intervenir?

— Oh! rien ne serait plus dangereux! Quand le gouvernement intervient, les choses se compliquent toujours. Je trouve très mauvais, par exemple, que les préfets ou les sous-préfets s'interposent, comme ils ont l'air d'en prendre l'habitude, entre les patrons et les ouvriers. Ça n'est pas du tout leur rôle; ils sont là pour donner aux ouvriers le conseil de ne pas se mutiner et pour maintenir l'ordre : c'est tout.

Je voulais conclure; le sujet me paraissait épuisé, et j'avais scrupule, d'ailleurs, à abuser de la grande complaisance de mon interlocuteur. Je dis donc pour terminer :

— Voilà pour les théories. Mais, en fait, croyez-vous qu'il y ait un péril socialiste?

— Non. Pas du tout. Toutes ces théories-là, voyez-vous, ce sont des rêves d'Allemands qui ne peuvent pas se concilier avec les besoins de clarté de l'esprit français. C'est un brouillard... Ça nous vient de Karl Marx et autres fumeurs de pipe et buveurs de bière. Naturellement, ça part d'un principe très juste et très louable : le désir du mieux qui est éternel dans l'homme. Mais tant que nous aurons, comme ça a toujours été, une société basée sur la famille, il faudra que l'organisation, même économique, reste à peu près la même. Les changements sociaux sont plus apparents que réels. Nous sommes tout pareils aux Romains d'il y a deux mille ans ; entre le Français d'aujourd'hui et celui du XVIe siècle, par exemple, il n'y a aucune différence ; même les momies égyptiennes qu'on retrouve de nos jours ressemblent étonnamment aux Egyptiens modernes. Et on voudrait que, du jour au lendemain, les sentiments, les passions, les intérêts qui sont le fondement même de la nature humaine soient complètement transformés ! Ce sont des rêves qui ne sont pas dangereux.

Et le puissant financier termina cette péroraison par ces mots, empreints d'une conviction toute joviale :

— Ces machines-là, voyez-vous, ces projets de bouleversements, ces menaces de révolutions ne sont inventés absolument que pour enrichir ceux qui les préconisent.

LE FAMILISTÈRE DE GUISE

Je tenais à visiter le Familistère de Guise. On m'avait dit que je trouverais là une expérimentation unique au monde des théories des premiers socialistes français, presque un phalanstère selon Fourier, une usine en pleine prospérité où le capital et le travail ne font qu'un, les ouvriers étant devenus propriétaires de l'établissement. Alors... pas de patron ? la République idéale des travailleurs ? Comment cela peut-il marcher ? me demandai-je.

Pas de conflit entre 2.000 ouvriers propriétaires ? Tous les intérêts respectés ? Et tant de gens habitant une même maison, dans une paix parfaite ?

J'arrivai un matin à Guise et je me rendis directement au Familistère. A quelques centaines de mètres des dernières maisons de la petite ville, de vastes constructions de briques dressent leurs trois étages de hautes fenêtres ; un corps de bâtiment central flanqué de deux ailes toutes pareilles, qui s'avancent laissant au milieu une sorte de large place où s'érige la statue du fondateur, A.-J.-B. Godin. Cette ordonnance monumentale a quelque chose de la majesté de Versailles. Un gai soleil inonde les grandes

façades rouges, pénètre par les fenêtres ouvertes
où grimpent des glycines, où pendent des cages
à serins. C'est grand comme une grande caserne,
massif comme une prison, mais de jolis parterres courent au bas des façades, et j'entends, derrière un store de joncs verts, des rires qui son-
nent frais, des roulades lancées par une voix
claire de jeune fille. Je pénètre dans le bâtiment
central en passant sous une voûte blanchie à la
chaux, et je me trouve dans une vaste cour
vitrée au niveau du toit.

A chaque étage un large balcon fait le tour du
grand hall. Une quarantaine de portes blanches
s'ouvrent sur chacun des balcons, donnant accès
dans autant d'appartements. Je suis au centre de
l'immense ruche; trois bâtiments, trois halls
comme celui-ci réunissent près de 500 logements
qui abritent environ 2,000 personnes. Cela n'a
déjà plus la gaieté du dehors, un jour froid tombe
du vitrage, les portes s'alignent, muettes, avec
leurs numéros peints en noir.

Un habitant du Familistère, délégué par l'administration pour me conduire, vient me rejoindre.

— Ça ressemble un peu à une prison! lui
dis-je.

— Quelle idée! s'exclame-t-il, mais pas du
tout! on est heureux ici! Vous n'en trouverez
pas un qui se plaigne, allez! J'ai été à Paris,
moi, c'est là que vous auriez raison! Pas d'air
dans les chambres, jamais de soleil! Ici, au contraire, le derrière des appartements ouvre sur la

pleine campagne, et on a autant de soleil qu'on en veut !

— Vous n'aimeriez pas mieux avoir chacun une maisonnette à vous? Vous seriez bien plus libres !

— Pourquoi faire? Chacun reste chez soi, et on est bien mieux logé. Pour 5 francs par mois, nous avons une grande pièce qui a plus de trois mètres du plancher au plafond; si on veut deux pièces, c'est 10 francs, et ainsi de suite... Et puis on a tout sous la main, la boulangerie, l'épicerie, tous nos magasins, quoi! C'est au rez-de-chaussée du « Palais » que tout cela est installé. Venez voir.

Je suivis mon guide qui me fit parcourir une série de salles entourées de comptoirs et d'étagères, de magasins d'épicerie, de charcuterie, de boucherie, d'ameublement, d'habillement, etc.

— Vous voyez, me dit mon compagnon, on n'a qu'à descendre et on achète tout ce qu'on veut. On n'y est pas forcé, bien entendu; avec son argent, on peut aller dans les magasins de la ville, mais on a tout avantage ici puisqu'on ne paie que par quinzaine et que tout est inscrit sur un livret : à la fin de l'année on nous rembourse les bénéfices commerciaux réalisés, au prorata de nos achats.

Ainsi, moi, cette année, j'ai pu avec ces bénéfices me payer un lit et un matelas que j'ai eus ainsi par-dessus le marché.

— Toutes les vendeuses et les caissières qui sont là habitent aussi le Familistère?

— Oui, monsieur, elles font partie de l'association comme les ouvriers de l'usine ; ce sont, d'ailleurs, presque toutes des femmes ou des sœurs d'ouvriers, et leurs enfants sont élevés, comme les autres, par la communauté.

— Comment cela ?

— Oui. M. Godin a voulu que *tous les enfants* nés au Familistère soient élevés depuis leur naissance jusqu'à l'âge de quatorze ans, sans qu'il en coûte un sou aux parents. Tous les frais de l'éducation font partie des frais généraux de l'usine. C'est compté en même temps que l'outillage. On ne calcule les bénéfices qu'après que tout cela a été payé.

Tout en causant, nous étions sortis de la cour dont nous contournions maintenant les bâtiments qui développent plus d'un kilomètre de façades. Tout à coup, à un angle, un spectacle inattendu : nous étions derrière la grande construction : de larges pelouses d'un beau vert s'étendaient sous de grands arbres ; cela formait une manière de parc limité par l'Oise que je n'avais pas encore aperçue et dont les eaux enveloppent dans un grand coude la vaste propriété. Au milieu des pelouses, un chalet s'élevait, relié aux bâtiments par une galerie vitrée, et, partout sur l'herbe, sous les arbres, des enfants, deux ou trois cents bébés gambadaient, se poursuivaient, surveillés par une trentaine de femmes.

Mon guide jouissait de mon étonnement ; ce grouillement de petits êtres courant, riant, criant dans l'air libre, sous le soleil clément, à deux pas de leurs pères qui travaillent dans la sécurité du gain, et de leurs mères sans soucis, me donnait une impression très neuve et très saine de la vie collective, laborieuse et tranquille. Ainsi tout-à-coup m'apparaissait, normale, la famille agrandie, élargie, réalisée selon le rêve des « utopistes ».

— Voilà ce que nous appelons le « Pouponnat », me dit l'ouvrier avec un sourire ravi. Dans ce chalet, il y a des berceaux, des biberons, des jouets et tout ce qu'il faut pour les enfants, depuis la naissance jusqu'à l'âge de quatre ans. Les mères peuvent venir les voir, jouer avec eux tant qu'elles veulent, et dans l'été, toutes ces pelouses sont pour eux. L'administration fournit tout : les langes, le lait, les berceaux, etc. ; le soir, chaque mère vient chercher son enfant pour la nuit. Vous avez pu voir, de l'autre côté de la grande place, des constructions sans étage ; c'est là que se trouvent les écoles pour les plus grands ; elles sont agencées avec les derniers perfectionnements. D'ailleurs, les statuts portent que les dépenses d'éducation ne doivent jamais être moindres de 15.000 francs par an, et ce chiffre est toujours dépassé.

Je suivais docilement mon guide, l'écoutant parler ; mais j'avais hâte d'être renseigné sur la genèse et la fortune de cette organisation. Malgré moi, je voyais comme une anomalie déroutante à force de simplicité sous l'idéale harmonie de cet ensemble.

— Je voudrais bien voir le directeur, dis-je.

— Nous y allons, répondit l'ouvrier.

Nous avions franchi un pont jeté sur l'Oise, et, au bout de la petite route, on apercevait les hautes cheminées de l'usine et des innombrables toits de ses hangars. C'était la fonderie d'appareils de cuisine et de chauffage, l'ancienne usine Godin, aujourd'hui l'usine du Familistère. Nous traversons un grand jardin aux allées silencieuses, bordées de poiriers, de pêchers ; au milieu d'une sorte de rond-point, un kiosque rustique s'abrite sous de grands arbres.

— C'est ici, sous les arbres, dit l'ouvrier avec un grand accent de respect, que M. Godin nous réunissait tous les soirs d'été, après le travail ; il s'asseyait là, dans le kiosque, à une petite table, et, tous en rond, nous écoutions ses conférences sur l'humanité, l'éducation, la fraternité. Comme il parlait bien, Monsieur ! quel mal cet homme-là s'est donné pour voir accepter ses idées et son argent par ses ouvriers ! Si vous, saviez ! il lui a fallu lutter pendant vingt ans pour être compris. *On ne voulait pas le croire !* Pensez donc, un patron qui veut partager ses bénéfices avec ses ouvriers, *leur en faire cadeau*, ça ne s'était jamais vu ! Tout le monde le disait ! moi comme les autres. *Il doit y avoir un piège là-dessous.* Mais aussi, lorsqu'il est mort, il y a quatre ans, nous laissant deux millions par testament, tout le monde a compris qu'on perdait un bienfaiteur ! Venez voir quel beau monument nous lui avons fait élever ! — car il a voulu être enterré ici, dans le jardin du Familistère.

En haut d'une éminence, une grande stèle se dresse, flanquée d'un génie en bronze aux ailes déployées : à droite, un ouvrier symbolisant le Travail, à gauche, une femme allaitant un jeune enfant : Maternité ; devant, le buste du philanthrope, un grand front, des yeux enfoncés sous d'épais sourcils, une bouche épaisse dans une barbe drue.

L'ouvrier se découvrit, je l'imitai. Puis, après un silence, il dit :

— Quel brave homme c'était ! Quel cœur d'or ! Ah ! des patrons comme ça, c'est fini, on n'en verra plus jamais...

LE DIRECTEUR DU FAMILISTÈRE

M. Dequenne, directeur du Familistère, admi-
nistrateur-gérant de la Société, est un ancien
ouvrier embauché il y a vingt ans par M. Godin,
en qualité de charpentier. Devenu directeur d'un
atelier, il a été élu par l'assemblée des ouvriers
actionnaires pour prendre la direction de l'usine
à la mort de son fondateur.

C'est un homme d'une cinquantaine d'années,
d'assez forte corpulence, au visage gras entièrement rasé; les yeux sont énergiques, le sourire
changeant, une sorte de Renan « peuple ». Quand
il parle, ses mains se caressent lentement, et sa
voix traîne dans les notes profondes.

— Voici en deux mots, me dit-il, l'histoire du
Familistère de Guise :

Son fondateur, M. Godin, était un ancien
ouvrier chaudronnier, disciple enthousiaste de
Fourier et des socialistes de l'école de Saint-
Simon ; il possédait ici une petite usine qu'il
avait fondée pour la fabrication en fonte des
appareils de cuisine et de chauffage. Il avait
résolu d'associer ses ouvriers à son entreprise,
et voulait tenter l'expérience d'un phalanstère
réalisable.

C'est en 1859 qu'il construisit à ses frais le
premier bâtiment d'habitation; d'abord, il loua les

logements aux ouvriers ; bientôt il fallut en construire de nouveaux ; en même temps, comme son
industrie prospérait, M. Godin commença à attri-
buer à ses ouvriers une partie de ses bénéfices.

Ce n'est qu'en 1880 qu'il institua la Société
telle qu'elle fonctionne actuellement ; il y appor-
tait son usine et les bâtiments du Familistère
représentant un capital de 4 millions 600,000
francs ; les ouvriers, eux, n'apportaient que leur
travail. Il se réserva d'abord un traitement fixe
de 15,000 francs, plus 230,000 francs représentant l'intérêt à 5 o/o du capital de fondation, ce
qu'il appelait le « salaire du capital ». Et une fois
tous les frais de l'entreprise payés (dans lesquels il comprenait l'éducation de tous les enfants
nés au Familistère), il partagea les bénéfices res-
tants au marc le franc entre le salaire total des
ouvriers et celui du capital ; de telle manière que,
par exemple, si le salaire du capital était de
230,000 francs par an, et qu'il eût à payer
500,000 francs de salaires dans une année, il y
avait environ un tiers de bénéfice attribué au
capital et deux tiers aux travailleurs. Mais au lieu
de distribuer chaque année en espèces, aux
ouvriers, les parts des bénéfices qui leur reve-
naient, il institua des titres nominatifs qui por-
taient les sommes attribuées à chacun.

— Alors, ils ne touchaient aucun bénéfice ?

— Non, mais c'est tout comme, puisqu'ils devenaient peu à peu *propriétaires*, les sommes
portées sur les titres servant à rembourser le
capital de fondation ! Ce capital n'a d'ailleurs,

pas été remboursé entièrement, puisqu'en mourant, M. Godin a légué par testament, à l'association, une somme d'un million et demi environ, ce qui a naturellement avancé de beaucoup l'entrée en possession des ouvriers. Aujourd'hui il ne reste à rembourser aux héritiers du fondateur, que quelques centaines de mille francs, ce qui est l'affaire de deux ou trois ans.

— De sorte que les ouvriers sont devenus propriétaires de l'usine et du Familistère ? Ce sont autant de capitalistes ?

— Tout simplement, ce sont des actionnaires qui travaillent...

— Alors ceux qui voudraient se retirer ?...

— Ils pourraient se faire rembourser leur part de capital, ou la laisser dans la maison et continuer à toucher des dividendes proportionnels.

— Cependant, lorsque tout ce qui reste à rembourser sera payé, on ne pourra pas laisser s'accumuler indéfiniment les bénéfices ?

— Non, mais nous verrons alors s'il ne conviendrait pas d'augmenter le capital social (puisque commercialement, nous sommes une société en commandite simple) ou de distribuer chaque année, en espèces, ces bénéfices aux ayants-droits.

Cette explication terminée, je voulais savoir de M. Dequenne son opinion personnelle sur la portée générale de l'œuvre qu'il venait de m'exposer, et je lui demandai :

— Vous croyez donc avoir résolu ici la question sociale ?

Il répondit en se frottant lentement les mains :

— Absolument, et c'est la seule manière de la résoudre qui soit pratique...

— Pourtant, dis-je, chez vous les ouvriers continuent à toucher des salaires gradués selon une estimation arbitraire de la valeur de leurs produits ; le capital y mange une grosse part des bénéfices ; les salaires sont inégaux ; il y a des grades chez vos associés ; vous-mêmes, touchez un traitement sensiblement plus élevé que les autres ! Et puis, vous employez des ouvriers auxiliaires qui ne participent pas aux bénéfices !

M. Dequenne cessa de se frotter les mains ; un gros rire secoua une seconde son abdomen, et il me regarda avec une vive expression d'étonnement où perçait quelque méfiance.

— Mais, monsieur ! mais... naturellement ! nous sommes socialistes, ici, oui, je veux bien... mais nous repoussons de toutes nos forces les théories collectivistes ! Je trouve que M. Godin est allé bien assez loin dans cette voie, sapristi !... Et puis, n'est-il pas juste que l'intelligence soit récompensée en proportion de ses services ? L'ouvrier ne peut pas demander mieux que ce qu'il a ici, croyez-moi... Nous avons des caisses d'assurance pour la vieillesse et la maladie, toute une organisation de la mutualité... que voulez-vous de plus ?

— Oh ! personnellement, je ne veux rien, dis-je en riant. Ce sont les socialistes qui prétendent que votre expérience ne prouve pas tout, que cela n'a qu'un rapport très précaire avec la question sociale ; ils disent que les crises de surproduction sont des calamités auxquelles il faut chercher un remède, que la *concurrence* industrielle a toujours pour conséquence l'abaissement des salaires et la misère des ouvriers. Et ils assurent que votre organisation vous laisse absolument désarmés devant ces inconvénients. Vous faites de vos salariés autant de patrons associés dans un travail commun, avec un capital commun, mais vous n'en demeurez pas moins soumis aux lois de la concurrence.

— Ah! ah! certainement! au point de vue commercial, nous sommes la maison Dequenne et Cie et il faut lutter contre les maisons rivales ! C'est bien sûr !

— Que feriez-vous si une concurrence toute-puissante vous forçait à baisser vos salaires ou à diminuer vos bénéfices?

— Mon Dieu, nous commencerions par réduire les bénéfices à distribuer, et on serait bien forcé de baisser les salaires comme les autres!

— Et si, par suite d'encombrement sur le marché, la vente n'allait plus, si vos magasins ne se vidaient pas, il faudrait donc arrêter le travail?

— Certes, on serait bien forcé... mais, vous le savez, les ouvriers sont divisés en plusieurs catégories, en plusieurs grades; les plus anciens et les plus sérieux sont *associés* ; ce sont les véritables actionnaires; ensuite, viennent les *socié-*

taires, puis les *participants*; eh bien! on commencerait par congédier les derniers venus, on passerait aux sociétaires et enfin aux associés... mais, heureusement, — dit M. Dequenne, avec une assurance joviale, — les affaires marchent fort bien et on n'a pas besoin de songer à tout cela!

— Donc, que tout marche mal, que la concurrence vous dévore, que votre industrie périclite pour des raisons quelconques, qu'une catastrophe détruise vos propriétés, vous voilà soumis aux mêmes déboires que les capitalistes; vos ouvriers et vous-même redevenez, comme les camarades, des salariés obligés de vous soumettre à toutes les duretés du régime capitaliste?

M. Dequenne répondit :

— Oh! oh! nous en sommes tous là! Il n'y a rien à y faire!

— C'est pourtant cela, la question sociale! objectai-je!

— Oh! alors!... conclut-il avec un geste évasif et en souriant d'un air de parfaite indifférence.

UN VILLAGE

Après l'agitation des villes, la fièvre des masses nécessiteuses, instruites des revendications prolétariennes, nourries de l'irrespect des patrons, si près des bouleversements et peut-être des violences, il était intéressant, pour le but que je poursuis, de voir où en est le paysan vis-à-vis de la question sociale, le paysan pur des campagnes, le type du terrien classique, sans bâtardise industrielle d'aucune sorte.

Mais ce paysan, ce paysan-là, est très fermé, tout en lui-même : sa discrétion et sa prudence sont telles qu'il gardera jusqu'à la fin de ses jours le secret de ses opinions politiques et de ses votes; il ne dira son avoir à quiconque et, même le produit de ses récoltes annuelles, sa vanité ne le dévoilera que longtemps après, et ce sera alors par vantardise. Aussi, pour gagner du temps et assurer le résultat que je cherchais, je pensais tout de suite à tirer parti de mes vieilles relations d'enfance.

J'ai passé toutes mes vacances de jeunesse à la ferme du père Froment (quel joli nom de laboureur!), un vieux paysan, un vrai, peu à

peu enrichi, devenu l'un des gros cultivateurs
de la commune de Maninghen. C'est à dix kilomètres de Boulogne-sur-Mer, vers Calais, un petit
village de deux cents habitants environ, en
comptant les hameaux qui en dépendent. Le chemin de fer passe à plusieurs kilomètres de là,
la grande route à une lieue. Et le mince clocher
de l'église se dresse au haut d'une colline d'où
l'on domine, tout là-bas, par-dessus les molles
pentes des grands pâturages, l'horizon changeant de la mer. Les champs de blé s'étendent
sur le versant opposé, à l'abri du vent marin,
et tout autour de grands bois emplissent les
vallons.

La ferme est à côté de l'église sur la hauteur.
Du seuil de la maison on voit passer au large,
gros comme des mouches, les paquebots qui
vont en Angleterre; puis s'étagent des terrains
toujours verts où l'on met paître les vaches;
enfin la grande cour s'encadre de ses constructions basses, granges, écuries, étables ombragées d'un côté par un rang d'ormes centenaires;
au milieu, c'est le trou à fumier où se vautrent
les porcs, où gloussent éternellement les poules. Et pas un bruit; jamais une voiture dans la
montée rude, aucun passant. La vie répète là
ses journées toujours les mêmes, sans autre
révélation des existences extérieures que l'apparition du journal *La Croix*, envoyé gratuite-
ment de temps en temps, et de quelques feuilles
du pays que la fermière rapporte parfois le
amedi du marché.

Dans ce trou perdu, très rustique, comme endormi, les luttes politiques et les changements sociaux demeurent inconnus. Le pays est assez fertile, le paysan y fait bon an mal an ses affaires, sans rien changer ou presque aux méthodes séculaires, et son apparente et un peu ironique ignorance cache, je le crois, beaucoup de scepticisme à l'égard des faiseurs de lois et de tous ceux qui vivent de la chose publique.

C'est le soir après le dernier repas, dans la grande salle commune. Je suis assis sous le manteau de la vaste cheminée, en face du père Froment installé dans l'unique fauteuil de paille, la place « du maître ».

C'est un grand vieillard de soixante-dix ans, un peu voûté, à la figure fine et maigre entièrement rasée, sauf de courts favoris en « pattes de lapin » tout blancs comme les boucles de cheveux frisés qui débordent un peu de la casquette de drap. Le nez à longue courbe descend sur la bouche édentée et railleuse. Les yeux pétillent d'une vie extraordinaire sous les orbites profonds, des yeux de jeune femme malicieuse.

En cercle, la face à la flamme, les ouvriers, sur des chaises, dans une pose de travailleurs lassés, les coudes aux genoux, fument, les yeux vides, leurs courtes pipes de terre; dans les coins laissés noirs par l'unique chandelle d'un sou, la fermière remue des chaudrons, range des écuelles. Des chats quasi-sauvages, aux yeux de braise, errent de leurs pas de velours parmi les baquets où ils vont laper des gouttes de lait restées au fond. Dehors, la nuit toute noire et le silence; accablés, tous se taisent.

Je crie :

— Allons, faites-nous du café, la mère Froment, je paye un litre d'eau-de-vie !

Des bouts de rires s'éveillent, les yeux luisent, les visages s'animent, c'est une petite fête.

— Tu nous dois ben ça ! me dit le père Froment, égayé comme les autres ; depuis quatre heures du matin que nous trimons tandis que tu te promènes, espèce d'bourgeois !

Un gros rire secoue tout le monde. On a vu que « l'maître » est content; quand il est gai, il m'accable toujours de ses pointes.

— Moi, je me repose, dis-je en riant aussi. Mais que dites-vous de votre propriétaire qui se promène d'un bout de l'année à l'autre, lui?

— Ah! il a ben le droit! il a des rentes !

— Mais c'est vous qui les payez, ses rentes, c'est parce que vous travaillez sa terre avec vos ouvriers toute l'année que lui peut vivre à rien faire.

— Gros malin! s'exclama-t-il, c'est à lui, ces champs, je ne les lui demande pas pour rien, bien sûr !

— Pourquoi, dis-je, est-ce plutôt à lui qu'à vous qui les cultivez, qui êtes le seul à les faire valoir?

Il jeta un regard autour du cercle comme pour faire appel au bon sens de tout le monde, et les deux mains aux bras du fauteuil, le buste

en avant, il me dit en fixant son regard clair
dans mes yeux, un pli moqueur relevant le coin
de sa bouche dégarnie.

— Voyons, mon fieu, tu vois ben que tu dé-
raisonnes ! c'est des contes que tu nous fais-là.
C'est à lui, cette terre, n'est-ce point ? c'est à
lui ? eh ben ! v'là tout !

J'essayai de faire comprendre à mon auditoire
les théories qui recueillent tant de suffrages
dans les ateliers de Calais à quelques lieues de
là, j'expliquai de mon mieux, en les vulgarisant,
les rêves d'égalité et de solidarité, lieux communs
là, nouveautés incompréhensibles ici.

Le fils du fermier, un gas d'une trentaine d'années, qui a passé quatre ans au régiment, s'é-
tait tu, se contentant d'approuver son père par
d'énergiques hochements de tête.

— Alors, s'écria-t-il enfin, tu voudrais nous
faire accroire qu'il y a des gens qui veulent partager avec les autres ? C'est les sans-le-sou qui
veulent partager, parbleu ! c'est pas malin ! moi
aussi je veux bien partager, mais avec ceux qui
en ont plus que moi ! Pourquoi les riches donne-
raient-ils ce qu'ils ont ? Je sais bien qu'ils font la
charité, mais c'est parce que ça leur fait plaisir ;
ils ne seront jamais assez bêtes pour se laisser
dépouiller ! Ah ben ! tu peux me croire, si le bon
Dieu me donnait des rentes, à moi, je ne les
lâcherais point !

— Pourtant, dis-je, si tu tombais malade, si tu
avais un jour trop d'enfants et que tu ne puisses
plus gagner assez pour les nourrir, ne serais-tu

pas heureux qu'on soit organisé pour qu'ils ne manquent de rien ?

— Ah, ça ! c'est tant pis pour moi, si je tombe malade ! et puis si j'ai trop d'enfants, c'est à moi d'en faire moins ! Ne faudrait-il point qu'on travaille pour les autres ? En v'là une histoire ! Tu te moques d' nous, là, hein ?

Toute l'assemblée se mit à rire, gagnée par le raisonnement d'impeccable bon sens du jeune paysan. Et lui, tout heureux et tout fier de son succès, ne demandait qu'à continuer. Je lui dis :

— Alors, toi aussi, tu trouves bien de travailler pour faire des rentes au propriétaire ?

— Il s'agit pas de lui faire des rentes, il s'agit de lui payer ce qu'on lui doit, à cet homme, c'est bien simple. Moi, je suis un paysan, c'est tant pis pour moi ; lui c'est un bourgeois, il est riche, eh bien ! c'est tant mieux pour lui ! Si je peux arriver à ramasser et que mes enfants aient quelques sous, ils se donneront moins de mal, c'est ben sûr, ils se reposeront aussi. Ça sera-t-il pas toujours comme ça ?

Comme je ne répondais rien, il me frappa sur l'épaule, et, au milieu de la jubilation générale, il me dit encore :

— Alors, il faut que tu viennes à Maninghen pour qu'on t'apprenne des choses aussi bêtes que ça ! Quoi qu'on apprend donc à Paris ?

Je voulais mettre les paysans en présence non plus des théories abstraites sur la propriété et l'égalité qu'ils ne pouvaient décidément pas comprendre, mais d'un certain ordre de faits, possibles, éprouvés ailleurs, qui devaient les toucher plus directement.

— Dites donc, père Froment, que diriez-vous si on faisait une loi pour que toutes les terres situées sur la commune deviennent des biens communaux, qu'on diviserait par lots ; chacun aurait un champ à cultiver et on n'aurait pas de fermage à payer ?...

Il me regardait de ses yeux pleins de finesse, se demandant si je ne me moquais pas de lui, et, enfoncé dans son fauteuil, il fumait sa pipe par courtes bouffées :

— Comprenez-vous ? C'est comme ça que ça se fait en Russie : tous les paysans ont un bout de terre pour quatre ou sept ans ; après, on change les lots, pour ne pas faire de jaloux à cause des bonnes et des mauvaises terres.

Il cracha un long jet de salive dans les cendres du feu de bois et lâcha comme un cri du cœur :

— Alors, on n'aurait jamais rien à soi, comme ça?

— Naturellement! fis-je en riant malgré moi. Mais tout le monde aurait de quoi vivre, est-ce que ça n'est pas le principal?

Il continua, en s'animant, pendant que les ouvriers, la bouche ouverte, devenaient de plus en plus attentifs :

— Si tout le monde avait de quoi vivre, où qu'on trouverait des gas pour faire la moisson?

— Chacun ferait la sienne, père Froment, ou bien on s'aiderait!

— Et puis si je veux m'agrandir ?... Non, non, non, je ne veux pas de ça, moi ! Je veux être maître chez moi !

Le fils, qui paraissait rêveur depuis un instant, s'écria tout d'un coup, comme illuminé par une trouvaille imprévue :

— Alors, avec ce système-là, voilà *moi*, par exemple, que mes parents travaillent depuis soixante ans pour me laisser quelque chose, je ne serais pas plus avancé que voilà Procope qui n'a jamais eu un sou... (il désignait du doigt le plus ancien ouvrier de la ferme). Ah ben ! elle serait forte, celle-là ! Sans me vanter, je vaux tout de même un petit peu mieux que les vagabonds des grands chemins, c'est-il pas juste que mes parents me laissent quelque chose après eux ?

Je dis, pour le pousser à bout :

— Mais non, ça n'est pas juste, l'héritage ! Pourquoi les parents travailleraient-ils pour leurs enfants ? Vous disiez tout à l'heure que c'était chacun pour soi ? Et puis, ne sommes-nous pas tous égaux en venant au monde ?

— Ah ! je ne dis pas ! je ne dis pas ! Mais n'empêche que si on a de l'argent, on peut toujours en faire ce qu'on veut. Et c'est bien naturel qu'on le laisse à ses enfants, tu ne peux pas aller là contre...

— Donc, vous trouvez que tout va bien, père Froment ? Mais je me figure que vos ouvriers qui sont là ne partagent peut-être pas votre avis, dis-je en me tournant vers les hommes qui sirotaient le café mélangé d'eau-de-vie, et qui s'égayaient énormément de cette conversation.

— Eux? ils ne se plaignent mie! Et ils ont ben raison.

— Êtes-vous bien sûr qu'ils ont raison de ne pas se plaindre ? Pendant les trois mois que vous les employez, ils se lèvent à quatre heures tous les jours, ils travaillent quinze heures sous le soleil, ils couchent dans les écuries, vous les payez entre cinquante sous et trois francs par jour tout au plus, et au bout de l'année, c'est eux qui ont labouré, semé, récolté, engrangé, battu le blé, etc., et c'est vous qui empochez les bénéfices, — vous et le propriétaire! Est-ce juste ?

Interloqué, il me dit brusquement:

— Est-ce que je les paye point?

— Juste de quoi vivre! Et vous, vous mettez de l'argent de côté!

— Est-ce que j'ai pas mes fermages à payer ? Est-ce que j'ai pas mes contributions?

— Mais c'est avec leur travail que vous pouvez payer tout cela! puisque c'est eux qui font tout!

Les ouvriers écarquillaient leurs yeux alternativement sur le fermier et sur moi; ils attendaient palpitants, ce qui allait sortir d'une conversation aussi inouïe pour eux. Le père Froment commençait à s'impatienter, je le voyais bien, et je m'en amusais beaucoup. Agressif, la voix un peu colère, il me dit:

— Alors, je ne fais rien, moi, à ton avis? Eh

12

ben! je voudrais voir comment ça marcherait tout ça, si je n'étais pas là! Oui, je voudrais voir ça!

Il se renfonça dans son coin en bougonnant, et s'amusa à remuer les cendres du bout de son gros soulier ferré. Sa femme, une vieille paysanne alerte et pleine de santé, surgit à ce moment d'un coin de la pièce, et, se plaçant en face de moi, les deux poings sur les hanches, elle m'apostropha :

— As-tu bientôt fini, avec tous tes contes? C'est-il permis, mon Dieu! de dire des sornettes comme ça! Tu ne sais donc pas, malheureux éfant, qu'il faut penser à tout, dans une maison comme ici! Faut-il pas soigner les vaches, les cochons, les poules, les moutons, faut-il pas de l'argent pour les nourrir, et quand il en meurt, c'est-il les ouvriers qui viennent nous les payer? Et si nos meules de foin viennent à brûler? Ça leur est bien égal à tous ces gas-là! Ils mangent tout de même en attendant, et tout leur saoul! On ne leur refuse rien, ici!

Elle se mit à énumérer longuement la liste, que je connaissais par cœur, des menus qu'elle servait, depuis quatre heures du matin jusqu'à neuf heures du soir, aux moissonneurs, au berger, au vacher, etc.

— Veux-tu savoir? s'écria-t-elle, vite grisée du bruit de ses paroles. Eh bien! c'est des histoires de propre-à-rien, tout ça, de va-nu-pieds, de chenapans! Les ouvriers sont plus heureux que nous, sais-tu ça? Ils n'ont à s'occuper de rien d'autre que de travailler et de manger... Allons, allons, conclut-elle, v'là l'heure de se coucher. Allez dormir, n'écoutez pas ce grand vaurien-là !

Elle les secouait sur leurs chaises, rudement. Ils s'étirèrent, délacèrent leurs grosses bottines pour profiter de la lumière, s'en allèrent lentement, traînant la semelle, et disparurent dans la cour noire.

Je m'étais levé en même temps que les ouvriers de la ferme, voulant faire un tour avant de me mettre à écrire le récit de ma soirée ; et, à la porte, je rejoignis Procope, l'homme indispensable de la maison, un tâcheron d'une quarantaine d'années, marié dans le village, et père de sept enfants.

Le pauvre homme est habitué à la plus profonde misère. Il habite au bout du hameau une petite masure couverte de chaume qu'il répare constamment lui-même. Les quelques heures de liberté que lui donne le dimanche, il les emploie à raccommoder les vieilles chaussures des habitants du village ; pour quelques sous, il remet des clous aux gros souliers ; il a appris tout seul son métier de savetier rustique. Avec ses sept enfants dont l'aînée est, aujourd'hui, une fille de quatorze ans, il a vécu de deux ou trois francs par jour, sans jamais se plaindre. Car chose curieuse, à la campagne, la misère est moins triste et ne paraît pas aussi noire.

J'étais allé, maintes fois, chez Procope, sans jamais y entendre un mot qui pût me rappeler les rancunes et les imprécations des faubourgs. Et les grosses figures rouges des enfants, le voisinage des champs de blé aux lourds épis, les vaches familières, sur la route, empêchent toujours de penser qu'on puisse jamais mourir de faim, là !...

— Qu'est-ce que vous dites de tout cela, vous Procope?

Il ne répondit pas à cette question; nous marchâmes un instant en silence sur la route. Il se grattait la tête, d'un air de réfléchir profondément. Il finit par me dire après beaucoup d'hésitations et sur un ton de mystère, traînant les mots :

— C'est-il vrai, ce que vous disiez tout à l'heure, qu'on ferait une loi... pour qu'on ait chacun son petit morceau... dans les villages ?.. Ça serait une belle chose, ça vous savez? C'est-il bien vrai, qu'il est question de ça?

Je n'eus pas le courage de détromper ce brave homme qui se figurait de si bonne foi qu'il allait pouvoir, tout à l'heure, réaliser son vieux rêve chimérique de cultiver de la terre à lui, d'y semer du grain qui pousserait pour lui, et de contempler de jolies moissons blondes à mettre dans sa propre grange !

— Ça viendra peut-être, lui dis-je, dans longtemps, sans doute. Il y a des gens qui le voudraient, mais ça ne peut pas se faire tout d'un coup, il y a tant de difficultés...

— Ah! alors, c'est pas les députés qui veulent ça ? demanda-t-il.

— Non, répondis-je, ce sont des gens qui veulent le devenir.

Il ne comprit pas l'ironie de ma réponse, et il se replongea dans son mutisme habituel.

Nous fîmes encore une centaine de pas sur la route noire, sans parler. Puis tout à coup, il dit comme s'il eût continué tout haut son monologue intérieur :

— Non, on n'est vraiment pas assez heureux dans les campagnes, on ne gagne pas assez, et le travail est trop dur. C'est pas qu'on dépense beaucoup d'argent ; ainsi moi, je ne vais jamais au cabaret ; le plus dur, voyez-vous, c'est les enfants qu'il faut habiller et nourrir, et ça use, et ça mange aussi ! et quand il y en a qui tombent malades, faut des médicaments, ça coûte cher ça, les médicaments ! Et puis à l'école, c'est des cahiers, des livres, faut encore de l'argent ! Si seulement on pouvait mettre les deux bouts ensemble !

J'abondai dans son sens :

— Et quand on est vieux !

— Ah ! reprit-il avec un accent de profonde résignation, ça, faut pas y penser ; comme on dit : c'est à la grâce du bon Dieu. Les enfants, ça s'en va vite, ils sont soldats, ou bien ils se marient, ils ont leur ménage, pas vrai ? une fois partis, faut plus compter sur eux !

— Qu'est-ce que vous diriez si on vous donnait une pension pour vos vieux jours ?

Mon idée le fit rire, d'un bon rire incrédule.

— Qui est-ce qui nous la donnerait cette pen-

sion ? Nous ne sommes pas employés du gouvernement, nous autres !

— Il y aurait une caisse, il suffirait de verser
très peu de chose, mettez un sou par jour, on
forcerait les patrons à verser au moins autant
pour chaque ouvrier, et ce serait l'État qui paie-
rait les pensions.

— Bien sûr, bien sûr ! ce serait une bonne
chose... Ah oui ! mais, c'est-il possible ?... Bah !
on nous promet toujours plus de beurre que
de pain ; nous ne le verrons jamais nous autres !

Nous approchions de sa demeure, il marchait
le buste en avant, les bras ballants, son pas
lourd écrasait les cailloux de la route. Dans
l'obscurité, il me semblait percevoir le travail de
ce cerveau réfractaire à toute idée nouvelle,
entièrement pris par le souci immédiat du pain
à gagner, dominé par la notion des hiérarchies
implacables et si loin de toute combativité, de
toute solidarité générale !

Je voulus éprouver cette résignation :

— Dites donc, Procope, vous n'avez jamais
pensé à être patron, vous ?

— Ah ! je n'en demande pas tant que ça ! je
ne suis qu'un ouvrier, moi ! mes parents ne
m'ont rien laissé... Et puis je n'ai pas d'instruction, vous comprenez, je ne sais pas lire ; on ne
peut pas être si difficile... Tout le monde ne peut
pas être patron, ça se comprend !... Ce que je
voudrais, c'est que mes enfants en sachent un
peu plus long et peinent moins que leur père !

La maisonnette basse était devant nous :

— Je vous souhaite une bonne nuit, me dit-il ;
moi, vous savez, je me lève à quatre heures...

Le lendemain, en me dirigeant vers la gare la
plus proche, je rencontrai un autre de mes bons
amis, un petit fermier d'une cinquantaine d'années,
élevé chez les Froment et qui faisait pour ainsi
dire partie de la maison. Par des prodiges d'économie, il est arrivé, après avoir vendu ses journées de travail, à s'amasser un petit avoir, à cultiver pour lui quelques champs, à conquérir son
indépendance.

Je lui demandai des nouvelles de son fils, un
bon élève de l'école du village, que le père avait
envoyé à l'école normale du département, puis
au collège de Boulogne.

— Et Arthur, fis-je, que devient-il ?

La figure toute épanouie d'orgueil paternel,
le paysan me répondit :

— Il va bien, le gas ! Ah oui ! il va bien, le
v'là bachelier, à c'te heure, et il y a deux ans
qu'il attend sa place pour entrer dans les contributions... C'est bien un peu long, mais faut de la
patience, c'est si couru ces places-là, hein ?...

— Alors, remarquai-je, il n'a décidément pas
voulu retourner au village pour y travailler ?

— Non ! il n'aimait pas ça, et puis, moi non
plus, je ne l'ai pas encouragé ! Il sera ben plus
heureux comme ça, il aura ben moins de mal !

J'approuvai et félicitai l'heureux père. Il ajouta,
en courbant le dos, avec des gestes ronds et
caressants :

— Laisse faire ! j'aime mieux que ça s'arrange comme ça. Une bonne petite place du gouvernement, percepteur quelque part, au moins, c'est sûr ! Et, plus tard, avec ce qu'il aura après moi, il pourra vivre tranquille, il aura toujours sa petite retraite !...

Il cligna de l'œil d'un air malin. J'entendais siffler le train, je le quittai.

UN PORT

Du haut de la falaise, on voit, plus petites, les
vagues aux crêtes blanches qui moutonnent à
l'infini. Un vent frais souffle du large ; le soleil
décline déjà et trace sur l'eau verte une grande
route éblouissante qui semble partir des deux
jetées de bois pour aboutir à l'horizon. En bas,
on distingue le port et les bassins comme un plan
déroulé : les grands bateaux pressés contre les
quais, la flottille brune des pêcheurs qui va partir. La brise apporte de lointains « Ohé ! hisse ! » ;
les voiles, couleur cachou, s'étendent lentement
le long des mâts comme des ailes d'oiseaux
nonchalants qui hésitent à s'envoler. Et, pour
encadrer cela, la ville coquette étale, sur deux
collines, ses maisons blanches, le dôme de la
cathédrale, la vieille tour du beffroi. C'est un
panorama de jouets d'enfants : Boulogne-sur-Mer,
ville d'eaux et l'un des premiers ports de France
pour la pêche du hareng, du maquereau, etc.

Du point culminant de la falaise où je suis
placé, et descendant vers le port et la ville, de
nombreuses ruelles aux maisonnettes pressées
s'entassent, étroites, sales, presque à pic, avec,
parfois, une centaine de marches d'escalier très
hautes à la place de la chaussée. Cela s'appelle

le quartier de la « Beurrière », c'est là qu'habitent trois mille familles de pêcheurs ; des enfants
— oh ! que d'enfants ! — grouillent dans tous les
coins, se poursuivent dans les ruissaux. Des femmes passent, belles comme des Romaines, ner-
veuses et souples comme des Espagnoles ; elles
sont vêtues d'un court jupon de grosse laine qui
accentue l'harmonieuse ampleur des hanches ; la
taille, remarquablement fine, est serrée dans un
corset dont on voit les lacets ; leurs galoches de
bois, retenues seulement par les orteils, cla-
quent sur le pavé, laissant voir tout le pied et la
fine cheville dans un bas de laine bien tendu. Il
n'y a pas d'hommes dans les rues en ce moment,
« ils embarquent ».

C'est une population que j'ai beaucoup connue
que celle de ces pêcheurs boulonnais aux mœurs
si particulièrement simples et insouciantes ; les
femmes ont toute l'énergie et tout le courage *à
terre*, et quand — bien rarement — les hommes
demeurent quelques jours à leur foyer après les
pêches lointaines, harassés et comme grisés d'infini, ces grands enfants écoutent, sans les entendre, les éternelles semonces de leurs robustes
épouses ; indifférents à tous les détails du ménage
et de la vie pratique, ils fument paisiblement leur
pipe de terre.

J'avais cru trouver une diversion à mon travail, un repos de quelques heures en visitant ces
braves gens que j'aime. Et voilà que je suis
obligé d'ajouter pour eux un chapitre à mon
enquête ! C'est que, contre mon attente, la « ques-

tion sociale » existe aussi pour le libre pêcheur des côtes...

J'avais pris chez lui, en traversant « la Beurrière », un pêcheur convalescent retenu encore à terre pour quelques jours. Tout en descendant vers le quai, nous causions et ses confidences ressemblaient étrangement à tant d'autres que j'avais entendues ailleurs :

— C'est fini ! La marine est perdue ! On nous a tout pris !...

Comme je m'étonnais :

— Vous allez comprendre, me dit-il. Et, très longuement, avec cette extraordinaire difficulté d'élocution particulière au marin, il m'expliqua toute une situation nouvelle que je résume ici :

Il y a une dizaine d'années, tous les matelots allaient « à la part », c'est-à-dire que chacun avait son lot de filets ; il partait à la mer avec un patron de bateau, lui-même pêcheur, et sauf un prélèvement pour le bateau et le ravitaillement, on distribuait entre tous le bénéfice d'une année. Ce bénéfice était le produit de la vente du poisson faite en halle aux saleurs et aux mareyeurs du pays. Chaque homme gagnait alors, bon an mal an, 2.500 à 3.000 francs, sur lesquels il fallait déduire 7 à 800 francs pour l'entretien des filets. La population maritime était prospère, une année de pêche mauvaise était dure ; néanmoins, on vivait heureux, sans dettes.

Mais les saleurs, profitant de dissentiments entre les patrons de bateaux qui outraient les frais communs, et les hommes d'équipage, se firent armateurs; ils achetèrent les bateaux aux patrons et offrirent aux matelots d'embarquer chez eux moyennant un salaire fixe qui varia entre 130 et 150 francs par mois, *sans apport de filets*, et la nourriture à bord.

Il y eut bien une hésitation, une méfiance... mais l'offre tenta tout le monde : plus d'aléas, d'avaries à payer, plus de filets à entretenir ou à remplacer en cas de perte, un gain fixe, le pain assuré chaque mois! Et bientôt chacun voulut naviguer à ces conditions avantageuses.

Ici se place un fait, en apparence insignifiant, mais plus dramatique, en sa simplicité, que tous ceux de l'histoire de cette population : *les matelots vendirent leurs filets!* Le matelot vendit son filet! Cela veut dire que le travailleur libre se livra ingénument au bon plaisir d'un maître jusqu'alors inconnu pour lui. Ce fut l'abdication d'un petit peuple : chaque père de famille qui possédait un petit capital productif — ses filets représentant 1.000 à 1.500 francs — eut bientôt mangé cette somme. On n'était pas riche, et le matelot n'est pas avare!

Or, voici ce qui se passa : quand tous les marins furent enrôlés « au mois », avec engagement pour une année, *quand tous eurent vendu leurs filets*, les armateurs, alléguant des pertes, l'impossibilité de continuer, diminuèrent le salaire. D'année en année il fut réduit, il tomba à 120, à 100, à 90, à 80 francs par mois! Et à cette heure, tous ces matelots gagnent exactement *soixante-dix-sept* francs par mois, pendant dix mois, car il y a deux mois de chômage !

Soixante-dix-sept francs par mois ! Pour aller essayer de mourir tous les jours ! Je les regardais, tout le long du quai, forts et actifs, travaillant, criant, piétinant lourdement, dans leurs grosses bottes de mer, entre les tonnes pleines de sel ou de poisson, les tas de filets, de cordages, de voiles, dans une forte senteur de goudron et de salaison. De l'autre côté du quai, sur le trottoir de marbre, les touristes se promenaient, regardant curieusement ce tableau :

— En v'là, tenez, qui ont de la chance ! me dit mon matelot en désignant les promeneurs.

Mais il riait d'un bon rire sans amertume et sans envie. C'est une de ces bonnes figures qui font vraiment plaisir à voir : la face entièrement rasée, le teint très chaud, avec les traits forts, les rides profondes qu'ils ont tous, le regard clair et droit, brillant d'une clarté intense, lointain parfois, lorsqu'il cherche une idée ; il a le geste abondant et large ; sa voix haute monte encore aux moments d'exaspération, quand il parle du métier si dur et de sa misère.

— Oui, me dit-il, j'ai quarante-six ans, et v'la quarante ans que je navigue. J'avais six ans, je me rappelle encore... C'était la nuit, je dormais ; ma mère m'a pris dans mon lit, m'a habillé et m'a porté sur son dos jusqu'au bateau ; c'est comme ça que j'ai fait mon premier voyage...

Il continua : Vous ne savez pas comme notre métier est pénible ! On commence la saison par la pêche du maquereau pendant quelques semaines ; après c'est celle du hareng qu'on rapporte tout salé : on part vers le mois de juin pour les mers d'Ecosse. Alors, on est pendant six ou sept semaines tout le temps en mer. Quand on revient, vite on débarque le poisson, on embarque l'approvisionnement, car il faut repartir tout de suite ; nous faisons trois ou quatre voyages comme ça, les derniers sont un peu plus courts ; puis c'est l'époque du hareng frais pris dans nos mers. Oh ! alors, on travaille sans jamais arrêter. Il n'y a plus ni jour ni nuit pour nous ; on reste souvent soixante heures sans dormir et sans se débotter, jusqu'à ce qu'on tombe de sommeil et de fatigue... On rentre au port presque chaque jour avec le poisson pêché la nuit et on repart par la même marée...

(Malgré moi, je songeai à la journée de huit heures).

Il reprit :

— A cette époque, un matelot ne rentre presque jamais à sa maison ; sa femme et ses enfants viennent le voir sur le quai pendant qu'il travaille. On ne reste à terre que pendant les gros, gros temps...

— Et ça dure longtemps ?

— Du mois de novembre à la fin de janvier ; le plus dur, c'est que c'est les trois mois d'hiver ; il ne fait pas chaud sur la mer et sur les quais, par tous les temps, les mains dans la saumure, à tirer sur les cordages, à tripoter les poissons, à rouler les barils...

— Et pendant ce temps-là, quand dormez-vous?

— Deux ou trois heures par nuit, chacun son tour; ça n'est pas beaucoup, mais vous savez, on s'habitue à tout!

Il m'avait raconté tout cela pêle-mêle, d'un ton très simple, sans fausse colère; à la fin, il secoua la tête et ajouta tristement :

—Pour gagner cinquante-deux sous par jour !... Comme si on pouvait nourrir six, sept enfants avec ça!

— Pourquoi ne réclamez-vous pas?

— Baste! fit-il, on ne peut pas parler aux armateurs! ils vous répondent que si vous n'êtes pas contents vous pouvez débarquer et qu'ils en ont d'autres à mettre à notre place!

— Si vous réclamiez tous ensemble? insistai-je. Vous n'avez jamais songé à vous mettre en grève?

— A quoi ça servirait-il! A nous faire diminuer encore, bien sûr !... Oui, on a essayé, il y a cinq ans; on avait quatre-vingts francs par mois; les armateurs voulaient nous diminuer; alors, nous avions tous refusé l'enrôlement. Ça a duré huit jours; eux sont riches, ils peuvent attendre, mais nous autres! On commençait à avoir faim... les fournisseurs ne voulaient plus rien nous donner, il a bien fallu céder, et on a eu les soixante-dix-sept francs d'aujourd'hui... Pourvu que ça n'aille pas plus loin!... Ah! des grèves! voyez-vous, c'est pas l'affaire des matelots; les patrons n'auraient qu'à désarmer les bateaux, à laisser

dormir le matériel, — ils peuvent le faire, puisqu'ils sont millionnaires — et nous, nous serions
encore plus malheureux de ne pas pouvoir aller
à la mer... On s'ennuie une fois débarqué. Et
puis à terre, voyez-vous, le matelot n'est pas
d'aplomb; il n'ose rien faire, il a peur, c'est à
qui n'avancera pas le premier! Il faudrait quelqu'un qui s'occuperait de nous, en dehors des
armateurs, parce que nous ne sommes pas instruits, nous autres! On nous embarque tout jeunes. Nous sommes presque toujours à la mer...
Lorsqu'on revient au bout de deux mois, on ne
sait rien de ce qui s'est passé à terre, tout pourrait être changé! On vote : souvent nous ne
sommes pas là... ou bien, c'est des patrons ou
des amis des patrons qui viennent nous prendre
au débarqué et qui nous mènent voter avec nos
bottes, on ne sait même pas pour qui; on prend
les bulletins qu'ils vous apportent! On ne nous
demande seulement jamais ce que nous voudrions!... Oh! le matelot est trop bon! il est
trop bête, voilà! moi, je le dis!

Il s'animait un peu, ses gestes prenaient une
brusquerie soudaine, il fermait les poings. Nous
poursuivions notre promenade le long du quai.
C'était maintenant la jetée au plancher de bois.
Juste en face de nous, le soleil tout rouge s'enfonçait lentement à l'horizon dans la mer glau-
que. Le ciel se barrait de lames très longues de
cuivre rouge, s'assombrissait par degrés. De
petites barques de promenade aux voiles blanches rentraient hâtivement au port; tandis que

plus près, se détachaient, noires déjà dans le
ciel, les mâtures, les voiles des bateaux de
pêche, accostés, prêts maintenant à prendre la
mer.

Lui, sans rien voir, ses grands yeux rêveurs
perdus dans cette immensité, continuait :

— Ainsi, nous ne connaissons seulement pas
nos droits ! On m'a expliqué une fois que nous
étions des « inscrits maritimes », qu'il y avait
des lois exprès pour nous et que nous étions les
seuls à avoir le droit de pêcher en mer...

— Oui, c'est très vrai ! dis-je.

— Alors, répliqua-t-il brusquement, pourquoi
les armateurs ont-ils le droit de pêcher, eux ? A
c't heure, c'est eux qui pêchent ! c'est plus nous !
puisque tout le poisson leur appartient et qu'on
nous paye nos journées comme aux ouvriers.

— . . . .

— Et ça n'est pas tout, reprit-il, nous avons
des permis de douane pour ne pas payer les
droits sur le sel, sur l'eau-de-vie et le tabac,
comprenez, c'est notre privilège, à cause de
l'inscription maritime ; eh bien ! maintenant, ça
n'est plus à nous que ça profite, c'est aux patrons,
qui ne sont pas des marins, pourtant ! Nous,
nous n'avons plus de droits, plus de liberté, plus
rien ! Nous v'là des manœuvres, c'est les armateurs qui ont tout, il ne nous reste plus que nos
soixante-dix-sept francs par mois ! et pas le droit
de réclamer seulement ! Est-ce que l'administration laissera encore ça durer longtemps ? savez-
vous ça ? demanda-t-il.

— Non, dis-je, il faudrait le lui demander...
Je repris :

— Avez-vous jamais pensé à ce qu'il faudrait faire pour que ça marche mieux ?

Il s'arrêta pour mieux réfléchir, puis baissant la voix et se tournant vers moi :

— Vous ne savez pas ce que je pense quelquefois ?... Eh bien ! s'il venait une guerre... presque tous les matelots partiraient... les patrons n'en trouveraient plus comme ils voudraient... ils seraient obligés de les payer plus cher... oui, tenez ! c'est une guerre qu'il faudrait peut-être !... Parce qu'autrement, voyez-vous, les riches sont trop mauvais cœurs, et il y aura toujours des pauvres gens...

Nous étions arrivés au bout de la jetée, le soleil avait disparu, un grand mystère planait sur l'eau qu'un vent violent agitait. Les énormes vagues prenaient par moments des tons d'encre. Des bateaux sortaient du port. Derrière nous, un groupe de femmes silencieuses les attendaient au passage et jetaient dans le vent un dernier adieu aux maris, aux enfants qui s'en allaient.

— Tenez, justement, voici le bateau où est embarqué mon aîné, me dit brusquement mon compagnon, il a quinze ans, le gas !

Il me désignait une grande barque au ventre rond qui longeait le môle... Il se pencha et cria dans l'obscurité grandissante :

— Au revoir, fils !

On entendit une petite voix qui répondait ; et,

tout à coup, le pont du bateau apparut illuminé
par le phare rouge qui venait de s'allumer au-
dessus de nous. La mer était dure, la vague longue, la sortie très difficile. L'embarcation bondis-
sait sur le dos des vagues furieuses, puis avait
l'air de s'écrouler dans des trous sans fond. Dans
le rayon de lumière rouge, j'aperçus sur le pont
les vingt ou trente hommes de l'équipage, tête
nue ; tous ensemble, ils faisaient le signe de la
croix. Le bateau dépassa le môle, la vision disparut, on ne vit plus qu'une masse noire qui, par
grands bonds, s'enfonçait dans la nuit vite
venue.

Les phares de la côte s'allumaient au loin,
multicolores.

LE PRINCE ALOÏS DE LICHTENSTEIN (1)

DÉPUTÉ AU REICHSRATH AUTRICHIEN

Le prince Aloïs de Lichtenstein fut élu député de Vienne, au Reichsrath, aux dernières
élections, par un faubourg excentrique, le Belle-
ville viennois. Antisémite ardent, il devint chef
du parti socialiste chrétien en Autriche; auteur
de plusieurs projets de lois à sensation sur l'enseignement, le repos du dimanche, etc., il passe,
à Vienne, pour très instruit. Il débuta dans l'existence par la grande vie et le sport à outrance
devint ensuite d'une piété militante, et se fit —
dit-on — expulser un jour de Rome avec un de
ses frères, pour des manifestations en faveur du
Pape.

Il est cousin du prince régnant de Lichtcins-
tein, follement riche, propriétaire de domaines
sans fin en Moravie.

Très loin dans Vienne, à une demi-heure de
voiture du centre de la ville, 3, Valérie Strasse,
près du canal; derrière une grille, un petit châ-

1. Dans une lettre qu'il nous écrivit depuis, le prince de
Lichtenstein disait : « Je suis partisan des réformes sociales
dans le sens chrétien. L'Encyclique de N. S. P. le Pape Léon
XIII et les vues de notre parti s'accordent en tout point. »

teau blanc, au milieu d'arbres et de parterres ;
un vestibule sans décoration, sans tapis, tout
nu, simplement garni de deux sièges de bois
ancien, un large escalier de pierre, aux hautes
murailles froides et blanches. Au premier étage,
un vaste salon où abondent des cabinets italiens
incrustés d'ivoire et de nacre, et des panneaux en
marqueterie ; quelques portraits, des tableaux,
de vieux sièges en chêne très nombreux et de
formes variées, des brochures sur une table.

Le prince paraît avoir quarante ans. Grand,
mince dans une redingote noire boutonnée, un
peu luisante ; une petite tête d'oiseau, oblongue,
le haut du front dégarni, les cheveux très courts,
les yeux bleu-gris spirituels, le nez long et
courbe, la moustache blonde plutôt rousse, le
menton petit, la bouche large, une figure glacée
avec du violet et du vert dans les ombres. Aussi,
malgré le sourire aimable des lèvres minces et
les gestes abondants de ses longs doigts effilés,
l'expression générale est *gelée*.

— L'une des causes principales de l'anti-sémi-
tisme en Autriche — sinon la principale — me
dit-il, c'est que le crédit, tout le crédit est
aux mains des juifs, qui en abusent d'une façon
exorbitante, honteuse. Quand nous avons parlé
socialisme, ici, ce sont, en effet, les juifs que nous
avons trouvés devant nous. Ce sont eux qui pres-
surent le peuple, et puisqu'ils peuvent le faire
impunément dans l'ordre actuel des choses, ils
s'opposent de toutes leurs forces, de tous leurs
moyens — et ils sont nombreux ! — à tout chan-

gement... Lors des dernières élections, des millions ont été dépensés, *donnés* au peuple pour qu'il vote contre nous et, malgré cela, malgré des trafics sans nom, nous avons été élus! Nous avons avec nous les trois quarts des électeurs de Vienne et par conséquent des députés viennois, sans compter de nombreux partisans dans la Basse-Autriche. Notre parti progresse tous les jours et, avant peu d'années, nous serons en mesure d'appliquer, de faire appliquer plutôt, de bons morceaux de notre programme socialiste...

Socialiste ! J'avais beau m'y attendre, le mot dans sa bouche me surprit. Le prince de Lichtenstein socialiste ! Le même qui, riche à millions déjà, doit bientôt hériter de pays entiers, avoir à lui une garde princière ! De quel principe pouvaient bien s'inspirer les théories de cet aristocrate ?

— Vous êtes prince, monseigneur, dis-je, et puis-je vous demander par quel sentiment vous vous laissez guider en intervenant ainsi en faveur des misérables dans leur conflit avec ceux qui possèdent? La charité ?...

— Oh! non! la charité ce n'est pas suffisant! Nous pensons mieux : c'est au nom de la justice que nous voulons, nous socialistes catholiques, que l'ouvrier ait de quoi vivre et jouisse du produit de son travail. Ce qui rendra votre clergé de France impopulaire à la longue, vous verrez, c'est sa conception fausse et maladroite de son

rôle social. Il dit aux riches : « Donnez aux
pauvres ! » Et, comme il n'est pas sûr d'être
obéi comme il le faudrait, il dit aussi aux pauvres : « Résignez-vous sur cette terre ; dans
l'autre monde, vous serez plus heureux. » Le
misérable finit bien un jour ou l'autre par se
rendre compte qu'il a déjà assez de souffrances
à supporter, sans celle de la faim ou du froid,
et il commence à se plaindre... Chez nous le
clergé a compris que si l'aumône est bonne,
certes, en des cas de misère extraordinaire, et
comme exercice personnel d'altruisme, ce n'est
pas avec elle qu'on peut résoudre la question
sociale ; si généreux qu'on suppose les riches,
leur charité ne sera jamais qu'un palliatif insuffisant. Aussi le clergé autrichien s'est mis à la
tête du parti des réformes sociales, il a la place
d'honneur dans nos réunions publiques.

— Les socialistes les plus avancés ne parlent
pas autrement, fis-je un peu étonné. Mais ils
déduisent que le principe de justice conduit à
l'égalité dans les jouissances... Etes-vous de cet
avis ?

— La justice veut, répondit le prince, que
celui qui travaille mange à sa faim et puisse nourrir sa famille ; qu'il se vête confortablement et
soit décemment logé. Nous voulons donc que le
travailleur soit mis à même de remplir son
estomac, d'abord, puis que lui et ses enfants ne
soient pas couchés pêle-mêle, dans des taudis,
sans distinction d'âge ni de sexe. Nous demandons, par conséquent, *une durée normale de*

travail pour les hommes, les femmes et les enfants ; nous demandons aussi un *minimum de salaire* pour tous. Les prix et les heures pourront naturellement varier avec les professions et les contrées ; car, en effet, le coût des objets de première nécessité change suivant les endroits, et toutes les professions ne sont pas également fatigantes. Aussi nous paraît-il sage, au lieu de faire une loi générale, d'édicter des lois partielles pour des conditions économiques différentes.

— Pour toutes ces réformes, demandai-je, vous êtes partisan de l'intervention de l'Etat ?

— Absolument.'C'est le devoir des gouvernements d'intervenir ; eux seuls sont assez forts pour pouvoir, avec l'appui de majorités éclairées, opérer ces transformations.

— Ne craignez-vous pas que, ces réformes une fois réalisées, les masses populaires deviennent plus exigeantes encore — et de plus en plus.

— Certes, je le crois, et je n'y vois pas de mal ! Le peuple a besoin d'être mieux traité, beaucoup mieux ; mais il est indispensable, dans son intérêt même, que ce soit petit à petit que son sort s'améliore. Pour cela il faut aller au-devant de ses revendications, et ne pas attendre qu'il crie trop fort...

— Jusqu'où croyez-vous qu'on puisse aller dans cette voie ? Ainsi, ne pensez-vous pas, qu'au point de vue de l'équité stricte, les riches devraient être supprimés ?

Le prince eut un rapide mouvement de surprise et de dénégation :

— Oh! pas du tout! Il faut bien qu'il y ait des classes dirigeantes! Le journalier qui travaille toute la journée a-t-il le temps de s'occuper de ses intérêts politiques? Les comprendrait-il bien, d'ailleurs?

Je dis :

— Les socialistes répondent que, dans l'état actuel, les travailleurs ne sont pas capables, en effet, de faire de bonne politique, et même de bien connaître leurs véritables intérêts ; mais ils assurent que c'est parce que la société est mal arrangée. Supposez réalisé l'idéal collectiviste, par exemple ; on peut concevoir alors que l'ouvrier, n'ayant plus que trois ou quatre heures à travailler par jour, arrive très vite à un degré de culture suffisant pour se passer de la direction des riches?

— Nous n'en sommes pas là! dit le prince en souriant du bout de ses lèvres bleues.

— Certains prétendent que le moment est proche, dis-je.

— D'autres, et j'en suis, n'y croient pas du tout, riposta-t-il en s'animant un peu et en décroisant les jambes. Car, de même, en définitive, qu'il y a des hommes grands et des hommes petits, des imbéciles et des intelligents, il y aura toujours une échelle sociale. Dans tous les temps, même aux époques les plus civilisées, cette différence a existé, et nous n'avons pas la prétention, je suppose, de changer la nature éternelle de l'homme?

Et il ajouta, dans un vague sourire :

— Pour ma part, je ne suis pas disposé du tout à m'appauvrir pour les autres, ce qui n'avancerait à rien. Et puis ce serait de la charité, cela, et non pas de la justice... Ma conviction est que le sort des ouvriers peut être amélioré sans rien détruire des choses établies. Au moyen-âge les artisans étaient heureux, ils gagnaient assez pour vivre largement, ils mangeaient trois fois autant que ceux d'aujourd'hui, ils étaient logés très confortablement, et les rois firent même des lois pour empêcher le développement du luxe chez la bourgeoisie. A quoi cela tenait-il? C'est que la répartition des produits était alors plus équitable, tout simplement, l'organisation sociale protégeait mieux le travail. Oui, je sais, il y a eu aussi des grèves, des soulèvements, de même qu'aujourd'hui; mais, comme les ouvriers étaient plus puissants, ils obtenaient toujours satisfaction et il fallait compter avec eux. Il s'agit donc, aujourd'hui, de rétablir cet équilibre rompu entre le travail et le salaire, il faut que l'ouvrier retienne davantage de son travail, — et, croyez-moi, Monsieur, cela peut se faire sans la révolution radicale proposée par les collectivistes, qui ne sont, en somme, que de purs théoriciens.

— Votre plan de réformes comporte-t-il l'impôt progressif?

— J'en suis tout-à-fait partisan, pour ma part,

car j'espère que les gros capitalistes en seront plus touchés que nous... quoiqu'ils aient des moyens que nous n'avons pas de dissimuler le chiffre exact de leur fortune...

— Êtes-vous aussi pour la suppression des héritages ?

Le prince me regarda fixement de son œil froid, mais observant que je n'y mettais pas de malice, d'un ton léger il répondit :

— Supprimer, non ! Pourquoi supprimer les héritages ? Le peuple lui-même n'a-t-il pas intérêt à pouvoir transmettre à ses enfants le fruit de ses économies ? Pourquoi retirer à un brave homme la possibilité de se priver pour rendre à son fils la vie un peu plus facile ? C'est une joie pour lui, c'est souvent son seul bonheur ; pourquoi supprimer cela ? Quelle raison ?

— Oui, dis-je. Mais... si on ne supprimait que les gros !

Il y eut un instant de silence ; visiblement mon interlocuteur réfléchissait. Il se renversa sur son siège, et, les yeux un peu vagues, ses longs doigts secs tapotant les bras du fauteuil, il dit :

— Pourquoi en vouloir tant aux riches ? Ils sont exposés à tant de séductions, ils ont tant d'occasions, plus ou moins agréables, de dépenser leur argent, qu'on peut dire qu'il ne leur appartient pas !!

Je ne pus m'empêcher de rire :

— Mais c'est vrai ! répéta-t-il, sur un ton indéfinissable.

J'ajoutai :

— Ne pensez-vous pourtant pas qu'il est injuste que l'enfant d'un millionnaire, même inintelligent, entre dans la vie armé si formidablement contre le fils du prolétaire ?

Il répondit en traînant la voix, l'œil allumé d'un pétillement spirituel :

— Quand les millionnaires sont vraiment si bêtes, quand ils n'occupent pas leur cerveau à des questions nobles, élevées, au bout de très peu de générations ils deviennent tout-à-fait crétins, et il y a alors en eux, croyez-moi, une propension mystérieuse qui les pousse à se ruiner... et cela arrive fatalement !

Ce raisonnement était sans réplique : je me levai, le prince m'accompagna avec le sourire sceptique de sa figure gelée.

M. DE HANSEMANN

PRÉSIDENT DE LA BANQUE D'ESCOMPTE DE BERLIN.

A Berlin, *Sous les Tilleuls,* dans un grand
hôtel neuf, bâti en briques rouges, d'une archi-
tecture un peu chargée, au haut d'un large escalier à la rampe de marbre rouge, un huissier
m'attend et me fait entrer dans un vaste bureau
sévère.

Un homme de cinquante à soixante ans, de
haute taille et de forte corpulence, à la grosse
figure rose garnie d'une barbe en éventail, grisonnante et frisottante, me reçoit. Je commence
à exposer le but général de mon voyage en
Allemagne, et aussitôt je me félicite d'avoir
choisi cette heure : deux heures après-midi,
le moment où l'on sort de table à Berlin. Je
remarque posé sur le bureau un cigare qui
se consume doucement en envoyant jusqu'au
fumeur dérangé son lourd encens. Les petits
yeux clairs de mon interlocuteur papillotent gaiement, sa figure rose, très rose, doit être chaude
au toucher, sa bouche sensuelle et bonne sourit,
pleine de bienveillance et de belle humeur. Sou-
cieux de spécialiser mes questions, selon les

compétences, celle-ci me vient aux lèvres tout d'abord :

— Croyez-vous le capital indispensable à la vie des sociétés?

Il sourit en haussant un peu les épaules, e^t que ne puis-je rendre son accent de conviction définitive et froide et profonde, où l'ironie se mêle à l'ennui de répéter des choses banales :

— Mais certainement, monsieur! mais certainement! A quoi bon discuter cela? D'ailleurs ce que le socialisme menace, ce n'est pas seulement le capital, c'est toute la vie sociale, c'est l'humanité tout entière! Mais le mouvement est à présent en décroissance. Et puis, nous sommes bien tranquilles ici; la meilleure garantie qu'on ait contre le socialisme, c'est encore, voyez-vous, un gouvernement fort et une armée disciplinée...

— N'y a-t-il pas 1.200.000 électeurs qui votent avec le parti socialiste-démocrate?

— Eh! cela ne prouve rien! Ce sont des gens très différents qui votent avec ces utopistes... Ils sont disséminés par tout le territoire, groupés seulement dans quelques centres industriels, ce qui ne les rend pas dangereux. Non, non, tout cela n'est pas sérieux, croyez-moi.

— Pourtant, dis-je, le capital est attaqué, ne faut-il pas qu'il se défende?

— Je vous le répète, sa meilleure défense, c'est un État énergique et une armée solide...

— On invoque tout de même des arguments plus abstraits, remarquai-je en riant. Les défenseurs du capital présentent les capitalistes, ou

plutôt les financiers, comme les agents pacifica-
teurs entre les nations?... Les grandes spéculations sont forcées de prendre leurs éléments
dans tous les pays indistinctement, et cette communauté d'intérêts, qui devient internationale,
n'aide-t-elle point à la fraternité des peuples? On
dit cela, le pensez-vous personnellement?

M. de Hansemann ne répondit pas à cette
question peut-être inattendue. Ses yeux fins dans
sa bonne figure rose et franche se fermaient à
demi sous la fumée du cigare qui brûlait toujours,
et vraiment il avait l'air si heureux, si heureux,
que je me fis un crime de mon importunité. Je
m'endurcis pourtant, et je continuai :

— On est très socialiste d'Etat en Allemagne ?
L'Empereur paraît se piquer au jeu ?...

En clignant encore un peu les yeux et en bran-
lant légèrement sa tête puissante, il répondit,
tranquillement :

— Cela diminue, cela diminue. Il arrivera un
moment où, sans doute, on reviendra à la loi
contre le socialisme que M. de Bismarck voulait
conserver, lui, et que notre Empereur fit supprimer malgré le chancelier... Oui, oui, on y reviendra... Ces gens sont vraiment trop fous. L'Empereur finira bien par le reconnaître et se las-
sera. Figurez-vous qu'il y a deux ans, au moment
des grandes grèves de Westphalie, l'Empereur
avait reçu trois délégués des mineurs ; il avait
été très aimable, il leur avait fait beaucoup de
promesses, mais il leur avait dit : « Surtout, ne

soyez pas socialistes ! car vous trouveriez à qui
parler ! » Il sut bientôt qu'ils l'étaient déjà tous
les trois, ajouta M. de Hansemann en riant, et
que la fille de l'un d'eux s'appelait même *Lassa-
line*... cela a dû le faire réfléchir.

— On prête à l'Empereur l'idée de monopoliser
les mines, les alcools, etc., comme on a déjà
monopolisé les chemins de fer allemands ?

— Tout cela est exagéré et n'aura aucune
suite, c'est bien certain. Je comprends qu'on
monopolise les chemins de fer, car, en cas de
guerre, il est utile que tous les moyens de transports soient centralisés dans une seule main, —
quoiqu'en France cela ne soit même pas indispensable, puisque vous n'avez, je crois, que
quatre grandes Compagnies. Mais pour les
mines, l'expérience est faite, celles de l'Etat
sont bien plus mal gérées que celles possédées
par des Compagnies...

— Ah !

— Oui, dans les mines d'Etat on a fait trop de
concessions aux ouvriers, sur les salaires, les
heures de travail, que sais-je encore ! et les revenus sont devenus relativement minces, quand ils
ne sont pas nuls...

— Vous connaissez les théories marxistes
dont s'inspire le parti socialiste allemand ?

— Oui, oui.

— Que dites-vous de la solution proposée par
certains collectivistes — les plus conciliants —
de supprimer le capital privé et d'indemniser les
capitalistes en *bons de jouissance* qui ne pour-

ront pas s'augmenter et ne leur serviraient
absolument qu'à vivre ? C'est-à-dire que si vous
avez, comme on le dit, cent ou deux cents millions de fortune, on vous donnera cent ou deux
cents millions de bons dont vous pourrez faire ce
que vous voudrez mais qui ne rapporteront pas
un pfennig d'intérêt ?

A cette question, M. de Hansemann éclata de
rire de bon cœur ; sa débonnaire figure rose s'é-
panouit comme dans la joie d'une excellente
farce, et, en lambeaux de phrases entrecoupés
de rire, il dit :

— Oui je sais ! des bons de jouissance ? c'est
très drôle... Notre député Eugène Richter a écrit
une brochure très amusante en réponse à toutes
ces folies.... Vous ne l'avez pas lue ? Je vous la
donnerai, vous verrez... Plus de capital ! chacun
a son petit carnet de bons avec sa photographie.
On paie tout avec cela, son tabac et sa blanchis-
seuse. On tire au sort les professions et le rang,
car tout le monde voudra être sculpteur, musi-
cien, de même qu'inspecteur ou contremaître,
n'est-ce pas ? On tire au sort les domiciles, car
chacun voudra demeurer dans le château... et les
paysans voudront tous venir en ville ; alors, pour
ne pas faire de jaloux, on change de résidence
tous les trois mois ; tous les meubles étant pareils,
inutile de déménager ! Le jour de la grande révolution, les gendarmes vont chez tous les habitants et laissent à chacun un lit, une table et
une chaise... C'est bien assez... La journée de

huit heures pour tout le monde! Quand on va
demander un médecin après la journée finie, il
refuse de se déranger, naturellement..., pourquoi
travaillerait-il plus que les autres ? Plus d'impôts! plus de militaires! plus de gens riches!
plus de bourgeois! plus d'équipages! plus de
domestiques! Chacun va chercher sa portion dans
les cuisines de l'Etat! Chacun 700 grammes de
pain et 150 grammes de viande par jour... Le
menu sera affiché au coin des rues, pour toute la
semaine. On ne boira de la bière que les jours
d'anniversaire de Bebel et de Lassalle ! Les
théâtres seront gratuits... mais les paysans veulent aussi aller au théâtre! Pourquoi donc pas?
Alors tous les dimanches on enverra 10.000 Berlinois à la campagne et 10.000 paysans viendront
à la ville. Quand il pleuvra, ce sera charmant!
Les Berlinois iront admirer la belle nature et les
paysans viendront s'amuser à l'Opéra !

Enfoncé dans son fauteuil, les yeux encore
plissés par le rire et les lèvres restées sourian-
tes, M. de Hansemann répétait :

— C'est bien drôle !

— Quant à l'organisation ouvrière, aux syndicats, aux associations internationales, aux grèves,
de quel œil les voyez-vous ? Croyez-vous que
les gouvernements aient le droit d'intervenir ?

— Je trouve que ces syndicats, ces associations sont un grand danger pour la sécurité du
commerce et de l'industrie; on l'a bien vu lors
des grèves de Westphalie. Evidemment, le devoir
des gouvernements est de les empêcher.

J'écoutais toutes ces réponses si naturelles, au
si redoutable bon sens : et une question très dure
me brûlait les lèvres, que j'hésitais depuis longtemps à poser à mon interlocuteur. Timidement,
je finis par dire :

— Je voudrais bien savoir, monsieur le président, si vous croyez qu'il y aura toujours des
riches et des pauvres, et comment vous légitimez
à vos propres yeux une fortune comme la vôtre,
en face de tant d'hommes dans la misère?...

M. de Hansemann sourit.

— N'y a-t-il pas toujours eu des pauvres et
des riches? fit-il simplement. Quelle folie de croire
qu'il peut un jour en être autrement ! Le partage des biens ? Vous savez le mot du Rothschild de Francfort, en 1848, au socialiste qui l'a-
postrophait : « Vous voulez partager ? Soit : il y
a tant de millions d'habitants en Allemagne, je
suis riche à tant de millions, — voici deux
marcks pour votre part ! » Et puis, ajouta
M. de Hansemann, la fortune des banquiers, des
capitalistes, leur appartient-elle ? N'est-ce pas
plutôt la fortune de tout le monde ?

— Justement ! interrompis-je, on prétend que
puisqu'elle ne leur appartient pas...

Mais il m'arrêta, et rectifia :

— Je veux dire que si elle leur appartient en
droit, — puisqu'ils l'ont gagnée, — en fait elle
ne leur appartient pas, puisqu'ils ne peuvent
jouir que selon leur propre et exclusive capacité
d'hommes... On n'a qu'un ventre... on ne peut
pas manger plus que son ventre...

— ... Hélas !... fis-je... Mais vous n'avez pas peur d'une révolution ? Si elle éclatait, que feriez-vous, vous et vos capitaux ?...

Le même sourire de confiance heureuse que j'admirais depuis une heure éclata de nouveau dans la figure du grand banquier :

— Je vous le répète, nous n'avons pas à envisager cela chez nous... Une bonne armée, voyez-vous...

— Vous pensez quand même, n'est-ce pas, monsieur le président, qu'il y a quelque chose à faire pour les ouvriers ?

Il se redressa un peu sur son fauteuil, et dit avec un grand accent de conviction bienveillante :

— Oh ! mais sûrement ! sûrement, monsieur ! C'est le devoir, le devoir humain de faire tout le possible pour soulager les ouvriers pauvres... Mais, je crois bien ! je crois bien !... On a donc fait déjà en Allemagne quelque chose : les assurances contre les maladies, la vieillesse, les accidents. Et c'est M. de Bismarck qui a fait cela. Oh ! c'est très bien ! Ce sont des choses comme cela qu'il faut trouver pour détourner les ouvriers du socialisme... Oh ! je crois bien ! je crois bien, conclut-il en me reconduisant.

EN RUSSIE

UNE USINE

J'étais allé en Russie pour voir des personna-
ges dont je parlerai plus tard, mais avant de
quitter le pays j'ai voulu approcher de tout près
l'ouvrier et le paysan russes. On parle tant de
la Russie en ce moment, et on connaît si peu de
choses, en France, sur nos alliés, que les quelques notes que j'ai rapportées intéresseront
peut-être.

Ce qu'il m'importait de savoir surtout, c'était
de quelle façon la question sociale se posait là-
bas — et même si elle existait. Les personna-
ges que j'ai consultés à cet égard répondront à
leur tour et leur opinion sera écoutée. Pour moi,
après les avoir entendus, je me suis contenté
d'observer, de comparer.

A la frontière, j'avais été saisi du spectacle de centaines de femmes et d'enfants en
guenilles, allongés sur des paquets de vêtements, des coffres, dans les coins de la gare ; on
m'avait dit : « Tous les jours il y en a autant; ce
sont des habitants des provinces baltiques qui
émigrent pour l'Amérique, ils sont trop malheureux chez eux, on leur a dit qu'ils trouveraient

de l'ouvrage et du pain là-bas, et ils y vont... »
Les attitudes désolées, les yeux bleus noyés
d'une insondable mélancolie, le silence soumis,
le calme de ces êtres sordides, je ne les oublierai jamais.

A Pétersbourg, j'avais tout visité, les quartiers populaires, les larges voies interminables
du centre, les églises, les jardins de plaisir,
les théâtres encore ouverts : partout j'avais
retrouvé la même sensation de tristesse profonde, accablante, le même calme, le même
ennui formidable des yeux bleus et des figures
impassibles ; les cochers, les officiers, les généraux, les soldats, les ouvriers des faubourgs,
les commerçants, les prêtres m'étaient tous appa-
rus sans le pli d'un sourire dans leurs faces
graves et rêveuses...

J'avais pu me promener devant le palais rouge
de l'Empereur, sans que les sentinelles me fis-
sent m'écarter... mais une vieille femme qui
passait derrière moi fut impitoyablement écon-
duite ; sur les quais de la Néva, un jour de réga-
tes, des agents bousculaient les curieux appuyés
aux parapets, les curieux qui n'avaient pas de
chapeaux ; et chacun obéissait sans l'ombre d'un
murmure. Une enfant, la fille d'un concierge,
m'avait baisé la main, presque à genoux, pour
une pièce blanche que je lui avais donnée ; j'avais
voulu lire les journaux français qu'on laisse passer en Russie — pas tous — et d'énormes
placards d'encre recouvraient des colonnes
entières du *Figaro*, du *Temps*, des *Débats* : ces

plaques noires s'appellent du caviar. Dans les
villes, je n'avais rencontré ni cafés, ni colonnes
Rambuteau ; dans les rues, je n'avais entendu ni
un cri, ni un rire, ni même aucune conversation
à demi-voix.

A l'hôtel où j'étais descendu, on m'avait
raconté que, quelque temps avant mon arrivée,
la veille de Pâques, la police était venue, dès
huit heures du soir, veiller à ce que rien ne fût
servi dans la salle du restaurant, car c'était
le dernier jour du carême ; le voyageur affamé
avait été obligé de se faire monter, en cachette,
quelque chose dans sa chambre.

A Moscou, on avait voulu me forcer à me
découvrir en entrant dans un bureau de poste en
proie à dix courants d'air ; l'employé m'avait
montré, de son doigt respectueux, le portrait du
Tsar, en chromo, collé au mur, et il refusait de
me livrer mes lettres si je ne me découvrais pas.

Mais tout cela était loin de suffire pour me
donner une idée du peuple russe, et, à côté de
Moscou, je visitai une fabrique de coton, l'une
des plus importantes, qui occupe plusieurs milliers d'ouvriers, hommes et femmes. Une usine
comme toutes les usines : des centaines de
métiers marchant du matin au soir, et du soir au
matin, avec un bruit d'enfer, une chaleur accablante dans toutes les salles, de la tristesse sur
toutes les figures. On m'avait montré, près de
l'usine, les dortoirs des ouvriers : de vastes pièces blanchies à la chaux, avec trois rangées de
larges planches inclinées où les couchettes sont

installées : dans chaque case une paillasse épaisse
de dix centimètres et une couverture en étoffe
rouge, bleue, verte, ou de toutes les couleurs à
la fois; le réfectoire se trouve dans un bâtiment à
côté; je vis les ouvriers manger là leur pain noir
et leur pâtée de sarrasin, et boire de l'eau claire.

L'aimable et intelligent ingénieur qui m'accom-
pagnait m'expliquait le moujick tel qu'il le connaissait.

— Le moujick, disait-il, est un grand bébé, un
bébé résigné, apathique, foncièrement indifférent
à tout, incapable de révolte.

Il leur parlait en les tutoyant tous, ouvriers et
contremaîtres, comme les médecins célèbres parlent, dans les hôpitaux, aux convalescents, vous
savez, avec ce ton un peu bourru, un peu pro-
tecteur et un peu paternel qu'ils ont tous.

— D'ailleurs, ajoutait-il, tout le monde en Russie tutoie les ouvriers, les domestiques, les
cochers. Au besoin, on leur donne des bourra-
des, et vous n'en voyez jamais un protester...
(La veille, en effet, un bourgeois avait, devant
moi, frappé d'un coup de canne un izvotchik
(cocher) qui se mit à pleurer et se contenta d'es-
suyer ses larmes du revers de sa manche, en
évitant un autre coup).

Je demandai à parler un instant au directeur-
propriétaire de la fabrique, qui m'accueillit très
aimablement. Quand il sut ce qui m'amenait :

— Oh! monsieur, en Russie, je crois que vous
perdrez votre temps ; il n'y a pas de question
sociale ici, et il ne peut pas y en avoir ; nos

ouvriers ignorent le premier mot de ce qui vous
inquiète tant en Europe, je veux dire en France
et en Allemagne... le socialisme.

— Vous entendez que le peuple russe est très
heureux, ou qu'il ne se plaint pas ?

— Je veux dire à la fois que l'ouvrier ne se
plaint pas et qu'il se contente très bien de ce
qu'il a. Vous ne pouvez pas avoir une idée en
France de ce qu'est l'ouvrier russe ; car il n'y a
même presque pas, à proprement parler, *d'ouvrier* en Russie.

« Chez vous, l'ouvrier est un homme, un
citoyen, comme vous dites, qui vit dans les villes,
qui est instruit, qui sait lire tout au moins, qui
s'occupe de politique, qui vote. Chez nous, l'ouvrier est un paysan qui n'a pas assez, pour vivre
et payer ses impôts, de la culture de sa terre, et
qui quitte son village, son *mir*, tous les ans, de
l'automne au printemps, pour venir travailler
dans les usines des villes. Or, ce paysan est un
être très doux, très naïf, ignorant comme un
enfant, qui ne sait pas lire, qui est à mille lieues
d'admettre et de comprendre le suffrage universel. Un être dont le cerveau est nourri seulement
de l'idée de Dieu et du Tsar, et qui n'a pas,
comme vos ouvriers d'Occident, le besoin de
changer, de remuer, de fronder...

« Me comprenez-vous, monsieur ? C'est un être
primitif, un sauvage, si vous voulez, mais dont
les instincts n'ont rien de féroce, dont le sens
est droit, l'intelligence ouverte, mais ignorant et
placide par dessus tout.

« Vous oubliez donc, monsieur, continua-t-il, que nos paysans ne sont affranchis du servage que depuis trente ans? A peine ont-ils eu le temps de s'habituer à la liberté, beaucoup n'en ont même pas la notion exacte; les vieux surtout, et même la génération qui a été élevée par eux, se refusent encore à comprendre qu'ils sont libres. Comment voulez-vous qu'ils pensent au socialisme ?

— Mais s'ils étaient malheureux pourtant, ils sauraient vite pourquoi!

— Ils ne sont pas très malheureux, et puis ils sont habitués à la sobriété, aux privations... il ne leur faut qu'un peu de *votka* (eau-de-vie) pour être tout-à-fait contents... Voyez ici, la moyenne de mes tisseurs gagne 4 roubles par semaine (le rouble vaut 2 fr. 60 au cours), les femmes, 2 roubles et demi, et les jeunes ouvriers, jusqu'à vingt ans, 30 kopecks par jour. Eh bien! personne ne se plaint! La vie leur coûte très bon marché; je les ai amenés à s'organiser en « artel », c'est-à-dire en société de consommation; j'ai avancé les fonds suffisants, je leur ai fait construire un réfectoire, ils ont choisi une cuisinière, et ils mangent à frais communs, les hommes pour douze à quatorze kopecks par jour, les femmes pour huit kopecks (le kopeck vaut environ deux centimes et demi); pour cela, ils font deux repas, de la soupe aux choux aigres (stchi), et de la viande le matin; du gruau (kâcha) le soir, et du pain noir à volonté; vous voyez qu'il leur en reste assez!

— Ils travaillent combien d'heures pour leurs quatre roubles par semaine?

— Entre 13 et 15 heures par jour. Et personne ne s'en plaint. Notez qu'ils sont logés et éclairés par dessus le marché. Oh! les conditions ne sont pas mauvaises... L'hiver dernier, des ouvriers sont venus en masse à la porte de l'usine me demander à travailler *pour le manger seulement*.

— Alors, jamais de grève?

— Dans la contrée, à Moscou, rarement; ici, jamais. Les grèves sont défendues par la loi, d'ailleurs. Il y est dit en toutes lettres qu'en cas de cessation des travaux ou même en cas de grève des ouvriers dans le but d'obliger les patrons à augmenter les salaires ou à changer les autres conditions des contrats de louage, les meneurs sont condamnés à quatre ou huit mois de prison et les complices, c'est-à-dire les grévistes, à deux ou quatre mois. Il n'y a que les ouvriers qui cèdent à la première injonction de la police qui sont exemptés de toute peine.

« Et heureusement qu'il en est ainsi! Les grandes usines doivent être menées monarchiquement, si l'on veut qu'elles prospèrent ; si on y faisait entrer le parlementarisme, ce serait fini : je suis le maître chez moi, je veux rester le maître... Je sais bien qu'il y a eu des abus... Il y a même encore des patrons qui dépassent un peu les bornes. Ainsi, dans la plupart des fabriques, les contremaîtres étaient forcés, sous peine de renvoi, d'infliger deux cents amendes de 5 kopecks par jour; de la sorte, souvent l'ouvrier arrivait à la fin du mois sans avoir rien à toucher; et puis on le forçait à s'approvisionner à la fabrique de tout ce qui lui était nécessaire, et on lui comptait les marchandises plusieurs fois leur valeur... Alors, l'ouvrier quittait l'usine, après six mois de travail, et n'avait pas gagné autre chose qu'une mauvaise nourriture. La femme restée au village, l'attendait pour payer l'impôt et ne comprenait pas qu'il revînt les mains vides... C'était vraiment exorbitant... Tout cela se passait sur une très vaste échelle, des millions et des millions de roubles ont été ainsi gagnés par le fabricant... L'État est enfin intervenu il y a quatre ou cinq ans, et on commence un peu à se modérer. Il y a des inspecteurs de fabrique qui sont chargés de viser les tarifs de marchandises vendues à l'usine, et le produit des amendes ne rentre plus dans la caisse des patrons; il est affecté à des œuvres organisées au profit des ouvriers, c'est un progrès...

— Êtes-vous bien sûr qu'il n'y a pas quelques esprits révolutionnaires mêlés à la masse des ouvriers, et ne croyez-vous pas que, peu à peu, ils finiront par devenir un peu plus exigeants ?...

Mon interlocuteur se mit à rire.

— Ah! bien oui! Il s'en est trouvé un une fois qui se permettait de tenir des discours subversifs; je l'ai naturellement appris tout de suite, je l'ai fait venir et je lui ai dit d'aller se faire pendre ailleurs. Depuis ce temps-là, plus de nou-

velles des révolutionnaires ! Ah ! oui, un jour,
on m'apprend qu'un ouvrier lisait au dortoir à
ses camarades des histoires où on se moquait de
Dieu; je me suis fait apporter le livre : c'étaient
les *Métamorphoses* d'Ovide traduites en russe.
Ce n'était que de Jupiter qu'il était question...
Enfin, dernièrement, une femme m'a raconté
tout bas que sûrement une ouvrière de ses voi-
sines était nihiliste; je lui ai demandé pourquoi elle croyait cela; elle m'a répondu que c'é-
tait parce que cette femme portait des pantalons !
C'est tout.

Mon interlocuteur riait, il riait sans éclats,
d'ailleurs, et il me faisait penser à un heureux
directeur de pensionnat où tout prospère, et qui
s'amuserait à raconter des peccadilles d'élèves
innocents et bien élevés.

— La journée de huit heures n'a par conséquent, aucun adhérent par ici ? lui demandai-je.

Le fabricant rit encore, et répondit :

— Les ouvriers les plus *avancés* de l'usine,
c'est-à-dire les plus intelligents, ce sont les tisseurs et les mécaniciens; quelques-uns d'entre
eux, — ils sont rares, — ont appris à lire et
achètent en collectivité une petite feuille de chou
inoffensive et bon marché. On parlait du 1er Mai,
sans doute, dans ce journal, car un jour ils m'ont
demandé ingénument si l'usine n'allait pas fêter
le 1er Mai ? Je les fis s'expliquer sur ce qu'ils
pensaient du 1er Mai : ils se figuraient... savez-
vous quoi ?... que c'était une petite fête encou-
ragée par les patrons, où ils étaient dispensés

de travailler, et que je leur donnerais, le jour venu, de bons pourboires supplémentaires ! Je me suis moqué d'eux, cela a suffi, ils en ont ri avec moi, et jamais je n'ai plus entendu parler de rien...

Je demandai au fabricant s'il m'autorisait à répéter notre conversation. Il me dit vivement :

— Monsieur, si vous faisiez cela, vous m'exposeriez à toutes sortes de choses... Je vous ai parlé très sincèrement, promettez-moi donc de ne pas me nommer. Nous ne sommes pas en France, ici... »

Je quittai l'usine accompagné de mon obligeant cicerone de tout à l'heure, quand l'heure de la fermeture des ateliers sonna ; je voulus assister à la sortie. Des flots d'ouvriers défilaient devant nous, avec leurs longues barbes, leurs longs cheveux, en nous regardant de leur doux œil craintif ; ils étaient habillés d'un paletot informe, recouvrant une longue chemise de calicot rouge passée par dessus le pantalon, tombant jusqu'aux bottes, et serrée à la taille par une ficelle. Je remarquai l'un d'eux qui me parut plus triste encore, plus affaissé que les autres ; je priai mon guide de l'arrêter et de le faire parler un peu. Ce qu'il fit.

— Demandez-lui pourquoi il est ici, et depuis quand?

La question fut posée, et sa réponse fut textuellement celle-ci, qu'il nous fit lentement, par morceaux, la casquette aux doigts :

— Je suis ici depuis sept ans, avec des inter-

valles au printemps et à l'été, où je retourne au
village pour ensemencer la terre et faire la moisson... Cette petite mère de terre, notre nourrice,
Dieu nous en a privés ; toute l'année, on travail-
lait jusqu'à la septième sueur, mais elle, la petite
mère, ne donnait guère assez, non seulement
pour se nourrir, mais aussi pour payer les impôts ;
d'année en année, cela allait de mal en pis, le
petit ménage était peu à peu vendu, jusqu'au
jour où mon malheur est arrivé... alors, il a fallu
que je vienne à la ville travailler...

— De quel malheur parle-t-il ?

Ma question traduite, le paysan-ouvrier hésita,
chercha des phrases, rougit et, finalement, baissa
la tête en disant :

— On m'a traîné au volostnoïé... (à la mairie
du village).

Puis il nous tourna le dos et disparut.

— Qu'est-ce que cela veut dire ? interrogeai-je.

— On l'a fustigé, le malheureux, pour non
paiement des impôts...

« Comment ! vous ne connaissiez pas cette
coutume ? ajouta mon guide d'un air étonné en
voyant mon ébahissement...

EN RUSSIE (*suite*)

Après des heures et des heures de chemin de fer, et encore des heures de carriole, nous arrivons, mon compagnon et moi, dans le petit village du gouvernement de Toula, où j'ai voulu m'éclairer sur le fonctionnement du *mir* russe.

Il se produit pour moi ce phénomène assez singulier que j'enquête, en Russie, dans des villes dont il faut que je cache le nom, près de gens à qui je jure de ne pas les nommer, en compagnie d'aimables cicerones que je masque, sur leur demande formelle. J'ai bien eu un moment de révolte quand, là-bas, il m'a fallu faire ces promesses aux gens qui m'aidaient à me renseigner, j'ai longuement discuté pour les convaincre que je ne répéterai pas les choses qui pourraient les « compromettre », mais ici, en me souvenant de leurs figures soudain pâlies, de leurs regards inquiets et de leur insistance fiévreuse, je n'ai pas le courage de leur manquer de parole ; et, malgré la parfaite innocence de leurs explications, la nature purement documentaire de ces conversations, je tairai non seulement les noms de mes intermédiaires, mais tous les noms propres.

J'avais demandé : « Le village, je peux le
nommer ?... » On m'a répondu : « Ne faites pas
cela, monsieur, sur l'honneur ! On ira dans le
village, on saura qu'un Français y a passé au
mois de mai, en compagnie d'un Russe — on
saura mon nom, puisque je suis connu dans le
village — et on m'enverra en Sibérie...

— Comment ! en Sibérie, pour me promener
dans un hameau, interroger pour moi quelques
paysans sur leur situation, et me faire expliquer
l'organisation de la commune ?

— On croira que je suis socialiste, nihiliste,
que sais-je ! On fera immédiatement chez moi
des perquisitions, et si on y trouve un livre,
quel qu'il soit, défendu par la censure et inter-
dit à la frontière — *Madame Bovary* est inter-
dite, par exemple, de même que certains volumes de la *Philosophie positive* d'Auguste Comte
et toute l'œuvre de Littré — je suis condamné
à la prison et désormais surveillé comme dangereux... A partir de ce moment-là ma vie
devient un enfer, et il faut que je m'expatrie...
Oh ! je connais dix, cent exemples... Ne faites
pas cela monsieur...

... C'est donc un petit village de cent âmes,
dans le gouvernement de Toula, au sud de Moscou. Les isbas sont disséminées, par groupes de
cinq ou six, à travers la plaine, il n'y a pas de
rues ; entre les maisonnettes, ce sont de maigres
prés où des poules picorent, parmi des car-
rioles basses ; quelques enfants jouent silencieu-

sement; le ciel est un peu voilé, le temps de cet
après-midi de mai est d'une adorable douceur;
de temps à autre des gens tranquilles et lents,
comme s'ils venaient de se réveiller, passent et
repassent; les hommes en casquettes sales, avec
leurs cheveux longs et leurs longues barbes
blondes, sont vêtus de peaux usées, trouées,
crottées, aux innombrables plis; les femmes, en
jupon d'indienne claire, coiffées d'un mouchoir
aux couleurs vives, traînent des chaussons de
paille épaisse où leurs pieds apparaissent, ou
bien vont pieds nus; on entend chanter, tristement, un plain-chant sans rythme, une mélopée
désolée, par des voix d'enfants; les voix sortent d'une cahute très basse, recouverte de
paquets rectangulaires de terre où l'herbe point.
C'est l'atelier du forgeron du village; un apprenti
bat le fer sur l'enclume, un autre souffle, tous
deux chantent, lentement, leur étrange chanson; quand nous approchons, ils se taisent. Du
kabak (cabaret) sortent deux moujiks ivres, ils
gesticulent gravement, en vacillant sur leurs
jambes, ils nous voient et nous font de grands
saluts qui les courbent en deux; finalement ils
s'allongent dans une mare; quelques paysans,
qui sont là, sur le pas des portes, fument tranquillement leur pipe, sans même sourire. La
plaine s'étend très loin, à l'infini. Pas un cri,
pas un appel de voix, je crois que je deviens
sourd.

— Il nous faudra coucher ici, me dit mon
guide... et il n'y a pas d'auberge... Allons d'a-

bord rendre visite à la femme de mon cocher de Moscou, puisque c'est dans notre programme. Nous verrons après...

Tout au bout du village, isolée des autres, c'est la misérable chaumière traditionnelle, aux murs faits de troncs d'arbres superposés et à peine équarris. De la mousse emplit les joints, le chaume épais descend en auvent à deux mètres à peine de terre.

Une femme habillée comme les autres est sur le seuil. Mon guide lui dit :

— *Zdravstvoui*, *Petrowna* (Bonne santé, fille de Pierre).

La femme répond :

— *Zdravstvoui, batiouchka, Mikhaïlo Ivanitch* (bonne santé, petit père Michel, fils d'Ivan).

Et nous entrons. C'est une seule pièce basse, au sol en terre battue, qui a exactement l'air d'une écurie. D'un côté, de la paille étendue par terre où un porc se vautre, c'est l'étable. De l'autre, prenant presque toute la place, un énorme cube en argile cuite atteint presque les poudres du plafond : c'est le poêle classique des romans russes et des décors du Théâtre-Libre. Pas d'autres meubles qu'une petite table de bois et des bancs. Dans un coin, un grand coffre de bois grossièrement sculpté, orné de ferrures. Au-dessus, l'icône slave, la Vierge et l'enfant, dans une gloire de papier plissé et doré. Devant l'image, une petite lampe brûle. Au milieu de cette misère et de cette saleté, cette petite flamme garde une splendeur. C'est à la fois touchant et lamentable. Des poules gloussent sous la table, et les enfants, quatre ou cinq, nous regardent de leurs yeux bleus.

— Il n'y a pas de lit, ici ? dis-je à mon guide.

Il me désigna le dessus de l'immense poêle, où je n'avais pas aperçu un vieillard couché. A ce moment, le vieux ayant entendu nos voix penchait la tête, et c'était une étrange apparition, cette figure ravagée de rides profondes avec ses longs cheveux de noyé et sa barbe blanche. Il toussotait péniblement, répétait comme la femme tout à l'heure :

— *Zdravstvoui, Zdravstvoui, batiouchka.*

— C'est le père du « grand », dit la femme, il est bien malade, il ne bouge plus de là.

— Et vous, Petrowna, et la famille comment ça va-t-il ?

— Nous sommes bien malheureux ; nous avions encore une vache qui était là — et elle désignait le tas de paille dans le coin où maintenant le porc sommeillait — nous l'avons vendue, c'est un malheur ; le lait nous rapportait deux ou trois kopecks par jour et cela suffisait pour acheter du pain.

— Et l'homme, toujours à Moscou ?

— Oui ! il reviendra pour la récolte... Ah ! il a bien fallu !... les enfants avaient faim... et le receveur voulait être payé. C'était difficile, la terre nous rapportait 30 roubles et il y avait 22 roubles d'impôts.

La femme, assise sur le coin du banc, nous

répondait lentement, par phrases courtes ; elle restait là les bras ballants, et sa figure était toute de résignation. Pas une plainte, pas une amertume, pas un reproche.

— Nous n'en tirerons pas autre chose, me dit mon guide, allons-nous en !

— Demandez-lui pourtant, insistai-je, si le Tsar ne doit pas faire quelque chose pour les malheureux comme elle ?

Il traduisit ma question et la femme répondit, les yeux fixés dans le vide, avec un branlement incrédule de la tête :

— Jusqu'à Dieu c'est haut ; jusqu'au Tsar c'est loin !

Puis après quelques secondes de silence :

— Le Tsar... on le trompe, il ne peut pas s'occuper de nous...

Nous sortîmes.

— Allons voir le starosta (maire du village), je vais vous faire expliquer le *mir* russe.

Le maire était chez lui, dans une isba bâtie comme les autres, en bois, mais à deux étages et d'un aspect plus riche. Mon guide se fit connaître, me présenta ; nous nous assîmes autour du samovar et une longue conversation s'engagea, que je résume ici pour plus de clarté :

Il y a trente ans, tous les paysans russes étaient esclaves ; ils dépendaient absolument du seigneur et propriétaire de la contrée. Quand l'empereur Alexandre II, en 1861, abolit l'esclavage, une partie des terres fut obligatoirement concédée aux paysans qui, par annuités, et pendant 47 ans, sont obligés d'en rembourser la valeur. Aujourd'hui donc le *mir* est la réunion d'une centaine de chefs de familles qui jouissent en commun d'un territoire inaliénable. A part les domaines seigneuriaux, il n'y a pas de propriété individuelle dans les villages ; seuls la maison et un demi-hectare de potager appartiennent au paysan, et il peut les transmettre à ses enfants. Quant à la terre communale, elle est partagée également tous les trois ans environ et les lots sont tirés au sort entre les membres du *mir* : c'est ce qu'on appelle le petit partage.

Tous les dix ou quinze ans a lieu le grand partage, qui est une sorte de remaniement cadastral, pour suivre les fluctuations de la population.

Quand un adulte a vingt ans, il a droit à une portion de terre comme les autres.

Toutes ces opérations sont présidées par le starosta élu par les chefs de famille, qui a en outre la charge de la police et remplit à peu près les fonctions de juge de paix.

L'autorité centrale n'intervient pas dans les affaires intérieures de la commune, qui s'administre elle-même sous l'autorité des élus des paysans. Il faudrait l'adhésion des deux tiers des pères de famille pour décider la dissolution du *mir*, pour faire un partage définitif des terres en lots individuels et désormais héréditaires, c'est-à-dire pour transformer la propriété collective en propriété privée. Les habitants du *mir* sont responsables collectivement vis-à-vis de l'État des charges communales, impôts en

argent, et en hommes pour le service militaire.
Ces impôts sont très considérables, puisqu'ils
sont composés à la fois des contributions dues
à l'État et des annuités d'amortissement pour
le rachat de la terre, car l'État se fait rembourser par les paysans le prix de la terre qu'il avait
achetée pour eux aux seigneurs lors de l'abolition du servage.

Quand mon guide m'eut expliqué cela, je lui
fis demander au starosta quels avantages il
voyait à cette organisation :

— C'est que le moujik ne peut pas vendre sa
terre, répondit-il, et qu'il ne peut pas s'appauvrir, puisqu'il a toujours de quoi travailler lorsqu'il arrive à vingt ans, que ses parents aient été
ou non paresseux.

— Pourquoi donc les paysans sont-ils presque
tous misérables et forcés d'aller travailler à la
ville ?

— C'est que les impôts sont trop lourds et
que la terre ne produit pas assez.

Voilà tout ce que put dire le vieux maire du
village. Mon compagnon, très renseigné sur ces
questions, m'expliqua alors :

— La terre, en effet, ne produit pas assez ;
mais cela provient de ce que les vieux moujiks
conservateurs ne veulent pas entendre parler de
changements dans les systèmes d'assolements,
car le paysan n'est pas libre de cultiver ses parcelles à sa guise. Il y a ici ce qu'on appelle *les
trois champs* : une année de blé, une année d'a-

voine, une année de jachères. Il faudrait, pour
changer de culture, l'accord de tous les membres
de la commune, et *ils ne veulent pas en entendre parler*. Ainsi, dans les terres des grands
propriétaires on sème déjà de la luzerne et
du trèfle entre les deux et la terre ne s'en
trouve que mieux. D'un autre côté, les paysans,
ne détenant leurs parcelles que deux ou trois
ans, ne sont pas intéressés à travailler la terre
à fond et à la fumer comme il faudrait ; la
terre s'appauvrit, s'épuise, et vous avez là
une des causes les plus évidentes et les plus
indiscutables de la famine de l'hiver dernier.

« Ce que le brave homme ne vous dit pas non
plus, c'est que le moujik est très paresseux, très
abruti par l'alcoolisme. Il travaille toujours à
contre-cœur. Sa seule joie c'est le *votka* (eau-
de-vie). Or, l'Etat n'a aucun intérêt à entraver la
consommation de l'eau-de-vie, au contraire ; l'impôt sur l'alcool rapporte trois cents millions de
roubles, c'est-à-dire le tiers du budget de l'Etat.
Si le moujik s'enivrait moins, que ferait le gouvernement ?

— Et ça n'est pas tout, continua-t-il ; chaque
année, les paysans voient leurs lots diminuer. Le
territoire du *mir* reste le même, tandis que la
population augmente sans cesse ; ces gens-là
sont très prolifiques.

« Résumez vous-même : un système de culture
mauvais, une terre épuisée, des bras paresseux,
des impôts exorbitants et, avec cela, le champ
rapetissé...

— Pourquoi n'émigrent-ils pas dans des provinces plus riches?

— Justement! Ils pourraient aller en Sibérie dont le climat, au sud surtout, n'est pas plus mauvais qu'ailleurs et où les récoltes sont magnifiques, mais le gouvernement met des barrières, car les seigneurs propriétaires ont besoin de bras pour cultiver leurs terres à eux, et si les paysans quittaient tous les provinces ingrates, la main-d'œuvre agricole deviendrait trop chère sinon introuvable. Et puis ces propriétaires tirent encore profit de la location de leurs forêts et de leurs prés aux paysans, car ceux-ci ont trop peu de terrains pour en faire des pâturages. Et pourtant, tous les ans, malgré les entraves, plus de trente mille paysans sont arrêtés à la frontière sibérienne, à Tioumiegn, et on ne laisse passer que ceux qui ont cinq cents roubles d'avance : c'est une nouvelle législation; ceux qu'on retient deviennent un gros embarras chaque jour plus inquiétant.

— Demandez donc au starosta, dis-je pour conclure, à mon guide, ce qu'il faudrait faire pour que les paysans soient moins misérables.

Le vieux répondit en soupirant :

— Il y a trop de bonnes terres autour du *mir*, les seigneurs en ont plus que tous les paysans ensemble... il faudrait agrandir les *mirs*... Et puis... et puis... — il baissa la voix comme honteux de ce qu'il disait — trop d'impôts... trop d'impôts...

Cette nuit-là, nous couchâmes sur la paille sans nous plaindre.

EN RUSSIE (*suite*)

UNE ÉMEUTE OUVRIÈRE EN POLOGNE. — L'ANTISÉMITISME

Lodz (prononcez Lodj) est une grande ville de la Pologne russe, à quelques heures de chemin de fer au sud de Varsovie, la plus importante de la province au point de vue industriel. C'est là qu'au mois de mai dernier des troubles se sont produits, les journaux dirent : des troubles antisémites. Aucun détail n'était parvenu en France sur les incidents, toutes les dépêches ayant été interceptées au départ ou à la frontière. A Varsovie, où je m'étais arrêté, on avait de tous côtés, tellement réussi à piquer ma curiosité, que je n'ai pas pu résister à l'envie de la satisfaire.

Et je n'ai pas eu à le regretter. Je rapporte, en effet, quelques notes qui, à plus d'un titre, intéresseront, je pense. Je me suis rendu compte à ce moment de mon voyage, qu'il est impossible, si l'on veut rester dans le vrai, d'émettre sur cet immense pays des opinions générales : ce qui est vrai ici ne l'est pas là ; il y a des différences capitales entre les si diverses parties de ce tout phénoménal, hybride, qu'on appelle la Russie ; en effet, plus que partout ailleurs, les faits économiques s'y contredisent, au Nord et au

Sud, à l'Est et à l'Ouest, le tempérament et le caractère même changent aux extrémités du colossal empire. Mais ce qui demeure — et qu'on ne peut nier — ce qui se manifeste partout avec la même évidence, à la fin terrible, opprimante, c'est l'esprit de l'administration impériale, l'influence terrorisante des fonctionnaires, la peur, la peur sourde et maladive du pouvoir. Je l'ai sentie rôder autour de moi aux frontières, dans les hôtels, dans la rue, dans les magasins, dans les maisons même, et à force, à force d'entendre les gens me parler bas, à force d'histoires sombres, racontées partout et qui venaient de se passer, devant cette unanimité de regards troublés, elle m'a effleuré, cette peur, moi aussi, malgré mon passeport bien en règle...

Je suis arrivé à Lodz au mois de juin, à temps pour apprendre des témoins oculaires et des victimes, pris au hasard, les choses qui suivent. Je ne les nommerai pas non plus, ceux-là, car mon indiscrétion briserait infailliblement leur situation ; mais, qu'on me croie, ils étaient bien placés pour voir...

Or donc, voici ce qui s'est passé à Lodz du 2 au 10 mai 1892 :

Jusqu'à ces derniers temps, les fabricants de cotonnades étaient tout-à-fait maîtres chez eux ; la loi de 1886, instituant les inspecteurs de fabrique et réglementant les contrats entre patrons et ouvriers, était restée jusque–là lettre morte. Le premier inspecteur qu'on avait envoyé avait pris un jour parti pour les ouvriers contre les patrons, parce qu'il avait été *prouvé*, entre autres choses, que ceux-ci volaient ceux-là dans les métrages de leurs labeurs; ils comptaient aux ouvriers 100 archines de calicot fabriqué (71 mètres) au lieu de 130 archines (92 m. 50) qu'ils avaient réellement produits. La preuve avait été éclatante et l'inspecteur voulait obliger les patrons à restituer. Mais les fabricants de Lodz sont très riches, il y en a qui sont cinquante et cent fois millionnaires, et leur influence à Pétersbourg est énorme... Ils obtinrent le changement de l'inspecteur : on l'accusa d'être du parti des ouvriers et d'être responsable des troubles...

Un autre fonctionnaire fut appelé. Les ouvriers continuèrent à affluer au bureau de l'inspection ; mais désormais, leurs réclamations ne trouvaient plus d'écho.

Le 1er mai approchait : des affiches imprimées en allemand (il faut savoir qu'à Lodz et presque partout en Pologne on parle beaucoup l'allemand à cause de l'immigration prussienne) étaient collées aux portes des usines, une grande agitation commençait. Une délégation ouvrière alla un jour se plaindre à l'inspecteur du salaire insuffisant; ils lui prouvèrent que les 3 roubles et demi qu'ils gagnaient par semaine (7 francs 50) ne leur suffisaient pas; ils établirent qu'ils dépensaient pour eux, par semaine : 1 rouble de logement, 1 rouble de pommes de terre, 1 rouble de pain, et qu'il ne leur restait rien pour leur femme et leurs enfants. Ils dirent:

« nous ne demandons pas de manger de la viande, puisque cela coûte si cher.. mais nous voulons au moins deux roubles de plus pour pouvoir nourrir nos enfants et faire cuire nos pommes de terre dans la graisse, puisque nous travaillons quatorze et quinze heures par jour ! »

L'inspecteur resta sourd à ces réclamations. Arriva le 1er mai qui tombait un dimanche. Le lendemain lundi plusieurs milliers d'ouvriers des filatures de coton étaient en grève.

Le lundi et le mardi les ouvriers n'avaient pas bougé ; mais le mercredi, l'idée vint à quelques-uns de forcer les boulangers à se mettre aussi en grève. On s'organise en bande et on va à la « Vieille Ville » où sont les quartiers juifs, dans le but de forcer les boulangeries israélites à suivre le mouvement. Les Juifs, qui ignorent ce qui se passe, refusent d'adhérer ainsi aux sommations des grévistes, on les rosse, ils se défendent, et les ouvriers retournent à la ville chercher du renfort, disant aux camarades que les Juifs les ont battus.

Il y a, à côté de Lodz, une sorte de Faubourg séparé qu'on appelle « le quartier des voleurs » : c'est un endroit où l'administration parque les récidivistes de toutes catégories ; ils sont au nombre de cinq cents environ. En apprenant ce qui se passe, ils vont se mêler aux grévistes qui parcouraient les rues et quelques-uns d'entre eux font courir le bruit que lès juifs viennent de mettre le feu à une église... On se groupe et on revient en nombre à la « Vieille Ville ». Alors,

c'est une folie : on brûle des maisons, on brise
tout, on jette les meubles par les fenêtres, on
tue... Des femmes furent violées, des enfants
estropiés dans l'infernale bagarre. On pilla.

Le lendemain, l'émeute continua. Dans les rues
de Lodz, chaque israélite qui passait, homme ou
femme, était roué de coups et dévalisé. Un
pauvre diable de tailleur (le mien me dit le
narrateur) revenant de porter chez moi un
habillement que je lui avais payé, eut la barbe
arrachée et un œil crevé; on lui vola les 15
roubles qu'il avait sur lui. Et tant d'autres histoires pareilles !

On avait télégraphié à Varsovie pour faire
venir de nouvelles troupes; trois régiments de
cosaques arrivèrent le jeudi soir.

Vendredi 5 mai, les fabricants étaient réunis
sous la présidence du gouverneur de Lodz, à
l'hôtel Mandteuffel, pour s'entendre d'urgence
sur les mesures à prendre; le gouverneur dé-
fendait aux fabricants de faire aucune concession aux grévistes : « Il ne le faut pas, disait-il,
l'année prochaine ils recommenceraient. Plus
tard, on verra ».

A sept heures moins le quart, arriva de Varsovie à l'hôtel de Mandteuffel une dépêche du
gouverneur général Gourko, dont on attendait
les ordres. Cette dépêche était ainsi conçue :
« Tuez sans pitié, ne ménagez pas la poudre. »
Elle fut lue devant tous les fabricants réunis, et
je peux en certifier l'exactitude. Le maire de
Lodz, le président de la ville, comme on l'ap-

pelle, parcourut en landau immédiatement, la Pétrokowska, la voie principale de Lodz, et s'arrêtant à tous les coins de rue, avertit les habitants, en russe et en polonais, qu'ils aient à ne pas sortir le soir, car, au moindre rassemblement, même de loin, les cosaques tireraient...

La foule jeta des pierres aux soldats. A sept heures et demie, il y avait plus de cent morts dans les rues de Lodz et des centaines de blessés. Au total, y compris les Juifs et ceux qui sont morts dans la quinzaine des suites de leurs blessures, ces trois journées des 4, 5 et 6 mai, se chiffrent par 217 décès.

Personne n'a connu ce chiffre à Lodz, je suis le premier à le révéler; la presse elle-même a fait le silence sur ce sinistre drame. J'ai vu cette presse : d'excellents et aimables confrères, mais terrifiés à l'idée de vous renseigner et de parler haut de ces faits publics. La presse de Lodz, il faut que je le raconte, se contenta de noter, quelques jours après l'émeute, que les ouvriers « s'étaient mis en grève ». Et pour ne pas se compromettre, le journal local avait eu soin d'indiquer : « Nous lisons dans le *Courrier de Varsovie*... » D'ailleurs, comment serait-elle renseignée ? Un reporter était sorti le grand jour, muni d'un message officiel qu'il était chargé de porter ; il fut arrêté, jeté dans un cachot ; et comme à un certain moment, il passait la tête à travers les barreaux, un cosaque lui avait asséné sur le crâne un formidable coup de *nahajka*, fouet de cuir à manche très court, terminé par des fils de fer, arme favorite et tant crainte des cosaques ! Le malheureux en fut étourdi et n'essaya pas de se plaindre.

Le samedi, il n'y eut personne dans les rues.

Le lundi, tout rentra dans l'ordre, les ouvriers reprirent leur travail sans avoir obtenu aucune concession, et la ville fut quinze jours en état de siège.

Je dédie ces lignes à M. Drumont. Croira-t-il que j'exagère ? Que n'était-il avec moi, là-bas, quand, après le récit qui précède, et que m'avait fait simplement, naïvement, un bon orthodoxe russe, témoin oculaire de toutes les scènes, j'allais à la « Vieille Ville » rendre visite à un vieux juif dont le fils, âgé de vingt-cinq ans, avait été tué le 4 mai... Le bonhomme avait encore sur la figure les traces épouvantables des coups qu'il avait reçus en défendant son fils ; la peau de la face n'était qu'une ecchymose, un œil était à moitié crevé, les mains étaient encore pleines de déchirures. Il allait sortir quand j'arrivai chez lui. C'était un vieux à barbe blanche, propret, avec un grand air de bonté dans les traits, un de ces vieux qu'on devine caressants pour les petits enfants, à la flamme douce du regard et à l'indulgence des mains tremblantes. Il était vêtu, comme tous les juifs du peuple en Russie, d'une longue redingote noire qui lui battait les talons, et sa tête était couverte d'une haute casquette de drap noir à visière. En nous voyant entrer, mon guide et moi, il s'était arrêté, craintif, la bouche ouverte, les yeux interrogateurs et un peu méfiants. Mon guide expliqua en polonais que je venais de Paris et que, de passage à Lodz, je m'intéressais aux derniers évènements... A ce mot de « Paris », l'expression de sa physionomie changea soudain, et aussitôt il dit en excellent français :

— J'aime beaucoup Paris et les Français, monsieur. J'ai habité Paris deux ans, dans ma jeunesse, et je n'oublierai jamais combien les Français ont grand esprit, et sont bons et aimables pour tout le monde... Ah! je n'aurais jamais dû revenir...

Peu à peu, sur cette pente, la conversation en arriva aux évènements du 4 mai. Quand on en fut là, le vieillard s'arrêta de parler, ses mains se mirent à trembler plus fort, ses yeux se mouillèrent, des larmes coulèrent sur les plaies de ses joues et se perdirent dans sa longue barbe d'argent. Puis, avec des sanglots plein la gorge, tout à coup il se mit à dire, en appuyant ses vieux doigts déchirés sur son front, dans un geste d'infini désespoir.

— Pourquoi, monsieur, pourquoi viennent-ils nous tuer chez nous? Qu'avons-nous fait? Que leur avait fait mon fils?... Parce que nous sommes juifs? Est-ce notre faute si, nous sommes juifs?... Que diraient les chrétiens si on les persécutait ainsi et si on venait tuer chez eux leurs enfants parce qu'ils sont chrétiens?...

— Pourquoi sont-ils venus chez vous? demandai-je.

— Est-ce que je sais, monsieur? J'ai entendu

du bruit dans la rue, j'ai ouvert pour regarder ;
je ne comprenais pas ce qui se passait. Ils sont
alors entrés une douzaine ici et ils ont commencé à briser les vitres et les meubles ; je me
défendais comme je pouvais, quand mon fils, qui
était ouvrier ferblantier, est arrivé... Il s'est jeté
au devant des hommes qui me battaient, et deux
d'entre eux lui ont donné des coups de bâton sur
la tête, tant, tant, qu'il est tombé là, tenez, en
me regardant... Il est mort tout de suite...

Et le vieux, serrant sa tête dans les mains, ses
longs cheveux lui couvrant la figure, le corps
secoué de sanglots atroces, de râles plutôt,
s'abîma dans son désespoir.

J'étais honteux et navré d'avoir ainsi réveillé
la douleur de ce désolant vieillard ; j'étais mal à
mon aise sur ma chaise et je me reprochais ma
fureur d'information... Mais je réfléchis qu'il
serait peut-être utile de raconter cela, et c'est
alors que je pensai à M. Drumont. Je me rappelai qu'il m'avait dit un jour : « J'aime le Tsar...
bien sûr ! puisqu'il est antisémite ! »

Je me levai pourtant, mais le vieux juif, en me
voyant debout, essuya vivement ses larmes avec
un large mouchoir à carreaux, et dit :

— Asseyez-vous, je vous en prie, monsieur,
pardonnez-moi... vous comprenez... je ne peux
pas m'empêcher...

Puis après avoir poussé un grand soupir, il
reprit :

— Vous vous intéressez donc à ces malheurs,
monsieur ? Vous avez su, sans doute, qu'il y a

eu encore beaucoup de juifs tués, ce jour-là et
le lendemain, et beaucoup d'autres blessés, on
n'a jamais su exactement le nombre, parce qu'on
a eu soin de bien le cacher, mais moi j'en ai vu
plusieurs, oui, oui, plusieurs !

— Combien, à peu près ? demandai-je.

— Dans le quartier, au moins quinze ; des
voisins en ont vu davantage, mais il y en a eu
encore d'autres dans la ville ; une femme, une
voisine, a été violée et est restée à demi-morte
entre ses deux jeunes enfants qui pleuraient ;
j'étais assez malheureux moi-même, mais je suis
pourtant monté chez elle lui porter un peu
secours... C'était horrible, monsieur, horrible !

— Comment expliquez-vous tout cela ?

Il hocha la tête :

— On ne peut pas expliquer... On leur dit que
c'est la faute des juifs s'ils sont malheureux, ils
le croient... et puis ils se sentent soutenus,
encouragés, vous comprenez ?... Il y a beaucoup
de fabricants, à Lodz, certainement qu'il y en a
beaucoup qui exploitent les ouvriers... mais ils
sont aussi bien chrétiens que juifs, ceux qui
exploitent... Enfin, dans tous les cas, pourquoi
s'en prennent-ils aux juifs pauvres, comme
nous, qui avons tant de mal à gagner notre vie,
autant de mal qu'eux, allez ! Ainsi, moi, j'ai travaillé jusqu'au dernier jour, tant que j'ai pu ; à
présent, je suis trop vieux... Mon fils, qui était
de faible santé, avait d'abord voulu préparer
son droit, en donnant des leçons ; mais au moment où il a eu ses diplômes, on a décidé que

les juifs ne pourraient plus exercer... Alors, désolé d'avoir perdu sa jeunesse à travailler inutilement, mon fils a laissé ses études et s'est mis apprenti ferblantier... Oui, monsieur! pour nous aider à vivre il fallait bien faire quelque chose... Mais il était intelligent, il est vite devenu ouvrier ; il commençait à gagner sa vie...

— Ne dit-on pas qu'il y a trop de juifs à Lodz? demandai-je pour le distraire de ce souvenir qui revenait sans cesse.

— Oui, il y en a beaucoup. Mais où voulez-vous qu'ils aillent? On vient de les chasser de partout... On les autorise à demeurer en Pologne, ils y viennent... Il faut pourtant bien qu'ils vivent quelque part... Quand on chassa tous les juifs de Pétersbourg, un juif que j'ai connu était allé trouver Gresser, le chef de police, et lui avait dit : « Vous laissez bien les chiens à Pétersbourg, moi, j'ai huit enfants à nourrir, je gagne à grand'peine ma vie, laissez-moi, je perds tout si vous me chassez, laissez-moi, je marcherai à quatre pattes, comme les chiens! — Non, lui répondit Gresser, vous êtes juif, vous êtes moins qu'un chien, faites-vous chrétien! » Ah! ajouta-t-il, comme je me levais pour partir, en France vous êtes plus généreux et la France est un pays bien noble et bien grand!

DEUXIÈME PARTIE

THÉORICIENS ET CHEFS DE SECTE

M. PAUL BROUSSE

CONSEILLER MUNICIPAL DE PARIS.

Le chef du socialisme possibiliste français, qui a la réputation d'être un malin — ce qui l'est peu — semble avoir rêvé de faire du parti ouvrier un parti politique qui prendrait la place de l'ancien parti radical, et il paraît avoir complètement échoué dans sa tentative. Il a mieux réussi dans la circonscription des Epinettes, une besogne plus modeste ; il est, en effet, comme il le dira tout à l'heure lui-même, l'admirable commissionnaire de ce quartier.

Avenue de Clichy, 81, après la fourche, au premier, sur la cour, un petit appartement sombre, encombré de gens, de femmes du peuple surtout, à la tenue résignée et un peu triste, qui donnent à l'antichambre étroite l'aspect des salles d'attente du Mont-de-Piété et des bureaux de placement. On m'introduit dans un bureau-bibliothèque, aux chaises de paille, plein de livres et de journaux de statistique en désordre. Des gens sont là aussi qui viennent réclamer près du conseiller municipal ou consulter le médecin.

— Venez par là, me dit M. Paul Brousse, en me rejoignant, nous serons plus tranquilles.

Ici, en effet, dans ce petit cabinet dont les fauteuils sont de cuir vert, il y a plus d'ordre, les livres sont mieux rangés et de reliure plus confortable. Jeune encore, les cheveux longs et frisés, semés de rares fils d'argent, le front bas, la bouche fine et bien fendue, le docteur Brousse est le Méridional accompli, noir, sec, maigre, gesticulant quand il veut avec aisance.

Il ne s'agit pas, avec lui, des doctrines fondamentales du socialisme que nous développeront Guesde, Bebel, John Burns ; c'est l'application des théories qui nous occupe à présent, ce sont les divergences de tactique des frères ennemis du parti révolutionnaire.

Je demande donc à M. Brousse en quoi les théories possibilistes diffèrent des théories marxistes.

— Voilà, dit-il simplement. De même qu'il y a des lois qui dirigent les phénomènes physiques, la lumière, l'électricité, la physiologie, il en existe d'autres, dérivant de la nature même des relations humaines, des *lois de société*, véritables lois organiques, aussi vraies, aussi fatales que les lois physiques. La nécessité, pour vivre, d'une certaine variété et d'une certaine quantité de produits, a créé peu à peu entre les hommes la *concurrence*. C'est à qui produira le meilleur marché, la meilleure qualité, c'est à qui s'enrichira le plus vite aux dépens de l'adversaire. Ceci est encore vrai, à l'heure actuelle, pour la majorité des produits du commerce et de l'industrie. Mais il arrive un moment où les concurrents, — les plus forts du moins, — au lieu de lutter les uns contre les autres, au lieu d'essayer réciproquement de se dévorer, ce qui, dans tous les cas, diminue les bénéfices de chacun, préfèrent s'entendre pour une action commune : ils s'associent. Des syndicats se forment, et vous avez les grandes compagnies, les monopoles. Et voilà un service qui se crée ! La variabilité des prix et des offres fait place à un tarif entendu, discuté d'avance. Ce service, ce monopole, — car alors c'en est un — finit par prendre une extension tellement considérable, qu'il arrive un moment où une puissance supérieure, l'État, s'en empare, l'administre elle-même, au profit de la collectivité, et, peu à peu, le transforme même en service gratuit. C'est ce qui est advenu, par exemple, pour l'armée : autrefois c'étaient des particuliers qui équipaient des compagnies; les chefs payaient de leur bourse les hommes qui, eux, se vendaient au plus offrant. Le même phénomène s'est produit depuis peu pour l'instruction; à l'heure qu'il est, l'enseignement privé est presque mort; c'est également l'histoire des postes; les chemins de fer, les téléphones, les omnibus, les mines sont à la veille de subir la même loi de transformation fatale.

« Donc, chaque grande branche de l'industrie, du commerce, chaque importante manifestation de l'activité humaine, doit nécessairement passer par ces trois phases : *concurrence, syndicats, monopoles, monopole de l'État,* ou *service public.* Est-ce un bien? Est-ce un mal? Ce n'est pas la question. C'est un fait, c'est une loi sociale. Mais qu'arrive-t-il? C'est que les riches, détenant le pouvoir, donnent aux affaires publiques la direction la plus conforme à leurs intérêts; ils avancent ou retardent à leur gré la transformation du monopole privé en monopole de l'État selon qu'ils doivent y gagner ou y perdre! Et c'est ainsi que les services qui s'organisent le plus vite sont justement ceux qui sont le moins utiles au peuple! Nous avons bien les postes, les téléphones, mais un ouvrier écrit trois lettres par an, et les gros industriels ont, chaque jour, un courrier haut comme ça! Qu'importe aux bourgeois que les boulangeries, les boucheries, les logements soient des services d'État? Ils n'y gagneraient rien, au contraire, leurs spéculations ne pourraient qu'y perdre...

« Vous me demandiez ce que c'est que le possibilisme? Le voilà donc tout entier : arriver le plus tôt possible à l'organisation des *services publics,* dans le sens des besoins immédiats de la classe la plus nombreuse et la plus pauvre. On y arrivera par l'association, par les syndicats dont l'ouvrier commence à comprendre la nécessité et la force... La Bourse du travail a déjà porté ses fruits... Elle ira plus loin encore... Quel autre moyen? Le programme ordinaire des partis politiques : la conquête des municipalités, de la Chambre des députés et, pour finir, du gouvernement... Vous voyez comme c'est simple.

— Une objection, dis-je : les marxistes imaginent que cette transformation des branches
d'industrie libre en services d'État sera l'occasion de gaspillages, de tripotages financiers
énormes?

M. Brousse leva les bras au ciel :

— Pourquoi? Pourquoi? s'écria-t-il.

Puis, avec un geste qui se résigne :

— D'ailleurs, que voulez-vous? ce sera à voir...
ce sont des détails à étudier, des précautions à
prendre dans le choix des hommes. Mais qu'importe encore une fois, puisque la loi est fatale,
quand bien même nous n'existerions pas, quand
bien même on ne parlerait pas du socialisme, la
loi n'en subsisterait pas moins, la transformation
se ferait peu à peu, malgré tout, en dehors du
concours des hommes. C'est un fait physique, je
ne sors pas de là! Toute ma vie j'ai été saisi de
cette fatalité des faits sociaux auxquels il faut
appliquer les mêmes principes d'analyse que
Claude Bernard inventa pour l'étude des diathè-
ses et des phénomènes physiologiques. Je suis
médecin, et je pense que le corps social doit s'é-
tudier d'après les mêmes méthodes que le corps
humain. Quand vous connaissez ces lois vous
pouvez — mais alors seulement — trouver les
remèdes qui lui sont utiles.

— Considérez-vous l'action du parti possibiliste comme terminée, dans le sens de sa séparation absolue avec les autres partis socialistes?

— Pas du tout! Pourquoi? Je ne suis pas le
moins du monde partisan de l'union, de la fusion,

de la confusion plutôt des forces socialistes. Je
vous dirai que les hommes ne sont rien pour
moi... Quelle que soit la valeur personnelle de
chacun, aussi bien Guesde qu'Allemane, que
Lafargue... ce sont des unités, des numéros,
voilà tout ; ils se figurent être quelque chose de
plus, ils ne sont que cela, des numéros, vous
dis-je. Il n'y a que les idées en ce qu'elles
valent. Or, tous les ouvriers ne se ressemblent
pas. Il y a des sentimentaux, des rêveurs, les
beaux révolutionnaires qui demandent un fusil et
des balles... (le sourire de M. Brousse s'affina,
son œil pétilla d'une malice spirituelle) qui veulent de beaux discours, de grands mots, un mot
d'ordre surtout... ceux-là, évidemment, M. Brousse n'est pas leur homme ! Mais il y a aussi l'ouvrier tranquille, réfléchi, observateur, qui se
rend bien compte que les coups de tête ne servent à rien. C'est très joli de rêver plaies et bos-
ses, de crier aux armes avec les cheveux en
désordre, la bouche frémissante, d'aller même se
faire tuer... mais tout ça n'avance à rien du tout,
il faut bien s'en rendre compte ! Et ils comprennent cela, qu'il faut du temps, une action continue, beaucoup d'entente, l'association ; non, nous
autres nous ne désirons pas une révolution trop
prompte, nous préférons que la transformation
se fasse lentement, logiquement. On ne s'impro-
vise pas directeur d'un grand service public du
jour au lendemain, parce qu'on a fait un beau
discours. Voyez Gambetta, malgré son éloquence... et les gens de la Commune de Paris...

Je ne veux pas dire de mal de mes amis qui sont morts, et que j'honore hautement, ni même de ceux *qui n'en sont pas morts*. Mais enfin, il faut bien le reconnaître, c'était trop rapide... Malgré la bonne volonté, la valeur personnelle, on ne peut pas... *Et le peuple, loin d'en profiter, souffre toujours de ces révolutions mal préparées.* Non, je suis partisan de la marche parallèle des différents partis. Certes, l'union peut se faire sur certains points positifs, comme l'hygiène, par exemple, mais en dehors de cela, je suis pour la marche indépendante.

M. Brousse, renversé dans son fauteuil, ses yeux rieurs levés au plafond, continuait :

— Que voulez-vous ! Nous ne demandons que des choses possibles, nous autres ! C'est pour cela que Guesde nous a appelés, avec dédain, des *possibilistes*. Nous avons accepté ce nom, tout de suite. Pourquoi pas ? Il y en a qui rêvent peut-être de très belles choses ! Des poètes, des gens dans le bleu, dans la musique ! Ils nous méprisent sans doute beaucoup, nous, les terre-à-terre, les esprits grossiers restés dans la science et dans la pratique...

C'était le moment de demander à M. Brousse comment il appréciait les voix qui l'ont élu conseiller municipal des Epinettes. Quel cas fait-il de l'appoint des voix boulangistes qui assurèrent son succès ? Les considère-t-il comme des voix *possibilistes* ou simplement comme des voix de mécontents ?

— Qu'est-ce que ça fait, s'exclama-t-il, l'ou-

vrier ne s'occupe pas de cela! Il voit quelqu'un
qui s'intéresse à ses affaires, près de qui il peut
trouver des conseils (tous les matins j'ai cent
personnes qui viennent me consulter sur un tas
de choses, même sur de petits détails de ménage), quelqu'un qui prend leurs intérêts, défend
leur cause — Ils le choisissent! Est-ce que ça
n'est pas toujours comme ça? Je vois mon voisin,
la concurrence, M. le curé... Eh bien, croyez-
vous que la religion se maintient à cause de sa
Trinité, du pigeon, de la sainte Vierge ou de
l'agneau? Non, non! Mais 'à la cure on trouve
un conseil, quelqu'un à qui parler, à qui raconter
ses petits ennuis, ses embarras; il y a même un
tas de femmes qui demandent à M. le curé jusqu'à des renseignements sur l'élevage de leurs
enfants. Il ne faut pas chercher plus loin le
secret de bien des influences. C'est ce qui faisait
aussi la force de Calvignac à Carmeaux : il était
toujours à la disposition des camarades, des
ouvriers; alors ils avaient confiance en lui. Il
est bien possible que si les gros propriétaires,
les gros actionnaires agissaient ainsi avec le
peuple, ils n'auraient pas perdu si tôt leur influence, peut-être même auraient-ils pu se faire
aimer! Car il ne suffit pas de faire au peuple de
grandes théories, il n'y a que les *faits* qui l'im-
pressionnent : Fourmies a produit davantage
pour Lafargue que tous les bouquins, toutes les
doctrines de Karl Marx et tous les discours de
Guesde !

— Que pensez-vous, dis-je à M. Brousse pour

terminer, de l'avenir proche du socialisme? Que
prévoyez-vous pour les futures élections?

— Je crois, répondit-il, à une forte minorité
socialiste à la Chambre. Cela dépendra beaucoup, il est vrai, des municipalités. La composition des conseils municipaux importe en effet
énormément; l'action est plus rapprochée, le
contact avec le peuple plus immédiat, c'est le
meilleur terrain de préparation qui soit. C'est là
que les individus peuvent faire, le plus efficacement, leur éducation politique et s'apprêter aux
rôles qui pourront un jour ou l'autre leur échoir
dans la nouvelle organisation sociale. Autrement,
comme je vous le disais tout à l'heure, — et j'y
insiste, — une révolution, même pacifique, sans
hommes préparés, serait un cataclysme épouvantable, non seulement pour le progrès social mais
aussi, et surtout, pour l'intérêt même du prolétariat.

M. SCHAEFFLÉ

ANCIEN MINISTRE D'AUTRICHE

M. Schaefflé est cet ancien ministre du commerce et de l'agriculture à Vienne, qui publia en 1874, après plusieurs autres volumes d'économie politique, la *Quintessence du Socialisme*, un petit ouvrage, traduit par M. Benoît-Malon, qui résume très clairement les théories collectivistes, et dont le succès fut considérable. Dans son avant-propos, M. Benoît-Malon revendique l'adhésion de Schaefflé au Socialisme comme un signe important du progrès des idées vers le collectivisme. Un ministre de la monarchie devenant collectiviste : il y avait là, en effet, de quoi réjouir les âmes révolutionnaires... Nous allons voir ce qui en est. M. Benoît-Malon sera sans doute bien surpris et bien peiné.

C'est à Stuttgard, dans la capitale du Wurtemberg, que j'ai rencontré M. Schaefflé. C'est un homme de soixante ans. Très grand, très fort, un Becque plus corpulent ; avec cela très nerveux ; quand il parle, ses lèvres tremblent, tous les muscles de sa figure sont en mouvement ; il s'exprime difficilement en français, mais ses phrases, dures à sortir, sont claires, précises:

Quand je le vis, il était encore sous le coup de la mort de sa fille aînée qui l'avait beaucoup affecté, il me dit cela d'abord, essuya vite quelques larmes et voulut tout de suite entamer la conversation.

— Je ne suis pas socialiste collectiviste du tout ! dit-il. Pas du tout. J'ai écrit, en effet, la *Quintessence du Socialisme*, qui est un exposé des doctrines marxistes, mais un exposé *seulement*. Mon opinion personnelle n'y est pas engagée, et je ne comprends pas pourquoi l'on continue à me prêter des théories qui ne sont pas les miennes ! Au contraire, j'ai publié, il n'y a pas longtemps, un ouvrage : *Du non-avenir du socialisme démocratique*. Pourquoi les socialistes, qui me prétendent des leurs, ont-ils fait le silence autour de cet ouvrage ? C'est peut-être que j'y ai réfuté, pied à pied, les principes collectivistes ?

— Vous croyez donc le collectivisme sans avenir ?

— Absolument sans avenir. Je le crois irréalisable, non-seulement dans le présent, mais dans l'avenir le plus éloigné ! Ce qui est tout à fait différent, c'est la question de savoir si certaines choses qui sont aujourd'hui aux mains du capital privé ne passeront pas dans le domaine du droit public ; moins peut-être, d'ailleurs, dans le domaine de l'Etat que dans celui de la commune et des corporations. Mais cela ne se fera que par morceaux, lentement, et sans que l'exploitation par le capital soit jamais complètement aboli !

Car, d'après ses théories propres, le collectivisme n'apporte pas qu'un changement radical dans l'ordre économique, mais une nouvelle conception de toutes les parties de la vie humaine. Il veut : l'athéïsme à la place de la religion, le républicanisme dans l'État, le collectivisme intégral dans la production, l'optimisme sans frein dans l'éthique, le matérialisme dans la métaphysique, la dislocation de la famille, l'intervention de l'Etat dans l'éducation, l'instruction universelle pour tous : en un mot l'égalité et la liberté absolues ! Quelle chimère !

— Chimère, pourquoi?

— Pour tout ! Parce que, si, en effet, il y a des réformes à apporter au régime actuel pour améliorer la situation déplorable d'une grande partie de la classe ouvrière, le socialisme promettant *tout* et ne pouvant tenir aucune de ses promesses, porte sa ruine dans son principe même... Tenez, prenez par exemple l'organisation de l'État d'après leur rêve. Pour répondre à leur devise d'égalité absolue, il doit être, de la base au sommet, purement républicain et démocratique ; point d'autorité, aucune force publique. Mais pour qu'un État, quelle que soit sa base, puisse régulièrement fonctionner, il ne doit pas être un champ d'expérimentation, sujet aux changements et aux crises constantes. Comment faire vivre une organisation quelconque sans coordination, sans subordination de chaque partie à l'ensemble? C'est un dilemme : ou leur gouvernement sera

autoritaire, — et alors que devient leur théorie
de liberté et d'égalité ? — ou l'autorité sera nulle
et leur société ne sera pas viable. Je sais bien
qu'ils répondent que la domination et l'asservissement seraient impossibles parce que le peuple
entier gouvernerait et légifèrerait sans intermé-
diaire, que les comités administratifs seraient
composés d'ouvriers n'ayant aucun pouvoir personnel, et que les membres de ces comités ne
jouiraient ni d'honneurs particuliers, ni de salaires supérieurs aux autres. Or, remarquez tout
d'abord que ce n'est pas le peuple, mais bien
une majorité variable qui gouvernerait. Celle-ci
pourra, par conséquent, exercer contre des
minorités et des individualités son oppression
despotique. On ne voit pas en quoi le fait que
les membres de ces comités seraient des
ouvriers pourra assurer la communauté contre
des abus de pouvoir de la part de ces délégués.

« Par contre, on voit très bien que ces gens-là
gouverneront en purs « amateurs », qu'ils n'en-
tendront en aucune façon leur métier de gouvernants, et que ce sera un dilettantisme universel dans le gouvernement, dans la législation,
dans l'administration. Il saute à l'esprit que cet
amas d'incompétences aura la tendance conti-
nuelle à opprimer ses adversaires de doctrines,
ses adversaires personnels et surtout tous ceux
qui, pour le caractère ou le savoir, sortiront
du commun. Ces rois en blouse, sans sceptre,
sans décoration, sans couronne et même sans
cassette, n'en constitueront pas moins la pire

des tyrannies. Il est d'ailleurs également probable que la démagogie la plus effrénée se donnerait carrière et que ce seront un petit nombre
de gens qui sauront être les plus adroits et
flatter les passions les moins estimables de la
multitude, qui détiendront la réalité du pouvoir...

— Mais que pensez-vous de l'abolition du
capital privé, qui est la base théorique des principes collectivistes, et de la production générale
socialisée, dont les revenus seraient répartis
équitablement entre tous les travailleurs?

— Voyons, monsieur. Voici le capital privé
supprimé comme moyen d'exploitation, voici le
sol et les mines devenus propriété commune;
tous les instruments de production rentrent en la
possession de la communauté, toutes les branches de l'industrie fusionnent et font partie d'une
seule exploitation immense où chacun travaille et
contribue selon ses forces et aptitudes à l'augmentation de la richesse nationale. Celle-ci est
répartie entre tous : chacun touche, dans des
dépôts généraux, la valeur totale de son travail...
Mais comment peut-on rêver *une seule* exploitation centralisée quand, à côté de la grande industrie, existe un tel nombre de branches isolées,
comme le travail domestique, les produits d'art,
etc., qui sont incontrôlables ? Et l'agriculture ?
Cette grande nourrice de l'humanité n'est-elle
pas, par sa nature, essentiellement locale ? Ne
serait-il pas cruel, et plutôt absurde que juste,
de priver la plus nombreuse classe de travail-

leurs de la somme énorme de bonheur qui leur
est donnée par la possession d'une parcelle de
terre bien à eux, qui était à leurs pères et qui
sera à leurs enfants? Elle serait bonne cette jus-
tice-là!

« Et puis, le mode de répartition des revenus!
D'abord, ils en ont changé plusieurs fois : selon
le programme d'Eisenach, l'ouvrier aurait la
valeur totale de son travail. Quelle mesure prendre pour évaluer exactement cette valeur? Dans
la grande industrie, qui est fondée sur la division
des spécialités, où chaque produit passe par tant
de mains, comment établir la relation entre le
produit final et la part due à l'intelligence et au
travail de chacun? Je sais que le programme de
Gotha passe sur ces difficultés en éliminant complètement le principe de la proportionnalité entre
le revenu et le travail, il se borne à prendre en
considération les besoins de chacun. Alors, c'est
la justice sacrifiée à l'esprit d'égalité! Car, que
sera cette égalité? La paresse sanctionnée et
récompensée! Et c'est avec cela qu'ils prétendent enrayer toute possibilité des exploitations
et des abus! Mais c'est le comble de l'absurdité!
Dans aucun des systèmes de la production con-
nus jusqu'à présent, on n'avait ouvert un champ
si vaste aux exploitations de toutes sortes! Il est
vrai, ça ne sera plus le salaire qui sera exploité,
mais ça sera l'ouvrier exploité par son cama-
rade, le plus assidu par le paresseux, le modeste
par l'insolent, le probe par le rusé, le mené par
le meneur et le peuple par les démagogues!

Et encore, si on pouvait au moins se bercer de l'espoir que la production générale augmentera, que le nouvel état de choses fera sortir des richesses énormes, demeurées jusqu'ici latentes, au bénéfice et pour le bien-être de tous! Mais c'est plutôt le contraire qu'il faut prévoir, si on ne se laisse pas aveugler par des chimères. Car ça serait vraiment se montrer trop optimiste, que d'admettre dans les masses un si haut développement des vertus sociales que chacun se sentirait poussé, du jour au lendemain, à déployer toute son activité, tout son zèle, dans le seul espoir du bien-être commun! Le ressort le plus actif de la civilisation, le levier le plus puissant qui guide l'humanité vers la perfection et le progrès a toujours été le noble et fier égoïsme de chacun, l'orgueil de marcher en avant, de se distinguer des autres, et comme but final, l'intérêt de jouir des fruits de ses efforts! Si vous annulez toute distinction pour des mérites exceptionnels, si l'intelligence, la capacité, la vertu, le dévouement ne sont pas plus considérés que les défauts contraires, si celui qui rend plus de services à la société n'aura pas droit à un surplus de jouissances matérielles et morales, toute émulation disparaîtra, tout zèle sera éteint, tout effort paralysé et ce sera cette société qui en subira les désastreuses conséquences!

« Il faut bien se rendre compte que c'est un non sens du fanatisme égalitaire que de prétendre que tout individu doit travailler, jouir, dominer et servir comme tout autre. L'histoire tout

entière de l'humanité nous montre les hommes de
plus en plus inégaux, de plus en plus divers. Elle
a héréditairement confirmé en nous l'inégalité.
Certes il faut rendre toutes les positions acces-
sibles à ceux qui sont tout particulièrement et
également capables de les remplir ! Il faut écarter tous les privilèges exclusifs de domination
exploitante. Il ne faut pas que tout le monde
ait tout, ou que, plus tard, personne n'ait rien,
que tout le monde règne et que personne ne
serve ; mais il faut que chacun puisse développer librement ses facultés dans le service de la
généralité, directement on indirectement : c'est
là la vraie égalité !

— Croyez-vous que la famille, telle qu'elle
existe actuellement, soit transformable, et qu'elle
ne soit pas un obstacle à l'avènement des théories socialistes ?

— Pour ma part, je suis partisan déclaré de
la forme actuelle de famille, avec tous ses défauts, mais avec tous ses charmes, même pour
une société qui aurait bouleversé de fond en
comble l'ordre économique. Et cela pour bien
des raisons. La première est que l'humanité a
passé toutes les phases possibles de la vie commune entre les sexes avant d'en arriver à la
famille moderne. Après la forme sauvage, où
toutes les femmes étaient à tous les hommes, est
venue la polygamie qui tient le milieu entre la
promiscuité sexuelle et la famille d'aujour-
d'hui ; puis la famille monogame s'est de plus
en plus développée, épurée même, en se débar-

rassant des éléments de parenté moins intime pour former le noyau plus solide de l'époux, de la mère et des enfants. Et voilà qu'on veut nous faire revenir sur nos pas en nous prêchant le communisme des sexes, l'amour libre ! Et au nom de quoi prône-t-on l'hétaïrisme universel ? Qu'y a-t-il de plus noble et de plus touchant, de plus normal et de plus sain, que le foyer conjugal avec ses devoirs, ses plaisirs, sa tendresse, son dévouement ? Que de mobiles pour l'activité et le progrès, chacun se surpassant pour assurer à la compagne de son choix et à ses enfants l'avenir heureux ! En échange de ce paradis perdu, que nous donnera cet hétaïrisme général ? Pas même l'égalité des plaisirs charnels, car les individus les plus beaux, les plus forts, les plus coquets et les plus voluptueux, prendront les satisfactions les plus étendues aux dépens des autres ! Si l'on voulait être conséquent dans le communisme, il faudrait introduire non pas l'amour libre avec choix individuel, mais l'amour à tour de rôle ordonné d'une façon égalitaire... c'est-à-dire le vrai partage des femmes entre les hommes qui désirent, et *vice-versa :* voilà où serait le véritable communisme !

« Mais ils ne s'arrêtent point à la liberté de l'amour ! Ils veulent aussi rendre égaux entre eux l'homme et la femme ! Pour elle aussi le droit de voter, de gouverner, d'administrer, d'être élue ! Car l'Etat la déchargerait de ses devoirs de mère et d'éducatrice ! Et pourquoi ?

Quand on aura privé la femme de son plus ferme appui, quand on aura chassé du cœur des hommes les sentiments les plus nobles et les plus saints, aura-t-on créé l'égalité intellectuelle entre l'homme et la femme?

— Comment expliquez-vous, alors, qu'une théorie, si faible au point de vue doctrinal, ait pu devenir un danger?

—C'est simplement grâce aux excès de la production capitaliste. Je n'ai jamais nié que le régime libéral actuel n'abuse trop de la force qui lui est donnée par le capital. C'est justement ces abus et ce pouvoir presque despotique qu'il faut viser et combattre! Mais qu'on ne touche pas à l'édifice capitaliste, qui a tant contribué à la prospérité et au progrès, et dont la mission civilisatrice est loin d'être terminée.

« Qu'on facilite à l'opprimé la lutte contre l'arbitraire du patron par la liberté complète de la grève; qu'on crée des assurances contre les accidents, pour la vieillesse et les maladies; qu'on lutte contre la fatalité du chômage par des associations de secours mutuels; mais surtout, si on veut lutter efficacement contre le parti socialiste-démocrate, qu'on conserve avec soi les paysans, car le paysan est propriétaire et ouvrier à la fois. En dehors des avantages matériaux dont il jouit, le paysan s'attache à la terre, il l'aime pour elle. Le seul mal qui atteigne cette forme de propriété est l'endettement... C'est un mal très dangereux... car une fois le paysan dépossédé de sa terre, il devient un ouvrier

comme un autre, et la proie des socialistes. Il
faut empêcher cela... Et c'est si facile ! Constituer toutes les petites propriétés de paysans en
associations syndicales de provinces, qui jouiront
du privilège exclusif du crédit hypothécaire, avec
la restriction de ne pouvoir accorder de prêt, en
cas d'achat comme en cas d'héritage, que jusqu'à concurrence d'une certaine partie de la
valeur productive de la terre. Et c'est tout. On
aura ainsi formé, pour toujours, une classe de
petits propriétaires qui seront la digue la plus
solide contre l'envahissement collectiviste ; ce
sera l'armée sûre par excellence, les champions
inébranlables d'une économie politique véritablement individualiste, partisans éternels de l'autorité de l'État et de l'Eglise. Dès lors le collectivisme deviendra une impossibilité absolue ; les
recrues les plus dangereuses du socialisme émi-
greront d'elles-mêmes et deviendront d'excellents
producteurs individuels dans les colonies agricoles...

« Et une fois les réformes faites, les changements accomplis, s'il reste des collectivistes, tant
mieux ! Une poignée de combattants du parti
extrême sera la sauvegarde du terrain conquis,
et portera toujours en avant le flambeau de la
justice et de l'idéal !

M. MALATESTA

M. Malatesta est ce chef célèbre des anarchistes italiens qui, un jour, à la tête de vingt-huit
compagnons, s'empara d'un grand nombre de
municipalités de la Haute-Italie et les mit en mal
d'anarchie.

C'était il y a quelques années ; l'aventure fit du
bruit. Les journaux racontèrent, — ce qui était
rigoureusement vrai, — que Malatesta et ses
fidèles vidèrent les caisses publiques et en dis-
tribuèrent l'or aux habitants stupéfaits, que les
registres d'impôts furent par eux brûlés en place
communale, et que les instruments de travail
retenus en gage pour non-paiement des dettes
furent répartis entre tous les travailleurs. Très
logiques, les anarchistes italiens voulaient montrer au peuple, par ces procédés peu ordinaires,
comment ils entendaient le gouvernement des
cités : c'était, en un mot, de la propagande par
le fait.

Il me fallait voir cet homme pratique. A côté de
l'avis de M. Leroy-Beaulieu, le sien ne peut manquer d'intéresser. Je l'ai rencontré à Londres,
où il s'est réfugié après sept années de prison.
Il demeure High-Street, dans Islington, au-des-

sus d'un petit taudis qui est un restaurant italien. Sa chambre est une fois plus petite que celle
de M. Guesde, et beaucoup plus en désordre
encore.

Il a trente-huit ans ; de petite taille, très brun,
les traits réguliers, de profil pur ; son œil noir
scintille comme de la braise. Il s'exprime parfaitement en français, avec un accent napolitain
très piquant. Ses mains sont noires ; si je le
note, ce n'est pas pour en rire, c'est parce que
lui-même ne s'en cache pas. Sa poignée de main
est très franche, d'ailleurs.

Voici la tournure que prit tout de suite l'intéressant entretien qu'il voulut bien m'accorder :

— Les lecteurs du *Figaro* voudraient bien
savoir : qu'est-ce que l'anarchie ?

— Répondez-leur : c'est la conception d'une
société sans gouvernement, basée sur la solidarité consciente et voulue de tous les membres de
la société.

— Comment concevez-vous qu'une société
puisse vivre sans gouvernement ?

— Il me serait plutôt difficile de concevoir un
gouvernement qui ferait vivre une société !
Aujourd'hui et toujours la société ne vit que
par ses forces intrinsèques, et le gouvernement
n'a jamais servi qu'à garantir l'exploitation de
quelques-uns sur la masse. Prenez tous les faits
importants de la vie sociale, et vous verrez que
tous s'accomplissent en dehors du gouvernement, et bien souvent en luttant contre les entraves que celui-ci y met. Ce n'est pas un gouver-

nement qui a pensé à ensemencer la terre et à
pétrir le pain ! La production, le commerce, les
sciences, tout marche en dehors du gouvernement, par l'action pure et simple des intéressés.
La seule différence entre la société que nous
voulons et celle que nous subissons, c'est qu'aujourd'hui il n'y a qu'un petit nombre d'hommes
qui puissent s'organiser selon leurs intérêts (et
c'est pour garantir le privilège de ceux-là que
le gouvernement existe), tandis que nous enten-
dons que tous les hommes aient pleine liberté et
les moyens de régler eux-mêmes leurs intérêts.
Sous l'ancien régime on prétendait que, sans la
tutelle gouvernementale, la production et le commerce seraient impossibles. La bourgeoisie con-
quit sa liberté et, au lieu de tomber dans le
chaos, elle sut organiser, sans le concours du
gouvernement, la puissante production capitaliste. Elle organisa, *à son avantage particulier,*
parce que c'était elle seule et non toute la masse
du peuple qui s'était émancipée. C'est-à-dire que
quand chacun aura les moyens et la liberté de
travailler comme il l'entend, la société servira à
l'avantage de tout le monde. Je ne vois pas à
quoi pourrait alors servir un gouvernement,
puisqu'il n'y aura plus de privilège à défendre.
L'anarchie, d'ailleurs, a toujours existé !... De
nos jours même, les gouvernants ne font-ils pas
ce qu'ils veulent ?

— Non, puisqu'ils ne sont que « les serviteurs
du suffrage universel » !

— Est-ce sérieusement que vous croyez au

suffrage universel? s'exclama en riant M. Malatesta. A part le fait que les conditions économiques
et morales du peuple sont telles que le suffrage
universel ne peut avoir ni de conscience ni d'indépendance réelles (ce que vous savez parfaitement), à part encore que je ne reconnais pas à
la majorité le droit d'opprimer la minorité, le
jeu même du parlementarisme ôte toute vérité à
la représentation de la volonté populaire et toute
valeur au mandat que des élus peuvent recevoir
de leurs électeurs. La preuve ? Chaque électeur
désigne un député. Si son candidat n'est pas élu,
cet électeur n'est pas représenté. Mais l'est-il
plus si son candidat est nommé ? Son député
sera dans la Chambre, un contre 500. Par conséquent, après avoir vaincu dans la lutte de
l'urne, notre brave électeur se trouve encore
dans une minorité ridicule. Et alors il arrive
ceci : que ses intérêts à lui-même, en admettant
que son député puisse les comprendre et les défendre, seraient réglés par des gens qu'il n'a
pas du tout délégués ! Supposez qu'il s'agisse
de régler les intérêts des pêcheurs de Boulogne-
sur-Mer ou ceux des bûcherons des Pyrénées,
ce serait toujours une majorité de gens qui
n'ont rien à faire avec eux qui devront légiférer
sur la question. C'est ainsi qu'il arrive que les
intérêts réels ne pouvant pas se faire jour, et la
volonté des électeurs n'ayant pas de valeur, le
gouvernement se règle selon les intérêts politiques des différentes coteries; c'est là, la seule
volonté qui compte...

— Mais encore, par quoi voulez-vous remplacer ce gouvernement ?

— Mais puisqu'il ne sert à rien, il n'est pas à remplacer, il est à détruire ! Démontrez-moi quelle est la fonction utile qu'il remplit, et je vous répondrai comment nous pensons qu'on puisse y suppléer.

— Par exemple, le maintien de l'ordre et la sauvegarde des intérêts particuliers et généraux !

— Pardon, si je suis en ce moment à défendre l'anarchie, c'est que je considère comme chose acquise les principes fondamentaux du socialisme. Oh ! certainement, si vous pensez toujours à une société individualiste dans laquelle s'éternisent les luttes et les conflits d'intérêts, vous pouvez, en effet, trouver que le gouvernement est nécessaire. Du moins, ceux qui ont réussi à s'assurer des privilèges conservent la tendance à constituer un pouvoir qui les défendra contre les revendications des autres. Mais nous sommes anarchistes parce que nous voulons justement commencer par mettre à la disposition de *tout le monde* la richesse sociale. Nous croyons que cela fait, ce sera dans le bon accord entre tous les individus que chacun pourra trouver la plus grande somme de satisfaction possible. Je ne prévois pas que le monde va devenir tout de suite un paradis, et les hommes des anges ! Il y aura probablement encore pour longtemps des rivalités, des haines et le désir dans quelques-uns de vouloir dépasser les autres. Par conséquent : la nécessité de se défendre. Mais je pense qu'une fois mise en commun la propriété individuelle, qui est la grande caues des injustices et des luttes entre les individus, les conflits qui se produiront ne sauraient jamais être d'une telle importance qu'ils puissent pousser une partie des hommes à renoncer à leur liberté et à se jeter dans les bras d'un gouvernement qui, comme toujours, sous prétexte de faire de l'ordre, opprimerait. La défense sociale ne doit pas être une fonction spéciale dévolue à une catégorie de gens qui en font un métier; elle doit être l'affaire de tous. Voyons ! quelles sont les fonctions essentielles du gouvernement à l'heure qu'il est ? L'armée et la police ! A part cela, vous ne trouverez pas une seule chose qui ne se fasse ou ne puisse se faire mieux sans le gouvernement. Et quant à ces deux « institutions-là », je ne crois pas que vous les considériez comme utiles !...

— Comment ! l'armée, la police ne sont pas des institutions utiles ?

— Utiles à quoi donc ? Si vous entendez que l'armée sert à mater les mouvements populaires, alors, bien; seulement vous comprendrez que cela nous touche peu. Si c'est pour défendre le territoire contre une invasion ennemie, alors je vous dirai que je ne vois pas la probabilité qu'un peuple veuille attaquer un autre peuple du moment où les rivalités économiques étant supprimées, il n'y aura plus de marchés à conquérir, ni de passion de suprématie politique à satisfaire.

Mais, même en supposant que des tentatives d'invasion puissent se produire de la part d'une nation où subsisterait encore l'état actuel, le peuple par lui-même saurait se défendre bien mieux que ne pourrait le faire une armée quelle qu'elle soit. D'ailleurs, je n'insiste pas sur cela, puisqu'il y a même des bourgeois qui, au point de vue de la force militaire, trouvent que la nation armée serait bien supérieure à l'armée permanente. Quant à la police, je pourrais rechercher avec vous les causes des crimes pour vous démontrer que ce sont toujours, ou presque toujours, des causes sociales. Détruisez ces causes, vous supprimerez les crimes.

— Et la magistrature ?

— Mais ce n'est qu'une branche de la police ! Le même mépris de la justice, la même habitude de soumettre toutes les considérations supérieures de morale et d'équité à la question du salaire et de la promotion ! La même impuissance à faire quoi que ce soit de bien...

— Parfait. Mais comment espérez-vous faire triompher vos théories ?

— Par la révolution violente.

— C'est simple. Mais... bientôt ?

— Le plus tôt possible. On ne la fait pas quand on veut, la révolution. On la fait quand on peut, on en profite quand elle vient. Notre mission, c'est de l'approcher le plus possible par la propagande de nos idées et par l'organisation de nos forces, ainsi que par l'union du prolétariat et de tous les éléments révolutionnaires.

— Propagande... par le fait?

Je vis que je touchais à un point délicat des opinions de l'anarchiste. Il hésita un moment et se mit aussitôt à distinguer :

— ... Toutes les propagandes! par le fait et par la parole, et par l'écrit! Celle par le fait, si le fait, bien entendu, est vraiment choisi pour qu'il y ait vraiment propagande... après tout, c'est encore la plus efficace.

— Oui, mais... *approuvez-vous Ravachol?*

M. Malatesta sourit, un peu contraint.

— Ma foi, répondit-il, c'est une chose trop complexe que vous me demandez là... Ravachol a commis des actes de différentes natures. Il peut y en avoir qui me plaisent...

— ... Lesquels?

— ... Et d'autres qui ne me plaisent pas...

— Mais *lesquels?*

— Aucun ne me satisfait complètement. D'ailleurs, il serait bien extraordinaire qu'une chose conçue et exécutée par quelqu'un puisse satisfaire complètement un autre... Mais, à propos, dites-moi, pourquoi ne me demandez-vous pas ce que je pense d'Atthalin, de Goron et consorts?...

— Dites-le-moi en même temps, j'enregistrerai... Mais il m'importe beaucoup de savoir si, oui ou non, vous approuvez les bombes de la rue de Clichy et du boulevard Magenta.

— Eh bien, soit, je vous dirai le tout à la fois!... Voici : quant à Atthalin et Cie, je pense qu'ils sont de véritables assassins, qui, pour un.

peu d'argent, font le métier de tourmenter ceux
qui tombent sous leurs mains, et de les envoyer
au bagne ou à l'échafaud sans même courir les
risques d'un assassin vulgaire. Quant aux bombes, certainement je les admets ! Est-ce que les
arsenaux de l'Etat ne sont pas pleins de canons,
de fusils, de dynamite, panclastite, etc., préparés pour écraser le peuple à la première
tentative de révolte ? Et pensez-vous que, contre ces armes-là, on puisse lutter avec de l'eau
bénite, des discours ? Si, maintenant, vous me
parlez de faits déterminés dans lesquels on s'est
servi des bombes d'une manière ou de l'autre,
ça c'est une autre affaire... C'est plutôt une
question de tactique dans laquelle les rédacteurs du *Figaro* ne sont pas compétents ni intéressés.

— Je conclus de vos réticences que vous
désapprouvez les bombes de Ravachol et du boulevard Magenta.

— Votre conclusion est un peu hâtive, dit
avec un sourire mon interlocuteur. Dans l'affaire
de la rue de Clichy, je trouve très bien qu'on
ait voulu faire sauter le magistrat, mais je
regrette qu'on s'y soit pris, bien involontaire-
ment je crois, de façon à le manquer et à blesser
des gens qu'on ne visait pas. Quant à celle du
boulevard Magenta, oh ! pour celle-là, je n'ai
aucune réserve à faire. Lhérot et Véry s'étaient
faits les complices de la police, c'était acte de
bonne guerre que de les faire sauter ! D'ailleurs il
me paraît que vous avez tort d'insister sur ces

choses-là, ce ne sont que des détails, des petits incidents de la lutte... Vous en verrez bien d'autres...

— Je prends note.... Encore un mot : approuvez-vous, en principe, le vol et l'assassinat exercés sur les capitalistes, par exemple, en les considérant comme des représailles légitimes du pauvre contre le riche?

— Ma foi, ici les principes n'ont rien à faire. Les pauvres sont tellement opprimés par les riches que, s'ils se révoltent et se vengent, et tâchent d'améliorer leur sort par des moyens même féroces, ce n'est rien que de très explicable. C'est aux riches à renoncer à leurs privilèges. Quant à nous, anarchistes, nous faisons de notre mieux pour amener, au plus tôt, une société dans laquelle il n'y ait plus de souffrants, plus d'oppresseurs, et où l'amour règnera entre les hommes.

M. JOHN BURNS

MEMBRE DU PARLEMENT ANGLAIS.

C'est un petit homme brun d'environ quarante-cinq ans, à la barbe en pointe très four-
nie, aux yeux noirs animés d'un feu extraordinaire sous la proéminence de sourcils noirs
comme du charbon, touffus comme des brous-
sailles ; la figure aux traits réguliers, extrêmement mobile, est un peu grêlée. Il a la voix très
claire, fortement timbrée, l'élocution est aisée,
d'une variété inouïe, pleine d'image et de couleur. Il émaille volontiers d'humour ses disser-
tations les plus graves ; mais quand il va dire
une chose à laquelle il tient beaucoup, ses narines se resserrent, ses yeux vous fixent dure-
ment, son bras se tend en avant, sa parole se
ralentit, il déclame.

J'ai vu le célèbre leader socialiste dans sa
petite maison de Battersea, un des faubourgs
ouvriers de Londres, et dont il est l'élu à la
Chambre des Communes, depuis les élections
dernières. John Burns est, à l'heure présente, en
train de devenir l'homme le plus populaire de
l'Angleterre.

Avec les Anglais, il faut peu de préambules ; et comme je lui demandais quelle est la situation du parti socialiste en Angleterre :

— Il ne faut pas, me dit-il, juger de la force du parti socialiste anglais d'après le nombre de ses adhérents, il faut plutôt le juger d'après les réformes qu'il demande et que ses adversaires sont forcés d'accepter. Ces adversaires qui se voient débordés par le torrent des revendications, font chaque jour de nouvelles concessions : ç'a toujours été la tactique de la classe dirigeante dans notre pays, c'est ainsi qu'elle demeure en apparence la plus forte, et qu'elle a l'air de se maintenir en place...

— Mais, justement, observai-je pour le faire s'expliquer, est-ce que ces réformes concédées par la classe dirigeante n'ont pas pour effet d'empêcher la transformation sociale que vous souhaitez, en entretenant soigneusement la patience de la classe ouvrière, en l'endormant pour ainsi dire ?

— Pas du tout, répondit le leader socialiste, pas du tout ! Plus on accorde aux ouvriers, plus ils veulent avoir ! Tenez, je vais vous raconter une petite histoire ; vous m'arrêterez si vous la connaissez...

« Il y avait une fois un cocher russe qui devait partir d'ici pour aller là (John Burns prend une feuille de papier et, avec un crayon, illustre ses explications). Le cocher emmène avec lui, sa femme et ses enfants. C'était l'hiver, et il y avait de grands steppes couverts de neige à traverser.

Il y avait beaucoup de loups aussi, dans les steppes, et ils avaient très faim. Les loups se mettent
à la poursuite du traîneau (voyez-vous, voilà les
loups). Alors le Russe, pour distraire les loups,
leur jette son bonnet de fourrure; les loups s'arrêtent, flairent le bonnet, le déchirent, et continuent leur poursuite; le Russe effrayé, leur jette
encore son manteau, puis ses provisions; ils déchirent le manteau et avalent les provisions;
mais ils courent toujours après le traîneau qui
glisse sur la neige blanche; désespéré, le cocher prend un de ses enfants et le livre à la
gueule des loups affamés; ils n'en font qu'une
bouchée, parce qu'ils étaient nombreux et qu'il
y avait longtemps qu'ils n'avaient pas mangé; la
bande des gueules ouvertes, mises en appétit,
demande encore, encore; le cocher jette son
autre enfant, puis, l'âme très triste, sa femme,
espérant que les bêtes seront enfin rassasiées...
Mais non, il y a encore lui dans le traîneau..., les
loups le voient bien, et continuent leur poursuite... Voyez-vous, il faut qu'il arrive là, le
steppe est très grand, très grand, et, quand ses
chevaux seront mangés, tout à l'heure, il devra
se résigner à rejoindre sa femme et ses enfants
dans le ventre des loups... »

Le chef socialiste rayonnait en racontant sa
parabole. Les yeux joyeux, la bouche rieuse, il
dessinait sur le papier les péripéties de sa
« petite histoire », et il dit enfin :

— Comprenez-vous? Le cocher, c'est le capital, c'est la classe possédante; les loups, ce sont

les socialistes; le long chemin, c'est la route du progrès, et le bonnet, les provisions, les enfants et la femme du russe, qu'il abandonne petit à petit aux loups, ce sont les concessions que le capital fait tous les jours au prolétariat, les réformes auxquelles il est forcé de consentir — sous peine d'être mangé tout de suite. Mais il aura beau faire, d'ailleurs, tôt ou tard, son tour viendra.

— Mais quand? Bientôt?...

— Oh! dit-il en riant, nous ne sommes pas si pressés que sur le continent, nous autres Anglais! Nous nous contentons de voir les choses progresser lentement, mais sûrement. Oui, on va peu vite, ici; avant de bâtir, il nous faut des assises très larges, très profondes, très solides; alors seulement nous pensons à bâtir dessus. En France, on ne songe qu'à démolir... Et puis on se dépêche de bâtir, tout de suite, pour le plaisir de voir le monument s'élever, et on s'inquiète peu s'il est durable. Nous, nous sommes pour les réformes progressives; tout ce qui est pris est bon à conserver. Pour ma part, j'ai deux yeux dont je me sers : l'un, à terre, aux aguets des choses pratiques, immédiatement réalisables; l'autre, en haut, vers l'idéal. Et mes deux yeux sont aussi occupés l'un que l'autre. Je reconnais que le socialisme a terminé sa carrière purement théorique et que l'heure est venue de construire...

— Non de démolir, alors? Et vous n'êtes point partisan d'une Révolution violente?

— Oh ! non ! je suis tout-à-fait en désaccord
sur ce point avec mes amis du continent, les
socialistes de France et d'Allemagne. Toutes les
petites réformes que nous demandons et que
nous acceptons nous amènent à en exiger d'autres plus importantes : quand j'ai un escalier à
monter, je le grimpe marche par marche ; si je
veux en monter dix à la fois, je me casse le
cou... ce qui n'est pas mon but ! C'est très joli
de répéter pendant des années : nous allons renverser la bourgeoisie ! mais ce n'est pas cela qui
fait qu'on la renverse !

— Quelles sont donc ces réformes progressives
par lesquelles vous espérez aboutir ?

John Burns se leva brusquement sans répondre, courut à un casier de sa bibliothèque, prit
des papiers, des brochures, et, les mettant
devant moi, en les frappant du plat de sa large
main velue :

— Vous lirez cela, dit-il sérieux. La différence
qu'il y a entre les socialistes anglais et ceux du
continent consiste justement en ceci : que, si l'on
parle de résultats, nous autres pouvons montrer
des preuves palpables... Vous verrez dans ces
papiers plusieurs choses. D'abord le témoignage
de nos *trades-unions* (associations libres de travailleurs) ne sont pas des foyers de réaction,
comme on le prétendait il y a quelques années
en Allemagne et en France. Toujours la même
chose ! On dédaigne chez vous tout ce qui n'a
pas l'allure et le ton de la révolution. A présent

on reconnaît, ce qui est la vérité, que les « trades-unionistes » sont les chevaux qui conduisent
le socialisme ! Une preuve éclatante, c'est celle-
ci : Au Congrès de Liverpool, il y a deux ans,
1,500,000 trades-unionistes étaient représentés.
Il s'agissait, pour le parti socialiste, de faire
voter l'adhésion des *trades-unions* au programme
collectiviste complet. Il y a eu, alors, 53 voix
pour nous et 263 contre. Ces 263 voix voulaient
que les trades-unions continuassent à rester un
parti indépendant, sans programme socialiste...
Attendez ! Au Congrès de Glascow, cette année,
le nombre des opposants est descendu à 153, et
les partisans du programme collectiviste se sont
trouvés au nombre de 128, c'est-à-dire à peu
près en force égale. Et la prochaine fois, j'en
suis sûr, nous aurons la majorité ! N'est-ce donc
rien que ce million et demi de travailleurs à la
veille d'adhérer, en toute conscience, au socialisme ? Voilà ce que c'est que de savoir organiser ! conclut en riant mon interlocuteur.

« Ce n'est pas tout ! Nous sommes douze socialistes au Conseil municipal de Londres (county
Conseil) sur cent trente-neuf membres. Eh bien !
savez-vous ce que nous avons obtenu ? Vous verrez cela dans la brochure : on vient de décider
que, désormais, tous les travaux de la Cité
seraient exécutés directement par la Ville. Plus
d'entrepreneurs, plus d'intermédiaires ! Et puis,
nous avions déjà pris aux Compagnies 32 milles
de lignes de tramways qui sont exploitées par la
Ville ; et on vient de voter, par 92 voix contre

21, qu'à l'expiration, très prochaine, des contrats, la Ville prendra *tout le réseau!* Vous me demandez ce que cela signifie? Je vais vous le dire : D'abord, les bénéfices de l'exploitation qu'empochaient des particuliers qui ne faisaient rien seront employés aux besoins de la Cité; ensuite, — retenez bien ceci, — nous appliquerons pour tous les employés le régime de la journée de huit heures! Oh! c'est convenu! Les tramways continueront à marcher pendant seize heures, oui, mais il y aura deux équipes qui se relaieront. Vous dites que cela coûtera plus cher? Certainement, mais il y aura le double de pauvres gens qui gagneront leur vie, qui ne travailleront que huit heures, — et, si les bénéfices sont moindres, ce que j'accorde, — que nous importe, puisque, auparavant, c'étaient des actionnaires paresseux qui en profitaient!

— Ah! conclut John Burns triomphant, croyez-vous que les *réformes de détail ne signifient rien?* »

Puis se ravisant soudain :

— Mais nous ne nous arrêterons pas là! Nous prendrons l'eau aussi, nous laisserons le gaz, parce que c'est une industrie morte, mais nous prendrons l'électricité, qui, elle, est l'avenir! Et puis, ainsi, petit à petit, nous reprendrons tout, tout! Car, je le répète toujours, si nous allons doucement, nous ne nous arrêtons pas; aussitôt une liberté obtenue, nous en demandons une autre... les loups, vous savez, les loups derrière le traîneau!

— Et la journée de huit heures?

— Ce parlement-ci la votera sûrement pour les mineurs et les ouvriers d'industries dangereuses. Et quelle arme ce sera dans les mains des socialistes pour démolir le capital, pour compléter l'éducation de l'ouvrier !

— Mais peut-on décréter cette journée de huit heures si la mesure n'est pas internationale ?

— Il vaudrait mieux, en effet, que cela devînt international tout de suite. Mais, comme il faut bien qu'il y ait un pays qui commence, je crois que c'est l'Angleterre qui commencera, et j'en suis, à l'avance, très fier... Les autres pays suivront, c'est certain. Ce qui explique mon opinion, c'est que chez nous les ouvriers travaillent actuellement déjà moins ; il est plus facile d'arriver à ne travailler que huit heures lorsqu'on ne travaille que neuf heures, comme c'est notre cas, que lorsqu'il faut sauter tout d'un coup de dix ou même de douze heures à huit, comme c'est le cas de la France et de l'Allemagne. Et puis, il ne faut pas oublier que, depuis six ans, les congrès internationaux ont beaucoup fait avancer ces idées chez nous...

— L'idée de la grève générale a-t-elle fait le même chemin? La grève générale dont vous menaciez le capital, il n'y a pas longtemps encore, à Hyde-Park...

— Je n'y pense plus... pour le moment... à moins que nous ne demandions bientôt la journée de sept heures ou de six heures, ce qui est possible et qu'il nous faille cette menace pour arriver à nos fins !...

— La croyez-vous donc possible, vraiment?

— A dire vrai, pas encore !

— Etes-vous pour les grèves en général ?

— J'y suis opposé quand le commerce va mal; ce n'est pas le moment qu'il faut choisir. Au contraire, j'en suis tout à fait partisan dans les moments où les affaires vont bien... Oh! alors, c'est l'heure psychologique ! Tout est permis ! Il faut profiter !

— Mais croyez-vous vraiment à une transformation prochaine de la forme sociale? Ne pensez-vous pas qu'il y en a encore pour quelques siècles avant que le capital ait désarmé ou que l'ouvrier ait su organiser sa victoire?

— Il y a plusieurs choses à répondre à cela, dit lentement John Burns. D'abord, quand vous voyez des hommes comme sir Albert Rollit, président de la Chambre de commerce de Londres, demander la monopolisation par la Ville du gaz, des chemins de fer, de l'eau, etc..., la Révolution sociale paraît presque faite dans un pays... Car enfin, quand toutes ces grandes exploitations auront été monopolisées, que feront les gens qui en tiraient leurs rentes? De quoi vivront-ils, les misérables? Leur pauvre argent, ils ne sauront plus ou le mettre, il leur rapportera fatalement de moins en moins, et il est évident qu'ils finiront par le donner à la communauté, et à entrer dans le collectivisme. D'un autre côté, pour vivre, le capital est obligé de se manger lui-même, — c'est un bien étrange animal! les plus gros mangent les plus petits, sans cesse! toujours! Alors, il deviendra un jour tellement, tellement gros, qu'il en crèvera. D'un autre côté, avec les réformes que nous obtenons et demandons tous les jours, l'ouvrier fait son éducation collectiviste, par degrés. Il se rendra compte, peu à peu, qu'au fur et à mesure des monopolisations de villes, son bien-être s'accroît, sa puissance augmente, son indépendance s'affirme. Mais si vous me demandez quelles chances aurait de durer une révolution immédiate, je vous réponds : aucune! La révolution aujourd'hui, n'importe où, n'en aurait pas pour huit jours! Tant que vous aurez affaire avec des ignorants et des meurt-de-faim, vous ne pouvez établir rien de durable ; je vous le dis, avant huit jours, les traîtres, les ivrognes, les imbéciles, soudoyés par nos ennemis, auraient mis bas la révolution. Ce qu'il faut faire, c'est l'éducation du peuple ; plus il prend connaissance de lui-même, de sa nature, de son droit, plus sa force morale augmente et plus le grand jour est proche...

— Que pensez-vous des ouvriers du continent? demandai-je à John Burns, en souriant de l'air un peu embarrassé qu'il prenait aux premiers mots de ma question...

Il répondit pourtant :

— Oui, un peu bavards, un peu phraseurs, mais pas pratiques, sans esprit d'organisation... Non! Ils ne savent pas organiser ; c'est là tout leur malheur !

Pour finir, je dis à John Burns :

— N'êtes-vous pas d'avis qu'un changement politique doit précéder, en Angleterre comme dans les autres pays monarchiques, la transformation économique que vous rêvez?

Il frappa doucement de ses deux larges mains ouvertes sur la table, et dit, en scandant ses phrases :

— Non. Pas du tout. La forme du gouvernement n'a aucun rapport avec le progrès des idées égalitaires. En France, par exemple, vous avez une égalité plutôt théorique que réelle; en Angleterre, au contraire, on a *naturellement* la notion de l'égalité. Et il y a chez nous beaucoup moins d'antagonisme qu'en France entre la classe bourgeoise et la classe ouvrière. En France, je sais, on met le cheval politique en avant, ce qui n'empêche pas M. Carnot de dire à un petit garçon habillé en Russe : « J'embrasse la Russie! » Quelle honte pour un pays républicain et libéral! Si encore il avait ajouté tout bas : « Mais je voudrais l'étouffer !... » Quelle honte !

— Mais vous-même, êtes-vous républicain?

— Oui.

— Quand espérez-vous être en République?

— Je ne sais pas; demandez au prince de Galles, qui croit qu'il ne sera jamais roi d'Angleterre. Il connaît mieux les choses du trône que moi. Demandez-lui.

M. PIERRE LAVROFF

M. Pierre Lavroff est le Chef spirituel et moral des socialistes russes.

Mathématicien, philosophe, sociologue, d'une grande érudition, cet ex-colonel, ex-professeur de mathématiques à l'Académie d'artillerie de Saint-Pétersbourg, avait pris, dès 1860, une grande influence sur la jeunesse russe et s'était vu forcé de se réfugier à Paris pour échapper à la déportation qui le menaçait à la suite de la publication de ses *Lettres historiques*, fameuses en Russie.

Depuis qu'il vit chez nous (1870), il s'est mis ouvertement en opposition avec le régime politique et social de la Russie, et il est devenu un des apôtres du socialisme russe. Respecté, vénéré même de tous les réfugiés slaves, il a toujours eu des allures discrètes, une vraie bonne tenue de procrit, sans défaillance ni fla-fla. De plus il est connu dans le monde savant par un important ouvrage, *L'Essai sur l'Histoire de la Pensée Humaine*.

A ma prière, il voulut bien m'écrire la lettre que voici, en réponse à une série de questions que je lui avais posées :

« Monsieur,

« Vous avez bien voulu me poser quelques

questions sur les affaires intérieures russes. Pour
y répondre avec preuves à l'appui un volume ne
suffirait pas, ce qui ne ferait pas votre affaire et
ce qui me serait impossible. Je me contenterai
donc de quelques brèves indications sans
essayer d'exposer les différentes phases de ce
problème fort compliqué ou de tracer un tableau
tant soi peu complet de la lutte qui se poursuit
dans mon pays. Pour abréger je traiterai vos
questions dans un autre ordre que celui dans
lequel vous les avez posées, d'autant plus que
quelques-unes font, selon moi, double emploi, et
quant à quelques autres questions je suis forcé
de me borner à des réponses très succinctes.

1. Tel est le cas pour votre première question.
« Est-ce que je crois une révolution en Russie
fatale et indispensable ? » — J'admets que tout *ce
qui est arrivé* dans l'histoire devait arriver
fatalement mais je suis bien sceptique en ce qui
touche les prédictions de l'avenir. La chute de
l'absolutisme *me paraît* devoir arriver « fatalement » en Russie, par ce que tous les pays
civilisés se sont débarrassés de cette forme
archaïque du gouvernement et je laisse à ceux
de mes compatriotes, qui se posent en défenseurs de l'absolutisme en Russie, l'obligation peu
agréable de prouver que leur patrie et la
mienne reste et doit rester en dehors de la
marche de la civilisation actuelle. Je crois la
disparition de l'absolutisme « indispensable en
Russie afin que mes compatriotes ne perdent pas
tout sentiment de dignité personnelle, toute pos-

19

sibilité de progrès intellectuel et social, car cette
dignité et ce progrès deviennent à la longue, pour
l'individu et pour le groupe, irréconciliables avec
un régime absolutiste (J'aurais pu citer une longue liste d'ouvrages à l'appui de cette opinion,
même parmi ceux qui se vendent couramment
chez les libraires de Pétersbourg et de Moscou).

2. Vous dites : « Le moujik n'en a-t-il pas pour
des siècles encore avant de changer le fond de
ses idées ? *Dieu et le tzar* — n'est-ce pas là
toute sa morale et toute sa conception de la vie
sociale ? »

« En premier lieu la classe des agriculteurs est
partout la plus arriérée en fait d'idées par suite
de son genre de vie. Les socialistes d'Allemagne
et de France trouvent dans les campagnes le
plus de difficultés pour l'expansion de leurs idées
qui font de si grands progrès dans les grandes
villes et dans les districts industriels. Mais la
possibilité de grands soulèvements des paysans
contre un régime trop dur est prouvée par l'histoire de l'Allemagne, de la France, de l'Angleterre à des époques où l'ouvrier des usines ne
formait pas encore le principal contingent des
armées révolutionnaires. En Russie les grandes
révoltes des paysans ont eu lieu plus récemment.
Aussi ne saurait-on dire que le paysan russe ne
peut se soulever contre le régime actuel, à la condition que l'initiative de ce mouvement vînt d'un
parti révolutionnaire bien organisé dans les villes. Il y aurait beaucoup à dire sur le cliché de

« Dieu et le tzar » comme croyance innée du paysan russe. Ceux qui connaissent bien la poésie des légendes populaires russes, surtout le rôle méprisable que joue dans nos *bylinas* (1) Saint Wladimir, ancêtre vrai ou supposé de presque toutes nos familles princières et dynasties régnantes — Saint Wladimir « égal aux apôtres » — peuvent à cet égard se permettre un scepticisme suffisamment fondé. Le paysan russe n'est ni plus ni moins révolutionnaire que tel autre paysan de n'importe quel pays. Mais il a soif de la terre ; il est écrasé d'impôts. L'absolutisme russe *ne peut pas* alléger ce fardeau pesant sur les classes rurales. Le paysan sera pour ceux qui sauront alléger ce fardeau et qui lui donneront la terre dont il a besoin. Donc... (je vous laisse tirer vous-même les conséquences).

3. « Le tzar peut-il compter sur le loyalisme de l'armée en cas de révolution ? »

« Je refuse d'entrer dans des détails, d'abord par la raison que, n'ayant pas la possibilité d'observer directement les modifications de l'esprit public en Russie depuis un quart de siècle, je ne saurai appuyer mon opinion sur autre chose que sur des données fragmentaires. De plus, cette opinion, telle que je la possède, ne saurait être l'objet d'une communication à un journal. Je peux dire seulement en toute conscience que si le gouvernement d'Alexandre III continue dans toutes les branches de sa politique intérieure la

---

1. Légendes.

réaction qu'il a inaugurée depuis plus de dix ans,
il court grandement risque d'avoir *contre lui*,
dans quelques années, tout ce que notre armée
contient d'hommes intelligents et de vrais patriotes.

4. Le nihilisme en Russie est-il surtout politique ou socialiste ? Est-il socialiste dans le sens
de Bakounine ou se rapproche-t-il des théories
révolutionnaires marxistes ?

« Jusqu'ici nos considérations sont restées complètement en dehors de la question du socialisme russe. Maintenant je dois en parler et dès
le début, je suis forcé d'indiquer que le terme
de « nihilisme » que vous employez et qu'on lui
applique en général, ne pourrait s'appliquer avec
exactitude qu'à une époque qui date déjà de
loin, tandis que le mouvement révolutionnaire
russe contient plusieurs phases différentes et se
rattache intimement à d'autres périodes encore
de l'évolution sociale en Russie.

« A la fin du xviie siècle l'absolutisme russe
trouve utile pour sa politique extérieure non-
seulement de ne pas continuer à dresser toute
sorte d'obstacles au rapprochement de la société
russe avec les formes de la civilisation européenne, mais de contribuer, de toutes ses forces,
à ce rapprochement. En supprimant toutes les
formes traditionnelles, qui contenaient dans la
Russie du moyen-âge des éléments plus ou moins
indépendants, il laissait le champ libre aux idées
européennes de pénétrer dans notre pays. Tous
les groupes progressifs avides de cette civilisa-

tion nouvelle, se mirent du côté du gouvernement et le laissèrent écraser toute organisation
oppositionnelle ; mieux encore : ils l'y aidèrent.
C'était l'époque où l'Europe entière s'engouait
des despotes réformateurs, ministres ou rois.

« Mais l'absolutisme n'avait pas compté avec les
idées révolutionnaires qui pénétraient en Russie
dans les bagages des nouvelles formes adminis-
tratives ou policières, de la meilleure organisation de l'armée, d'un luxe plus confortable et
plus affiné, etc. Dans la seconde moitié du règne
de Catherine II, la grande révolte des paysans
russes sur le Volga, et la Révolution française
poussèrent l'amie de Voltaire et de Diderot à la
réaction et conduisirent en même temps les groupes progressifs russes à une opposition résolue.
Depuis lors, il n'y eut jamais d'alliance entre ces
groupes et l'absolutisme, et l'influence intellectuelle et morale appartint dans la littérature
russe *exclusivement* aux auteurs, qui faisaient de
l'opposition plus ou moins franchement caracté-
risée.

« Cette opposition se faisait jusqu'à 1842, au
nom de formules habituelles du libéralisme européen. L'élément socialiste pénétrait avec les
autres, mais son influence était fragmentaire et
assez bornée. C'est alors qu'apparut le *nihilisme*
primitif. Ce n'était rien d'autre qu'une critique
ardente et implacable de tous les éléments du
libéralisme européen. Religion, famille, état,
science, art, principes sociaux, liberté, égalité,
fraternité, — rien n'était admis comme sacré et

inattaquable. On a eu tort de dire que les nihilistes de cette époque niaient tous ces principes.
Ils ne niaient rien, mais ils cherchaient au fond
de ces formules le vrai, le réel. Ils ne voulaient
pas se payer de mots. Il était tout naturel que
la critique socialiste de la société actuelle four-
nît les meilleures armes à cette recherche de la
vérité, qui se faisait au nom des sciences naturelles et de la philosophie de Hegel, au nom de
la lutte contre l'asservissement du paysan et de
la dignité personnelle, au nom de l'émancipation
de la femme et de la dette à payer par la classe
civilisée et pensant au peuple, qui lui avait
fourni par ses souffrances et par son travail
toutes les ressources de la civilisation et de la
pensée.

« Au moment de la Commune et de la scission
dans l'Internationale, il n'y avait plus en Russie
de nihilistes de l'ancien type. La vérité était
trouvée. C'était la vérité socialiste. Tous les
nihilistes étaient devenus socialistes. Il y eut
scission entre les libéraux russes et les socialistes russes. A ce moment les dissensions dans
l'Internationale se sont réflétées aussi parmi les
révolutionnaires russes. Il y eut des marxistes ;
il y eut des bakounistes. Mais ces différences qui
soulevaient dans le monde des réfugiés russes
des polémiques ardentes, qui y créaient deux lit-
tératures ennemies, avaient très peu de valeur
en Russie. On y traduisait et on y lisait avec passion les œuvres de Marx et de Lassalle en même
temps qu'on y distribuait les ouvrages des bakou-

nistes. C'est que les bakounistes et les marxistes russes, en dehors des idées qui leur étaient communes sur le rôle de l'ouvrier, en dehors de l'apostolat socialiste qu'ils pratiquaient simultanément « dans le peuple », avaient encore en Russie un puissant ennemi commun, un ennemi principal : l'absolutisme impérial. Tous les socialistes étaient en même temps des révolutionnaires politiques ; ils étaient obligés de conspirer ensemble et de s'entr'aider dans cette lutte de tous les jours. A un certain moment, il y eut une organisation révolutionnaire puissante qui centralisa toutes les forces socialistes dans le but d'une lutte énergique contre l'absolutisme ; des socialistes qui n'acceptaient pas dans tous ses détails le programme du parti y adhérèrent. C'était la « Narodnaia Volia » (volonté du peuple). Le bakounisme disparut alors en Russie. Je peux affirmer avec pleine certitude que depuis lors jusqu'à ce moment l'anarchisme sous sa forme bakouniste n'exista plus parmi les socialistes russes. Tous reconnaissent Karl Marx comme maître dans le socialisme international. Mais il y a des nuances quant à l'assentiment à ses théories dans leur application à telle ou autre question spécialement russe. — Telle est ma réponse à votre question sur l'influence respective de Bakounine ou de Marx.

5. Vous demandez mon opinion sur la question : « Le jour où arriverait une révolution politique en Russie en résulterait-il une révolution sociale ? »

« Il faudrait préciser le sens du terme : « révolution sociale ». Je ne crois pas que dans n'importe quel grand pays civilisé puisse se produire actuellement une révolution sans que la question sociale y prenne une place prépondérante. Je suis certain que s'il y a en Russie une révolution de n'importe quel caractère (révolution de palais, pronunciamento, constitution imposée par des libéraux, triomphe du parti socialiste) le parti triomphant sera obligé de s'occuper immédiatement de la question sociale dans telle ou autre mesure. Mais aussi bien que dans d'autres pays où les idées socialistes s'appuient sur une armée organisée d'ouvriers, personne ne peut affirmer pour la Russie que l'établissement immédiat du régime socialiste soit possible ou probable. Cela dépend d'une foule de circonstances.

6. Aussi souhaiterais-je donner plus de développement que je ne puis le faire à ma réponse à votre question qui se rattache à la précédente et que vous me posez même deux fois en différents termes : « Le mouvement dans votre pays — dites-vous — doit-il passer par des revendications politiques avant d'entamer la question sociale ou bien les deux peuvent-ils marcher de front. Y aura-t-il en Russie un 89 bourgeois ? »

« Pour le moment, le parti de l'opposition libérale n'existe pas en Russie comme parti organisé, mais ses éléments dispersés et individuels existent en grand nombre. S'il avait l'énergie de s'organiser il est probable qu'il procéderait à l'essai d'un autre 1789. Mais il est actuellement

démoralisé (1) et malgré toutes les avanies que
fait le gouvernement à nos libéraux en les pous-
sant pour ainsi dire à la révolte malgré eux, il
est peu probable qu'ils s'organisent révolution-
nairement. Les caractères les plus énergiques
parmi eux seront plutôt forcés d'entrer indivi-
duellement comme alliés dans les rangs des révolutionnaires socialistes organisés, et on peut supposer que c'est sous l'influence prépondérante
des idées socialistes que se fera l'essai futur de
la révolution avec plus ou moins de succès.
Aujourd'hui personne ne saurait prévoir la forme
définitive que prendra ce mouvement. Si les
socialistes russes réussissent à organiser un
parti ouvrier, il est tout naturel qu'alors la révolution sociale emportera chez nous le régime de
l'absolutisme en même temps que les fondements
du capitalisme, fort peu développé encore. La
même catastrophe aurait lieu probablement si le
mouvement s'appuyait sur une vaste révolte des
paysans. Au cas où ce ne serait ni l'un ni l'autre
courant qui aboutirait à la révolution mais au cas
où cependant les socialistes révolutionnaires
russes réussissaient à renverser le pouvoir impérial au moyen d'un pronunciamento appuyé par
un nombre suffisant d'ouvriers ou de quelque

---

(1) Quant à cette démoralisation je n'ai qu'à rappeler, Monsieur,
votre propre témoignage sur les « figures soudain pâlies » les
« regards inquiets » et « l'insistance fiévreuse » (*Figaro* du
28 septembre), sur « la peur, la peur sourde et maladive du
pouvoir » que vous avez « senti rôder autour de vous » et qui
vous a effleuré, cette peur, vous aussi, « malgré votre passeport bien en règle » (*Figaro* du 1er oct.).

autre manière, on peut être sûr que les mesures
prises immédiatement par les vainqueurs seraient
d'autant plus dictées par les principes du socialisme, que le parti révolutionnaire serait composé
d'un plus grand nombre de socialistes. Sans doute
il est difficile de concevoir la marche exacte des
évènements dans tous ces cas. On dirait même
que les difficultés sont insurmontables si l'histoire
ne nous fournissait des preuves de la possibilité
des faits qui semblaient tout aussi improbables à
ceux pour qui ils n'étaient pas encore des faits
accomplis. Mais nous sommes ici sur le terrain
des hypothèses et il n'y a pas de raison de nous
y arrêter longtemps.

7. « Ne pensez-vous pas que les attentats contre les tsars sont inutiles ? Toujours suivis de
répressions formidables, de terreurs s'exerçant
contre les innocents, ils accentuent le mouvement réactionnaire, retardant tout progrès libéral, sans aucune chance de bouleversement définitif et efficace ? »

« Absent de Russie pendant toute l'époque du
terrorisme gouvernemental et du terrorisme révolutionnaire et n'ayant jamais fait partie du Comité
de la « Narodnaia Volia » je ne saurais vous dire
rien sur les « crimes inutiles » dont vous parlez.
Je sais seulement que le comité du parti n'a
jamais considéré ces « attentats » autrement que
comme des faits « regrettables mais nécessaires ». Je sais que les partisans du terrorisme
révolutionnaire en Russie, même les plus fanatiques, n'avaient rien de commun dans leur système

d'action avec « la propagande par le fait » telle
que la pratiquent certains anarchistes français.
Je sais que la société russe, sous le joug d'une
oppression avilissante par un gouvernement qui
s'était placé au-dessus de toute loi, ne considé-
rait pas plus (en dehors des démonstrations offi-
cielles et obligatoires) comme « crimes » les
attentats contre un despote que les admirateurs
du monde ancien ne traitaient de « criminels »
les Aristogitons et les Brutus, que les Cadoudals
et les Orsinis ne se croyaient criminels en cons-
pirant contre la vie des Napoléons, et que les
historiens de l'Empire Russe ne se scandalisaient
de l'assassinat de Pierre III et de Paul Iᵉʳ. J'étais
une fois présent à une discussion entre deux de
mes compatriotes, un libéral et un révolutionnaire ; c'était le libéral qui voulait pousser les
socialistes à un nouvel attentat contre Alexandre III et c'était le socialiste qui trouvait cela inutile. Et ce dernier n'était pas le seul de son avis.
Mais je sais aussi que la réaction de plus en plus
intense que pratique l'empereur actuel pousse
presque immanquablement la jeunesse russe la
plus énergique et la plus passionnée à une exaspération qui est traduite et qui risque de se traduire
encore en « attentats ». Les groupes terroristes
isolés agissent alors en dehors de toute influence
centrale de partis organisés. Si Alexandre III ne
change de système il n'y a ni raisonnement sur
l'inutilité des attentats, ni influence morale qui
prévaudrait contre ces exaspérés. Ce n'est qu'en
prenant la voie des « libertés nécessaires » que

l'empereur russe peut se préserver des attentats, et ce ne seraient certes pas les socialistes qui continueraient alors d'employer ces moyens d'action.

8. Vous m'excuserez si je ne peux m'empêcher de sourire en relisant votre dernière question : « Quelle est la situation actuelle du nihilisme en Russie, son organisation, son avenir ? »

« Vous-même, Monsieur, vous ne pouvez pas supposer que je me croie permis d'y répondre. Qu'on croie « le nihilisme » « mort », qu'on le suppose « endormi », qu'on le dise plus vivant que jamais » ce n'est pas à nous, socialistes russes, de le déclarer, à nous — conspirateurs par nécessité lorsqu'il est permis aux Liebknecht, aux Guesdes, aux Burns de défendre hautement leurs convictions. Nous *travaillons* à le rendre aussi vivant que jamais. Nous irions le réveiller, s'il était endormi. Nous trouverions peut-être moyen de le ressusciter s'il était mort.

« Agréez, Monsieur, mes salutations les plus empressées.

PIERRE LAVROFF.

22 novembre 1892.

M. BEBEL

DÉPUTÉ AU REICHSTAG ALLEMAND.

M. Bebel est l'un des deux principaux chefs du socialisme allemand et le plus populaire; il a presque réussi à faire de ce parti un véritable parti politique, apte à s'emparer du pouvoir, qui, républicain, s'accommoderait de l'Empire; révolutionnaire, s'arrangerait de l'ordre; collectiviste, de la propriété : ce serait en somme l'équivalent du parti radical français, avec un républicanisme plus latent, et des tendances socialistes plus accentuées.

Je l'ai rencontré à Berlin, juste au moment où les journaux allemands racontaient qu'il était devenu fou; la vérité est qu'il s'était absenté quelques semaines pour aller à Zurich, où l'appelait un deuil de famille.

M. Bebel paraît âgé de quarante-cinq ans; de taille moyenne, une tête à la fois très énergique et d'une grande douceur; les cheveux longs, au-dessus du front découvert, se relèvent en grandes ondulations rebelles; la moustache châtaine, en brosse, découvre une bouche très large, vibrante, d'orateur populaire, entourée d'une barbe courte, grisonnante; les yeux sont bleus, l'arcade sourcilière proéminente, énergique. L'allure générale est sérieuse, grave même, franche, un peu mélancolique.

Je demande à M. Bebel quelle est actuellement la situation du parti socialiste allemand.

— Oh! il est en croissance! répond-il avec un sourire confiant, de plus en plus en croissance! Dans quelle mesure exacte, il est impossible de le dire, puisqu'il y a déjà deux ans que les élections ont eu lieu. Selon la loi nouvelle, la durée du mandat législatif étant de cinq ans, il faut attendre encore trois ans pour être fixé sur les progrès réels du parti. Cette augmentation de la durée de la législature a été une mesure de combat contre nous, car l'Empereur s'était rendu compte que les élections étaient un moyen très puissant d'agitation socialiste et il a voulu en restreindre les occasions. Mais qu'importe!... Nous avons 1,500,000 électeurs et 36 députés au Reichstag! Et ces résultats seraient bien autrement considérables si, comme en France, les élections pouvaient avoir lieu le dimanche, et si l'âge des électeurs était fixé à vingt et un ans au lieu de vingt-cinq, car depuis longtemps les enfants sont nourris de socialisme!... Mais quand même, nous avons conscience que le parti s'augmente tous les jours : l'agitation des réunions publiques de plus en plus suivies, l'expansion de la littérature socialiste, les nombreux conseils de prudhommes où les ouvriers dominent, là où les socialistes n'avaient jamais paru. Et tant d'autres signes! Nous sommes assurés que, même dans les contrées catholiques, le socialisme sera en croissance. Et cela est très important pour nous, car les députés du parti du centre, au Parlement, affichaient jusqu'ici la belle confiance qu'on ne pourrait jamais les déloger de leurs forteresses des provinces du Rhin, de la Bavière et de la Westphalie !... Ils verront cela aux prochaines élections !

M. Bebel, très calme sur sa chaise, parlait avec tranquillité, à peine un vague sourire sur ses lèvres quand il faisait allusion aux victoires prochaines.

— Ne pensez-vous pas, lui dis-je, que l'émancipation politique doit précéder l'émancipation économique ? Une révolution dans la forme du gouvernement allemand n'est-elle pas indispensable tout d'abord ?

— Quand la Révolution aura lieu en Allemagne elle sera *en même temps* politique et sociale. Une République allemande, comme celle que vous avez en France, est impossible. Chez nous, excepté les socialistes, tous les partis, libéraux et conservateurs, sont monarchistes. La petite bourgeoisie allemande est monarchiste, au contraire de la petite bourgeoisie française qui a fait chez vous la Révolution : elle a peur de la démocratie, et ne compte que sur la monarchie pour sauvegarder ses privilèges.

— Comptez-vous vous passer de l'adhésion et du concours de cette bourgeoisie pour faire votre Révolution ? Niez-vous qu'elle soit intelligente ?

— Pour la faire, nous serons sans doute obligés de nous passer d'elle! dit en riant M. Bebel.

Puis redevenant sérieux :

— Mais son concours nous sera excessivement précieux, quand elle verra que son rôle est fini, et qu'elle sera forcée de venir à nous ! Elle apportera à notre œuvre de progrès le trésor immense de son esprit et de sa « richesse psychique ». Et, comme elle est, en effet, très intelligente, elle deviendra notre alliée, notre auxiliaire très utile, de même que les nobles, en 1789, adhérèrent à la Révolution française au début même de cette révolution.

— Le socialisme d'Etat ne menace-t-il pas le socialisme collectiviste ? S'il appliquait bientôt la réglementation des heures de travail, fondait des caisses de retraites, etc. ?

— C'est égal. Nous ne le craignons pas du tout. Le socialisme d'Etat est basé, dans toutes ses réformes, sur la conservation de l'état actuel des choses. Bien ! dirons-nous. Faites ceci et faites cela ! Nous irons *toujours* plus loin que vous ! Car le collectivisme n'est pas un dogme ; on peut toujours le changer et le perfectionner. D'un autre côté, la conférence de Berlin a fait éclater au grand jour toute la faiblesse de l'Empereur, toute son impuissance, malgré sa bonne volonté ! La bourgeoisie allemande est, à l'heure qu'il est, tellement forte, et l'Empereur en a tant besoin, qu'il a dû reculer... Non, non, aucun compromis ne peut se faire entre le socialisme et le césarisme, quoi qu'en pense M. de Vollmar.

Le césarisme est une forme *fatale* de l'état actuel, c'est la représentation des classes riches : rien ne peut nous rapprocher. Qu'importe le monarque qui est sur le trône ! Cela n'a aucune importance !

— Alors, votre inaction au Parlement est une tactique ?

— Pas du tout ! Nous ne présentons pas de projets parce que nous sommes sûrs qu'ils seront rejetés. Mais si le gouvernement proposait des choses acceptables, nous les voterions des deux mains, comme nous le commande l'intérêt des ouvriers et l'intérêt du parti. Ce sont les « Jeunes socialistes » qui veulent faire opposition malgré tout. Et pourquoi font-ils cette opposition, pourquoi disent-ils tant de mal du parlementarisme ? C'est qu'ils n'ont jamais pu avoir un siège au Reichstag. Nous savons très bien, nous aussi, que les réformes partielles ne signifient pas grand'chose. J'ai souvent dit aux ouvriers dans mes conférences : Vos patrons ne sont pas des gens responsables ; ils ne *peuvent* pas faire autre chose que ce qu'ils font. Prenez le meilleur d'entre eux : qu'il vous accorde un salaire plus élevé, qu'il vous fasse travailler un peu moins par bonté d'âme, par charité... Qu'arrivera-t-il? Ses produits lui coûteront tellement plus cher qu'à ses concurrents qu'il ne pourra plus les vendre et qu'en six mois il sera ruiné ! Alors, vous serez vous-mêmes plus malheureux qu'avant, car vous n'aurez plus de travail et vous mourrez de faim avec vos femmes et vos enfants.

Les réformes ne sont donc pas le but ! Le but, c'est une transformation générale et complète de la forme sociale actuelle !

— Si j'ai bien compris vos théories, dis-je à M. Bebel, elles sont basées sur la philosophie moderne de l'évolution?

— Mais oui!

— Alors, comment conciliez-vous vos prétentions à une révolution rapide et radicale de la société avec cette théorie qui veut que le progrès ne se réalise que par étapes?

— Il n'y a aucune contradiction entre la théorie de l'évolution et notre espérance d'une révolution proche ! Au contraire, nous sommes de bons évolutionnistes ! Mais nous pensons que l'évolution sociale marche d'un tel pas que le jour n'est pas éloigné où la société ne pourra plus subsister telle qu'elle est actuellement, voilà tout. L'ordre social devra être transformé de fond en comble, et la forme collectiviste apparaîtra comme un résultat nécessaire de l'évolution lente : ce sera une des étapes de cette évolution, comme la Révolution française en a été une autre étape. Pendant le temps qu'une poule forme son œuf, on ne voit rien, et, tout à coup, l'œuf sort ! Nous en sommes là : l'œuf s'est formé il doit sortir, et les socialistes en sont les accoucheurs !

— Pour votre transformation vous ne craignez pas la résistance de l'idée de famille ?

— J'ai démontré dans un livre que ce n'est pas le sentiment de famille qui est le fond de l'institution du mariage, mais que le mariage est seulement le produit des relations économiques. Quand l'héritage sera supprimé, quand la propriété privée sera abolie, quand l'éducation des enfants sera publique, que restera-t-il de la famille? Le sentiment de l'homme pour la femme? Eh bien! on n'empêchera personne de vivre en famille! Vous resterez ensemble tant que cela vous plaira! Mais la famille, telle qu'on la comprend de nos jours, se dissoudra d'elle-même. Aujourd'hui la jeune fille ne regarde le mariage que comme un moyen de vivre ou d'augmenter ses revenus. 90 sur 100 des mariages sont des mariages économiques. Le jour où les femmes seront assurées de gagner leur vie, pourquoi voulez-vous qu'elles se lient pour toute leur existence? D'ailleurs, actuellement, où est-elle la famille, pour l'ouvrier? Il passe douze heure par jour à l'usine, souvent sa femme s'en va quand il revient, pour gagner, elle aussi, sa vie; les enfants eux-mêmes vont à l'atelier... Oui, où est-elle la famille de l'ouvrier?

M. Bebel s'animait peu à peu; il tenait un crayon entre ses doigts, dont il pointait à chacune de ses périodes, la feuille qu'il avait devant lui. Le moment était venu, après avoir fait parler M. Bebel sur les théories générales, de le faire s'expliquer sur la psychologie du parti et sur sa tactique.

— Etes-vous sûr, dis-je alors, de la complète éducation collectiviste de vos partisans et que, chacun d'eux, pris à part, ne serait pas enchanté, par exemple, de devenir propriétaire et ne laisserait pas là toutes les théories pour quelques rentes ?

— C'est possible dans des cas particuliers, répond M. Bebel. Un ouvrier qui, grâce à des circonstances quelconques, deviendrait plus riche et plus indépendant, abandonnerait sans doute le parti. Mais pour tous, c'est impossible ; car sans cela la société serait parfaite, et il n'y faudrait rien changer !

— Ne croyez-vous pas que lorsque l'empereur Guillaume a supprimé les lois d'exception contre les socialistes, malgré Bismarck, il n'y a pas eu là un peu de dédain de sa part pour le parti socialiste ?

M. Bebel sourit et dit :

— Oui, l'Empereur a, en général, très bonne opinion de lui et a beaucoup de confiance en sa popularité. S'il a supprimé les lois d'exception contre nous, ç'a été, en effet, par dédain. Il a dit : « Pourquoi des lois d'exception ! Cela ne vaut pas la peine... Quand ils voudront bouger, nous verrons bien ! Je monterai sur mon cheval et j'irai moi-même avec mon armée ! Nous verrons qui sera vainqueur ! » Et puis il ne voulait pas que le public crût qu'il avait peur des socialistes...

— Si vous êtes républicains, pourquoi ne combattez-vous pas l'Empereur, comme vous combattiez Bismarck ?

— Nous le combattons autant que nous pouvons ! Mais quand, au Reichstag, je prononce le nom de l'Empereur, le président sonne et me

défend de recommencer... Il dit : « Le nom de
l'Empereur est au-dessus de tout et ne doit pas
même être prononcé ! »

— Vous ne croyez pas qu'il va revenir aux
lois d'exception ? On le dit, pourtant...

— Jusqu'à présent, on n'en sait rien ; il n'y a
pas lieu, d'ailleurs, à l'heure qu'il est, nous ne
faisons rien pour cela, nous ne provoquons pas !
Mais si elle revient, nous lutterons contre cette
loi, et nous vaincrons de nouveau ; les mesures
de rigueur prises contre nous ont fait plus
robuste l'autorité morale du parti et agrandi
notre influence. Nous ne les craignons pas.

— En résumé, dis-je au chef socialiste, cette
transformation sociale que vous rêvez la croyez-
vous proche ?

— Personnellement, je crois qu'avant la fin
du siècle ce sera une chose faite... mais mes
amis me trouvent optimiste...

— Si elle aboutissait maintenant, cette révolution, serait-ce un bien ? Seriez-vous prêts ? Que
feriez-vous ?

— Je ne peux pas vous répondre sur ce point...
Nous avons un programme général, seulement
nous n'avons pas de programme détaillé. Nous
recevrons des faits les meilleurs conseils... tout
dépendra du moment, de la culture générale du
peuple... Une guerre éclairerait d'un grand jour
l'esprit de la nation... il comprendrait que le collectivisme est seul possible...

— Comment s'opèrera, selon vous, cette transformation ?

— C'est une question dont on peut parler, mais qu'il est impossible de trancher avec quelque probabilité d'avoir raison, répondit-il. La révolution sociale dépend de tant de complications de toutes sortes, économiques et politiques, de tant d'évènements imprévus, intérieurs ou *extérieurs*, naturels ou *accidentels*. Oui, une guerre européenne, par exemple, changerait du jour au lendemain la face des choses... Comprenez-vous? En cas de guerre, les accidents économiques seraient si considérables, que la besogne révolutionnaire deviendrait très facile... Voyez-vous la navigation arrêtée, le commerce mort, le paysan parti pour l'armée, le blé renchéri, pas de travail puisque l'industrie chômera, tout le monde ruiné! La Révolution est faite!...

— Croyez-vous à cette guerre?

— Non! la peur des faits que je viens de vous signaler, la peur de la démocratie surtout... est une garantie de paix.

— Les socialistes allemands iraient-ils se battre contre les socialistes français?

— Certainement, dit M. Bebel.

— Que deviennent alors vos théories d'internationalisme?

— Nous ne sommes pas des patriotes, répondit M. Bebel, pas du tout patriotes. Et si, un jour, nous allions nous battre contre les Français ou contre les Russes, c'est que nous y serions forcés. Si nous refusons d'obéir, on nous fusille à l'instant! Si nous pouvions ne pas aller nous battre, nous aurions en même temps le pouvoir de changer le reste de la société... ce qui n'est pas encore le cas, hélas!

— Mais comment admettcz-vous pourtant, insistai-je, que des masses populaires prêtes aujourd'hui, en France comme en Allemagne d'ailleurs, à s'entre-déchirer par antagonisme de race, brutalité atavique, soient aptes demain à composer la société idéale et fraternelle que vous rêvez?

— Je nie absolument que les peuples soient aussi sauvages naturellement que vous le prétendez, aussi disposés à s'entre-dévorer. Non, cela n'est pas naturel; l'excitation des peuples les uns contre les autres n'est que le produit de l'état social, de l'éducation mauvaise qui leur est donnée par ceux qui ont intérêt à les maintenir dans ces préjugés. Une culture plus intelligente ferait rapidement disparaître ces antipathies de race qui ne sont qu'apparentes. La preuve c'est que les esprits un peu cultivés n'ont pas ces antipathies : pourquoi vous détesterai-je parce que vous êtes Français? Me détestez-vous parce que je suis Allemand?

— Enfin, dis-je en souriant à M. Bebel, supposons la guerre... vous vous trouvez à la frontière en face de M. Guesde? Tirez-vous sur lui?

— J'espère, répondit-il, que cela n'arrivera pas; nous sommes, je crois, trop vieux l'un et l'autre.

— Pourtant... si cela arrivait?...

— Eh bien! oui! je tirerais... Ce serait un malheur, mais encore une fois, j'y serais forcé...

Je me promis de dire cela à M. Guesde.

M. ADOLF WAGNER

PROFESSEUR D'ÉCONOMIE POLITIQUE A L'UNIVERSITÉ DE BERLIN.

Le professeur Adolf Wagner est beaucoup plus connu en Allemagne que M. Paul Leroy-Beaulieu ne l'est en France ; c'est que ses cours de Berlin, très vivants et presque révolutionnaires, sont suivis par toute la jeunesse universitaire, tandis que chez nous tout le monde s'est peu à peu désintéressé des doctrines en bois de l'Ecole libertaire. M. Wagner est très écouté à la cour impériale dans toute les questions d'ordre économique, et son influence est grande dans le parti socialiste évangélique dont le pasteur Stœcker est le président.

C'est un homme d'une cinquantaine d'années, grand, taillé en force, les cheveux renvoyés en arrière, le nez surmonté d'un double binocle, une forte moustache tombant sur les lèvres, la voix forte, l'abord très simple ; le ton devient très vite gai et même bruyant, comme chez beaucoup de savants allemands. C'est presque la tête de Lapommeraye, avec de la rudesse en plus.

— C'est vrai, c'est vrai, me dit-il, on ne peut pas le nier : le parti socialiste démocrate alle-

mand devient chaque jour plus puissant, et cela
malgré toutes les persécutions, malgré toutes les
luttes et tous les obstacles. Mais il faut se rendre
compte que ce parti renferme une foule d'éléments étrangers aux théories collectivistes. Il y
a là beaucoup de gens cultivés, des professeurs, des officiers, des bourgeois, des étudiants
qui ne sont pas plus collectivistes que vous ou
moi ! Ce sont des esprits honnêtes, justes et
clairvoyants qui s'indignent contre les spéculations éhontées des financiers allemands, juifs et
autres. Car, vous savez cela, on joue à la Bourse
en Allemagne beaucoup plus encore qu'en
France, et comme la Dette est moins considérable, les papiers d'État plus rares, par conséquent, les valeurs de la Plata, de la République
argentine, de Roumanie, du Portugal, etc., etc.,
abondent entre les mains des petits capitalistes ;
de là, de petits krachs constants qui excitent l'o-
pinion contre les gros spéculateurs ; les terrains
sont l'objet de tripotages forcenés. Ce sont des
faits palpables qui donnent raison, au moins à la
surface, aux revendications socialistes. Mais, s'il
était possible de trier les opinions, je suis sûr
que c'est au socialisme d'Etat que reviendrait la
presque totalité des voix.

— Vous-même, êtes-vous partisan de l'intervention de l'Etat ?

— Oh ! Monsieur, extrêmement, extrêmement !
C'est à mon avis la seule solution à espérer. Et
je suis même *très avancé* dans cette voie ; je suis
partisan du monopole, par l'Etat, des chemins

de fer, des canaux, des mines, et en général de toutes les grandes organisations publiques. Pourquoi laisser à un petit nombre de particuliers des bénéfices énormes que l'Etat pourrait encaisser à la place des impôts ? C'est par centaines de millions que se chiffrent les profits des exploitations de chemins de fer, par exemple ! Combien d'impôts indirects serait-il possible de supprimer en France si seulement, chez vous, les chemins de fer étaient nationalisés !

— Acceptez-vous l'impôt progressif, et consentiriez-vous à la suppression des héritages?

— Je suis partisan de l'impôt progessif, oui, de l'impôt sur les héritages également. Mais, ajoute en riant l'éminent professeur, je ne vais pas jusqu'à la suppression... j'ai des enfants...

— Vous êtes donc aussi partisan de la *famille?*

— Comment ne pas l'être ? Les enfants élevés par leurs parents ne sont-ils pas plus heureux, et leur éducation plus soignée, que les enfants trouvés qu'on élève en commun dans les hospices? Pourra-t-on empêcher jamais une mère de soigner son enfant, de l'aimer? Un père n'est-il pas plus désigné que n'importe qui pour guider ses premiers pas dans la vie ? Et puis, supprimez la famille, si vous voulez, mettez tous les enfants à la charge de l'Etat, ne verrez-vous pas croître la population dans des proportions colossales? Répondez-vous que la production suivra la même progression? Sinon que deviendra votre société de bouches affamées?

— Alors, la religion?

— J'en suis certainement partisan aussi. Il en faut...

— ...Pour le peuple? interrogeai-je.

— Pour tout le monde, pour la classe éclairée, pour moi, pour vous, je le crois...

— Voudriez-vous m'expliquer...

— Eh ! monsieur ! on n'explique pas cela ! C'est un sentiment qui trouve ses racines partout... C'est inexplicable. Pourquoi nous autres, par exemple, nous occuperions-nous d'adoucir et d'amoindrir les iniquités qui frappent les pauvres gens, si nous n'avions une foi ardente dans la bonté suprême du Créateur du monde? N'est-ce pas au nom de notre Sauveur, au nom de son amour pour la justice, que nous continuons à réclamer près des riches les sacrifices qu'ils doivent à leurs frères infortunés?

— Et la propriété, naturellement...

— Partisan encore certainement, monsieur ! Qu'on la limite, je veux bien, je crois même qu'il le faut : mais je ne crois pas que l'homme trouve dans la simple théorie du devoir, dans l'altruisme, la raison d'être bon. S'il n'a pas la religion comme fondement de sa morale, la propriété comme objet d'excitation et la famille comme lien, la société devient impossible. Ah ! je le leur ai dit souvent, aux collectivistes ! votre société idéale est faite pour des anges ! Avez-vous trouvé le moyen de faire que les hommes deviennent des anges ? Certes c'est très beau; mais il y a un grand non-sens à prétendre changer la nature humaine par le simple changement des formules économiques !

— Que trouvez-vous, en somme, d'admissible dans les théories collectivistes ?

— J'avoue que, dans sa partie critique, le programme socialiste contient beaucoup de choses vraies et justes qui donnent à réfléchir ; les socialistes démocrates auront incontestablement contribué à l'éclaircissement des points restés jusqu'ici obscurs, ils auront trouvé une détermination plus exacte des relations qui existent entre le travail et le développement de l'économie nationale. Mais ils généralisent trop, ils exagèrent... Et puis, ils sont injustes ; il ne faut pas qu'on regarde tous les classes, qui ne sont pas la classe ouvrière, comme une masse réactionnaire, qui ne travaille que dans son propre intérêt et qui ne défend que ses privilèges et ses droits ! Non, la bourgeoisie n'est pas si égoïste que les socialistes démocrates se plaisent à le dire !... Les plaintes de l'ouvrier lui tiennent au cœur, et elle l'a prouvé par des lois qui protègent l'ouvier contre des exploitations exagérées ; elle a créé des assurances contre la vieillesse et contre les accidents, etc. Et elle sait qu'il en reste encore à faire ! La bourgeoisie ne se dit pas du tout satisfaite des résultats obtenus, elle a la ferme intention de continuer sa marche dans la voie des réformes, mais *à la condition qu'on lui indique un point fixe où elle pourra s'arrêter.* Ce point d'arrêt, elle *veut le voir,* elle ne peut plus se contenter de termes obscurs et vagues.

Un parti qui a l'ambition de fonder une société nouvelle sur les ruines de la nôtre — qui dure encore ! — doit nous indiquer les moyens qu'il entend employer pour atteindre ce résultat sans précédent dans toute l'histoire humaine. Ne savons-nous pas que, même devant une révolution victorieuse, on aura toujours affaire à des *hommes*, c'est-à-dire à des êtres qui luttent invariablement pour les mêmes causes, qui agissent toujours selon les mêmes mobiles ? Ils oublient que la plupart des mobiles humains sont d'une qualité médiocre et basse. Ce sont des amours-propres étroits, des vanités mesquines, c'est la chasse aux titres, aux décorations, c'est la bêtise humaine avec tout son ridicule, c'est tout cela qui fait agir l'homme, c'est tout cela qui stimule ses forces et ses énergies ! L'amour pour le travail ! Le devoir adouci par la joie de créer ! Illusions ! Chimères ! Le travail sera toujours une besogne, une tâche, un devoir, qu'on voudrait s'épargner. Il ne faut donc pas ramener tout le problème du bonheur humain à une question de répartition des biens : c'est une erreur et en même temps une folie ! L'homme ne vit pas seulement de pain, et la question sociale est avant tout une question morale.

— Pour le progrès social dont vous êtes partisan, croyez-vous que la forme monarchique est préférable à la forme républicaine, ou inversement ?

— Je crois que la forme du gouvernement n'a

aucun rapport avec les transformations économiques. Je crois qu'on spécule beaucoup à Paris et à Berlin, et que la situation des travailleurs en France n'est pas notablement préférable à celle des ouvriers allemands.

— Pourtant, le principe du socialisme n'est-il pas basé sur l'égalité des hommes ? Et celui qui admet la supériorité d'un roi ou d'un empereur n'est-il pas amené logiquement à admettre la supériorité d'un patron?

M. Wagner me regarda, étonné, et lentement presque à voix basse, comme on reprend quelqu'un qui vient de dire une énormité :

— Mais vous oubliez qu'il n'y a pas d'égalité, *qu'il ne peut pas y en avoir !...*

. . . .

— Pourquoi êtes-vous antisémite ? demandai-je à l'éminent professeur, pour finir.

— Je ne le suis qu'un peu, répondit-il en souriant, les juifs ne sont pas de bons Allemands, ils spéculent à la Bourse plus que les chrétiens, avec moins de scrupules encore, voilà pourquoi je ne les aime pas. Mais l'antisémitisme pratique comme moyen de solution, est un non-sens, car s'il n'y avait pas de juifs pour toutes ces besognes mauvaises, il se trouverait des chrétiens pour les remplacer...

— On vous dit partisan de la guerre.

Il répondit :

— C'est vrai. D'abord, je suis partisan d'un militarisme très développé ! S'il dépendait de moi, il y aurait encore bien plus de soldats !

L'armée est la meilleure école qui soit pour nos populations agricoles qui vont là s'instruire et se discipliner. Ensuite, la guerre a été bonne pour nous, elle a servi à notre unité, et, même au point de vue moral, son influence nous a été salutaire. La France et l'Allemagne ne pouvaient pas être amies avant 1870; car, pour être amies, il faut se *respecter* l'un l'autre, et la France méprisait trop l'Allemagne... Mais nous ne voulons pas la guerre *contre* la France, nous aimons les Français, plus même que nous n'aimons les Anglais, qui pourtant sont nos cousins. Mon plus grand bonheur à moi, serait une guerre avec la Russie ! Je hais la Russie ! Je la hais pour son absolutisme, pour son intolérance, pour sa langue, pour sa religion, pour la corruption de ses fonctionnaires; je la hais parce qu'elle menace la civilisation allemande, je la hais en un mot, pour l'antagonisme profond qui existe entre la race slave et la race germanique. Et j'espère qu'un de ces jours, nous la battrons, nous la battrons très fort ! Pour être un peu plus tranquilles, pour que cela marche à peu près, il faut que la Pologne retrouve son autonomie, et qu'on retire aussi à la Russie les provinces baltiques, et les provinces de l'Est jusqu'au Dniéper. Ce serait un grand bienfait pour la paix de l'Europe et pour le progrès de la civilisation.

LE GÉNÉRAL BOOTH

GÉNÉRALISSIME DE L'ARMÉE DU SALUT.

Nombre de personnes ignorent, chez nous, le
développement énorme qu'a pris en Angleterre,
et surtout en Amérique, cette Armée du Salut
qu'on ne connaît à Paris que par les chapeaux de
ses martyres. Il y aurait pourtant une histoire
bien curieuse à écrire de cette extraordinaire
association, qui a su amener des millions dans
ses caisses de propagande, intéresser à son
œuvre la reine d'Angleterre elle-même et qui va,
disent les mauvaises langues de Londres, en
déclinant doucement, toutes caisses taries... N'importe. A l'heure qu'il est, à Londres seulement,
elle compte plus de cent mille adhérents, et j'ai
failli, un de ces derniers soirs, assister là à une
réunion de plus de vingt mille salutistes !

Le général Booth est l'initiateur de cette
immense combinaison. S'il s'était borné, comme
tant d'autres, à essayer de fonder une religion,
ce n'est pas ici que je l'aurais placé, mais il a
fait mieux. Il a fondé une colonie-asile aux envi-
rons de Londres, qui abrite près de deux mille
recueillis, travaillant la terre, se livrant aux multiples besognes des champs, vivant bien, soignant

leurs âmes et rapportant de gros bénéfices à
l'œuvre. A Londres même, plusieurs centaines
d'ouvriers salutistes sont occupés à des fabrications diverses et également prospères : allu-
mettes, tambourins, galoches, etc., etc., d'apprentissage facile, à la portée des premiers
venus.

On pouvait donc vraisemblablement supposer
que le général Booth expérimentait une solution
du paupérisme ; et je voulais savoir s'il croyait,
en effet, accomplir là une œuvre susceptible de
se généraliser, et de produire des résultats uni-
versels.

Dans tous les cas, son idée d'industrialiser
l'illuminisme le montre comme un organisateur
remarquable. Et rechercher ce que ce caractère
concret recélait d'idées et de théories abstraites
m'a paru intéressant.

J'ai vu le général Booth à son « quartier général », 101, rue de la Reine-Victoria, à Londres.
Ce local est un vaste immeuble à plusieurs étages, toujours plein d'allées et venues ; le rez-de-
chaussée est bondé des marchandises les plus
diverses, posées pêle-mêle à droite et à gauche :
des bottes de carottes phénoménales, avec l'étiquette de provenance authentique : « Ferme-
Colonie de l'Armée du Salut », à côté de piles
de tambourins destinés aux réjouissances des
assemblées salutistes, des objets de ménage
fabriqués par la manufacture de Londres, des
brochures de propagande, des sabots, des castagnettes. Au milieu de tout cela, un peuple de

jeunes garçons dans l'uniforme rouge de l'Armée, rapides, silencieux, polis. Le premier étage est composé de bureaux, de salons et d'une quantité de petites pièces d'attente, séparées par des cloisons.

On m'avait demandé, de la part du général, la liste des questions que je me proposais de lui faire; je l'avais écrite, et j'étais revenu le lendemain. Le général, qui peut avoir cinquante-cinq ans, est un homme de haute taille, maigre, qui marche à très grands pas : il porte une longue barbe poivre et sel tombant sur la poitrine où s'étalent et cliquettent des métaux, des insignes de son grade, je pense, mélangés à des croix; il est vêtu d'une vaste soutane noire ouvrant sur du rouge. Ses yeux sont très vifs, son nez est un peu crochu; il a des gestes très agiles, paraît très distrait, et quand il parle, il plonge souvent ses doigts dans ses longs cheveux grisonnants, les coudes à la table.

Notre conversation n'a pas été très longue. La voici, écrite séance tenante :

— Général, je voudrais savoir quelle est votre conception de la solution de la question sociale?

— Je n'ai pas de révélations, répondit-il. Mais *je sais* que tant qu'il y aura péché, sur cette terre, il y aura misère... Je ne sais pas s'il y aura toujours misère... En tout cas, ce qu'il faut chercher, c'est à développer les bonnes volontés pour l'éducation d'esprit des misérables, — et je crois que si on acceptait mes plans, on pourrait supprimer une grande partie de la pauvreté...

— Voilà justement ce qui m'intéresse! dis-je,
ravi de cette entrée en matière. Quels sont vos
plans?

Le général Booth croisa ses larges manches
sur la table et dit :

— L'Etat devrait s'arranger de façon à ce que
tout le monde ait de l'ouvrage. Et ce serait très
facile : il suffirait de cultiver la terre *économiquement*. Voici ce que j'entends par là : en Australie, par exemple, il y a des terrains de 50,000
acres (plus de vingt millions de mètres carrés)
qui appartiennent à un seul capitaliste! Ces terrains sont en pâturages et ne rapportent qu'un
très petit profit. Si on laissait défricher ces terres
par un millier d'ouvriers, elles produiraient *cinquante* fois plus ; au bout de peu de temps, ces
ouvriers pourraient donc la racheter au propriétaire avec le simple produit de leur travail! J'ai
démontré aux ouvriers de Melbourne qu'ils pourraient, en peu d'années, et en se basant sur la
valeur actuelle des terrains, racheter toute la
terre d'Australie! Donc, tout est là, insista le géné-
ralisisme : cultiver la terre *économiquement*. Je
prouve qu'avec une terre de 1,200 acres (environ
500 hectares), on peut faire travailler et nourrir
deux ou trois mille ouvriers. L'Angleterre compte
35,000,000 d'habitants, le pays est relativement
petit, et pourtant la terre qu'il renferme est suf-
fisante pour donner la vie, largement, à cent
millions d'hommes!

— Mais, objectai-je, cette terre appartient, à
l'heure qu'il est, à des particuliers... Toute la

question est là... Comment faire pour la voir entre les mains de ceux qui en ont besoin?

Le généralissime plongea ses longs doigts dans sa chevelure, et répondit, après une certaine hésitation :

— Si les ouvriers ne pouvaient pas la racheter eux-mêmes avec le produit de leur travail, ce devrait être l'État qui ferait le rachat... Ou bien on exproprierait les propriétaires.

— Mais quand cette expropriation serait faite, comment s'arrangerait-on pour que le mal ne se reproduisît pas aussitôt? Le partage des terres serait à recommencer sans cesse, car il y aurait sûrement des gens qui gaspilleraient leur bien pendant que d'autres l'augmenteraient. Au bout de peu d'années la situation d'aujourd'hui ne se renouvellerait-elle pas?

Le général se pencha davantage sur la table, et, les mains jointes, dit :

— La terre appartiendrait à l'Etat, chaque homme serait le fermier de l'Etat...

— Mais, insistai-je, on n'aurait fait que changer de propriétaire ! Quelle garantie aurait chaque homme d'avoir toujours la vie assurée?

Le généralissime leva les yeux au plafond, et dit lentement:

— La misère a sa source dans trois facteurs: le malheur, les accidents, l'inconduite. Il faut donc réformer les conditions de la vie sociale et les caractères des individus; c'est-à-dire:

1° Rendre la terre aux travailleurs;

2° Leur apprendre comment il faut travailler ;

3° Leur donner le capital utile ;

4° Et, dans l'industrie, partager avec eux les profits.

— Pourrais-je vous demander, dis-je au grand organisateur, des détails sur chacun de ces points ?

— Je crois que ce que je vous dis est la vérité, répondit-il. Je ne peux pas sortir de là...

Je dévidai mon questionnaire :

— Dans votre œuvre, avez-vous surtout pour but d'améliorer la situation des pauvres gens, ou bien seulement de sauver les âmes ?

— Tous les deux ! s'écria-t-il. Je veux bénir l'âme du pauvre à travers son corps et je veux soigner son corps au profit de son âme. Si je ne puis l'aider à être sauvé dans l'autre monde, je voudrais l'aider à vivre mieux dans celui-ci.

Et il ajouta, en hochant la tête :

— C'est très difficile de sauver les âmes !

— Mais avez-vous la conviction que rien ne se peut faire de durable sans religion ?

— Je crois que sans la religion et sans la foi en Jésus-Christ, comme je l'entends, on ne peut rien faire de durable, en effet. L'égoïsme de l'humanité est le fond de sa misère. Il n'y a que l'amour chrétien qui puisse combattre cet égoïsme. J'ai tenté de régénérer beaucoup d'âmes et j'ai vu de grands miracles de transformation effectués par la grâce de Dieu.

— Que pensez-vous des autres socialistes ? Connaissez-vous leurs théories ?

— Ces gens ont un système divin, il faudrait des êtres divins pour l'appliquer et le suivre. Avec des gens qui ne sont pas des anges, je crois que leurs moyens ne valent rien.

— Ma dernière question: Les moyens un peu bruyants, un peu grossiers que vous employez pour séduire les foules : petites flûtes, clairons, tambourins, castagnettes, mise en scène du salut des âmes, sont-ils un parti pris de votre part, ou une tactique imposée par les circonstances ? Ne craignez-vous pas que ces moyens grosse-caisse n'éloignent de vous les âmes un peu délicates ?

Sans embarras, le généralissime répondit :

— Nous nous adaptons, en effet, aux circonstances et aux milieux... Croyez-moi, si nous formions le projet de sauver les âmes des rédacteurs du *Figaro*, c'est tout autrement que nous opérerions... Personnellement, ajouta-t-il à ma confusion, je crois que vous êtes très bon, et que si vous vouliez me confier votre salut, j'arriverais vite à faire de vous, sans grosse caisse et sans tambourin, une âme d'élection...

Malheureusement, le temps pressait, et je dus me contenter, pour cette fois, de cette fructueuse consultation.

M. LE PASTEUR STOECKER

DÉPUTÉ AU REICHSTAG ALLEMAND.

C'est le fougueux antisémite berlinois, connu de toute l'Allemagne où il mène des campagnes ardentes, ancien prédicateur de la cour, et, actuellement, président du parti socialiste-chrétien allemand, qui comprend les éléments les plus avancés et les plus remuants de la droite conservatrice. A la Diète prussienne et au Parlement, le député Stoecker est le leader le plus écouté des conservateurs. Dans la presse, il est soutenu par la *Gazette de la Croix*, le *Messager de l'Empire* et le *Peuple* (*Das Volk*) qui passe pour son organe officieux. Doué d'une éloquence passionnée, il est très craint de ses adversaires pour la fougue de ses apostrophes et la violence intransigeante de ses théories.

Quand il quitta son poste à la cour, on raconta que c'était sur la pression du prince de Bismarck, soudoyé par les financiers juifs de Berlin, qu'il était forcé à la retraite. Le certain, c'est qu'il se montre l'ennemi acharné de l'ancien chancelier.

Le député Stoecker s'est prêté très courtoise-

ment à mon interrogatoire. C'est un homme d'une
quarantaine d'années, à la figure ronde et pleine,
rasée à l'exception de courts favoris blonds, à
la mode des pasteurs allemands. Ses grands yeux
verts fixes et brillants, sa bouche vibrante aux
lèvres minces et sa voix de métal en font le type
du sectaire religieux, sans méchanceté inférieure
et basse, mais farouche, mais impitoyable.

Après m'être montré curieux des raisons particulières de son antisémitisme, j'ajoutai :

— Croyez-vous que l'antisémitisme puisse être
une solution partielle du mal social?

— Une solution partielle, oui, car ce que je
combats, moi, ce n'est pas la race juive, ni la
religion juive, c'est la juiverie financière. Si vous
avez lu mes discours, vous pouvez savoir que
je ne poursuis pas la race : je suis chrétien,
et Jésus... (se reprenant)... non, Jésus, fils
de Dieu, n'était d'aucune race, mais les apôtres
étaient de la race juive, et le peuple juif est
le peuple du Vieux Testament. Quant à leur
religion, personne ne peut dire que je l'aie
jamais combattue de quelque façon que ce
soit. Ils ne sont pas chrétiens, c'est tant pis
pour eux, voilà tout... De même, je n'ai jamais
prétendu que le rite juif comportât l'emploi
du sang chrétien... Mais, ce qui est absolument sûr, ce qui m'a été affirmé par des diplomates qui ont séjourné en Orient, c'est que des
juifs fanatiques et superstitieux commettent des
assassinats pour se servir du sang de leurs victimes... Et les notabilités israélites se font un

tort énorme — je répète ici le jugement public
d'un rabbin américain — en couvrant les assassins par tous les moyens possibles ; de telle sorte
qu'*on ne trouve jamais de coupable...*

— Ce qui *peut* se passer en Orient, objectai-
je, n'est pas suffisant pour expliquer le mouvement antisémite en Allemagne ?

— Oh ! ici, c'est autre chose ! répondit le pasteur. Le mouvement antisémite allemand est
sorti des grandes transformations sociales qui
se sont produites peu de temps après la guerre
de 1870. Lorsque la haute finance et les boursi-
cotiers eurent englouti la plus grosse part des
milliards venus de France, lorsque nos juifs,
plus nombreux et moins assimilés qu'en France,
eurent exproprié les paysans de plusieurs provinces et absorbé l'industrie et le commerce des
grandes villes, quand les journalistes juifs, maîtres absolus de l'opinion publique, c'est-à-dire
de la presse, se sont mis à insulter journelle-
ment notre religion, en inondant en même temps
la littérature de torrents d'immoralité et de
dévergondage, alors nous nous sommes levés
contre les détenteurs insolents de ces funestes
pouvoirs...

« Cependant, nous sommes toujours restés sur
la défensive... Des juifs sont venus me voir pour
me demander la raison de mes attaques... Ils
me disaient qu'ils étaient honnêtes, eux, et qu'ils
ne pouvaient être assimilés à ceux de leurs
coreligionnaires qui déshonoraient leur race...

— Vous êtes solidaires ! leur répondis-je.

Avez-vous jamais protesté contre les abus de vos pareils? A-t-on jamais vu un juif en blâmer publiquement un autre, et l'accuser ? Il n'y a qu'un seul moyen de vous dégager de toute complicité : flétrissez publiquement vos éléments pourris !

« A l'inverse des groupes purement antisémitiques qui voudraient bien éliminer l'action du parti socialiste chrétien, mes amis conservateurs ne demandent pas des lois d'exception ou l'abolition de l'émancipation des juifs. Mais ils veulent affirmer que la résistance aux excès de la juiverie internationale est un devoir pour ceux qui veulent conserver l'Etat et la monarchie. Nous ne nous dissimulons pas les difficultés de la situation. Nous savons bien que la dépendance économique des prolétaires est moins lourde que celle des petits propriétaires, des petits commerçants et des petits industriels. C'est pourquoi nous poussons avant tout à des réformes sociales sérieuses, propres à ébranler la puissance oppressive et corruptrice du capital exploiteur. En même temps, nous travaillons au réveil des consciences, au relèvement moral du peuple.

« Si on ne peut, d'un seul coup et par décret, transformer la société, l'Etat, qui n'est que la communauté morale de tous les citoyens, doit favoriser le développement *organique* des nouvelles institutions. Il doit faciliter l'association des petits artisans, des paysans et des ouvriers industriels partout où cette œuvre d'émancipation est réalisable dans de bonnes conditions.

« Chez nous, les finances de l'Etat sont encore en bon ordre. La haute banque ne pourra pas nous empêcher de toucher aux *privilèges* de la *Banque nationale*, de *transformer* les *institutions de crédit*, de frapper radicalement les abus de la *Bourse*. Avec un gouvernement *fort*, ayant des *mains nettes* (et le pasteur appuyait sur les mots que je souligne), nous y parviendrons. Tous les hommes honnêtes, et surtout cette jeunesse qui ne s'est pas encore détachée de l'idéalisme, seront, le moment venu, avec nous. Vous voyez bien, ce n'est pas du *capitalisme d'Etat, cela,* c'est du *socialisme d'Etat* et du bon. Ce socialisme d'Etat poursuit la transformation sociale dans la sagesse et dans l'ordre. C'est la fertilisation des forces élémentaires du mouvement social.

« La tâche du vrai conservateur consiste surtout à faire tous les efforts possibles pour éviter les débordements de la démagogie et les catastrophes, en donnant une direction intelligente aux nouveaux courants irrésistibles. Certains conservateurs qui se disent *gouvernementaux* ne comprennent pas une attitude pareille, ils font chorus avec les partisans d'un capitalisme aveuglé, et ils se vantent des coups de pied au derrière que leur réservait M. de Bismarck. Actuellement, pour plaire aux financiers juifs, ils nous traitent de révolutionnaires. »

Le ton monté, la figure plus rouge, le pasteur Stoecker continua :

— Mais les *indépendants* en ont assez. Pro-

chainemcnt, ils se débarrasseront de cette vale-
taille ! Ils ne reculeront plus devant les menaces
de ces journaux officieux qui, étrangers aux aspirations des nouvelles couches, ne s'intéressent
qu'aux racontars d'antichambre. Nous irons en
avant, et en marchant à la conquête des réformes sociales efficaces, nous travaillerons en
même temps au rapprochement des peuples. Car,
lorsque les guerres sociales font tous les jours
plus de victimes, et qu'elles amassent ruines sur
ruines, on ne peut prendre au sérieux les phrases sur la paix éternelle. Avant tout, les grandes
nations civilisées doivent s'efforcer de gravir le
sommet d'un développement qui est nécessaire à
l'émancipation des classes pauvres (*Sic*).

« Ce but atteint, les obstacles d'une entente
entre les peuples seront surmontés. Les *amitiés
durables* ne prospèrent que lorsque les conditions de la vie des nations sont égales. Mais
quand l'Angleterre, par exemple, ne fait sonner
aux oreilles de tous les peuples les mots de
liberté et de fraternité que pour s'assurer le privilège d'exploiter le monde entier, les conditions
d'un accord durable n'existent pas.

« La France de M. Thiers, poussée par tous
les mécontents de l'an 66, a voulu empêcher l'u-
nité allemande. Elle n'a pas réussi, et les évènements qui ont suivi nous séparent encore. Cependant, j'ai la ferme conviction qu'un jour viendra
où le développement économique de l'Europe
imposera, en premier lieu, l'alliance des deux
peuples les plus civilisés.

— Vous ne croyez donc pas à la guerre *fatale*?

— Si j'y crois... Hélas ! c'est un mal nécessaire... Jésus n'a-t-il pas dit : « Jusqu'à la fin du monde, il y aura la guerre et les cris de guerre entre les hommes... » ? Et puis l'homme deviendrait peut-être lâche si toute occasion de se sacrifier pour la patrie disparaissait.

« Mais à la guerre *fatale* entre la France et l'Allemagne, non, je n'y crois pas.

— En résumé, que pensez-vous obtenir contre les juifs ?

— Rien que leur faire baisser un peu la tête. Qu'ils se rangent un peu et laissent en paix la religion chrétienne. Leur argent, je m'en moque ! Je n'en veux qu'à l'usage mauvais qu'ils en font. Et puis, qu'on les empêche de détruire ce qui reste de bon dans la morale des masses, qu'on les fasse taire quand ils tentent de démolir les belles idées de patrie, de religion, de morale.

— Mais tous les socialistes n'en font-ils pas autant ?

— Justement ! les socialistes, ce sont eux ! Voyez-les ! Quels sont les chefs ? Liebknecht ! Singer ! des juifs ! Leurs prédécesseurs, Lassalle, Karl Marx ? des juifs aussi ! Oh ! ils sont malins ! Ils veulent être du côté du manche le jour où une révolution éclaterait.

— Vous croyez donc que le mouvement socialiste est un mouvement juif ?

— Je vois que dans les états-majors, ce sont les juifs qui dominent. Voilà tout. Avez-vous jamais vu les socialistes attaquer les juifs ? Jamais.

M. VLADIMIR SOLOVIEV

PHILOSOPHE RUSSE.

M. Vladimir Soloviev est l'éminent philosophe russe, professeur de l'Université de Moscou, qui poursuit avec une foi ardente la réalisation d'un rêve qui lui est cher : la fusion des églises orthodoxe, grecque et romaine.

C'est le fils du fameux historien russe, dont l'*Histoire de Russie* est bien connue en France.

M. Vladimir Soloviev a publié chez nous l'*Idée Russe* (1) et *La Russie et l'Église universelle* (2), qui sont le résumé de ses travaux sur l'union des églises.

Auteur de nombreux travaux philosophiques, collaborateur des grands organes russes, en rapport avec tous les grands esprits de ce temps, M. Vladimir Soloviev devait donner à cet ouvrage une note personnelle intéressante à rapprocher des autres résultats de l'enquête.

L'homme, que j'ai eu le plaisir de voir quelquefois à Paris et en Russie, est d'un physique original : de très haute taille, les cheveux grisonnant

1. Perrin.
2. Savine.

très longs rejoignant une barbe infinie et enca-
drant ainsi une grande figure aux traits doux,
aux yeux profonds ; et l'on sent une nature véritablement bonne, à la voix musicale et caressante,
aux gestes affables, surtout à l'indulgence toujours élevée et soutenue des moindres propos.

Voilà la lettre qu'il a écrite à notre prière :

I

« Dans la grande lutte qui s'accentue de plus en
plus entre le socialisme révolutionnaire et les
partisans de l'ordre établi, nous voyons que des
deux côtés l'abus de principes est plus en cause
que les principes eux-mêmes. C'est en abusant
du principe de l'égalité, et non pas en l'appli-
quant dans son vrai sens, que les socialistes veulent renverser la société actuelle, et les conservateurs militants veulent défendre leurs intérêts
attaqués en faisant un abus déplorable du principe de la propriété. Il s'agit donc avant tout de
rétablir sur ces deux points la vérité défigurée
par les deux partis.

« Le principe de l'égalité dans son vrai sens
veut dire que tous les hommes sont égaux
comme hommes, comme personnes morales, —
la personnalité morale appartenant à chaque être
humain sans distinction. Il s'en suit qu'aucun
homme ne peut être considéré comme moyen
instrumental pour un usage quelconque (la pro-

duction des richesses par exemple), mais que chaque individu présente une valeur intrinsèque et possède un droit inaliénable à une existence conforme à la dignité humaine. La raison d'être de la société par rapport à ses membres est d'assurer à chacun d'eux non-seulement l'existence matérielle, mais encore une existence *digne*. Or, il est évident que la pauvreté au-delà d'une certaine limite — quand elle devient sordide ou quand elle oblige l'homme à sacrifier tout son temps et toutes ses forces à un travail mécanique — est contraire à la dignité humaine et partant incompatible avec la vraie morale publique. La société doit donc garantir tous ses membres contre cette pauvreté dégradante en assurant à chacun un *minimum* de moyens matériels.

« Il ne m'appartient pas de déterminer ce qui peut et qui doit être fait dans ce but. Heureusement les pouvoirs publics de l'Église et des Etats sont vivement préoccupés de la question. L'obligation sociale par rapport aux pauvres et aux déshérités tend à être universellement reconnue et nous voyons partout des efforts sérieux pour la remplir.

« Mais l'abolition de l'esclavage économique ne satisfait pas le socialisme égalitaire. Il demande la répartition égale des biens, l'abolition de la propriété individuelle et héréditaire, triste idéal qui serait horrible s'il était praticable. L'égalité y est conçue dans son expression extérieure et mécanique, et non pas dans son principe moral

qui est la solidarité humaine. Ce principe supérieur de la vie collective veut que tout le monde
soit également garanti du *mal* économique (la
pauvreté dégradante), mais il ne demande pas
que chacun ait une quantité égale de biens matériels, comme il n'exige pas pour tout le monde
une taille égale ou une chevelure également
épaisse. Il nous importe au point de vue moral
que tous nos prochains soient également exempts
de la misère, mais pas du tout qu'ils soient également riches. En dehors de l'esclavage économique qui doit disparaître comme a disparu l'esclavage personnel et civil, la différence des
fortunes n'est qu'un fait extérieur absolument
étranger à toute idée d'ordre moral. La solidarité
d'un corps vivant n'admet pas sans réagir qu'il y
ait des membres *malades*, elle demande que tous
soient également bien portants, mais elle n'exige
pas, elle *exclue* au contraire l'égalité des formes
et des dimensions pour tous les membres de l'u-
nité organique.

« Le principe de la propriété dans son vrai sens
peut bien être maintenu sans qu'on renonce pour
cela au grand devoir social dont j'ai parlé plus
haut.

« Pour remplir ce devoir, pour assurer à chacun un *minimum* de moyens matériels indispensables à la conservation et au développement
libre de ses forces morales et intellectuelles,
l'Etat comme représentant exécutif de la société
sera forcé sans doute à concentrer en ses mains
les principaux instruments de la production et

de la distribution — fabriques, banques, voies de communication, maisons de commerce, etc. Mais ce changement qui s'est fait déjà en partie et qui doit être définitivement accompli, soit par rachat obligé, soit par concurrence systématique, n'équivaut nullement à l'abolition de la propriété privée; car il ne porte que sur une espèce particulière de propriété incapable de prendre un caractère individuel. Il ne s'agit ici que de choses purement instrumentales, sans aucune valeur indépendante de leur usage matériel et n'ayant aucun rapport avec la personnalité morale. Rien ne s'oppose donc à ce que ces choses — qui d'ailleurs appartiennent déjà pour la plupart à des propriétaires *collectifs* — cessent d'être propriété privée et deviennent en vue du bien général — propriété publique.

« Il en est tout autrement dans les cas où la valeur de la propriété n'est pas limitée à son usage extérieur. Le lien qui rattache un homme à son patrimoine est — ou peut devenir — un rapport de sentiment personnel, de piété et non-seulement d'intérêt matériel. Il importe à l'humanité que ce rapport soit soutenu et développé là où il subsiste déjà, qu'il s'établisse là où il n'a pas pu se former auparavant, — le supprimer serait un attentat à la personnalité humaine, une injustice et une contradiction au point de vue de la fraternité universelle. Le socialisme matérialiste et grossièrement égalitaire ne conçoit pas la différence qui peut exister pour un propriétaire entre les machines de sa fabrique et les tombeaux de ses ancêtres. C'est une distinction subtile, peut-être, mais elle n'en est pas moins importante.

« D'un autre côté, il est non-seulement tout-à-fait erroné mais encore très imprudent au point de vue des conservateurs eux-mêmes d'exagérer trop la valeur de la propriété *comme telle*, d'ériger en principe absolu ce droit abstrait et formel d'user et d'*abuser* d'une chose quelconque.

« On met la propriété en elle-même au rang des plus grands biens, on en fait presque le *summum bonum*, et en même temps on persiste à vouloir laisser une grande partie du peuple sans la jouissance actuelle de ce bien suprême. C'est là un jeu risqué qui peut à la fin exaspérer le plus fort. J'admire beaucoup l'esprit conservateur plus élastique des privilégiés du moyen-âge qui malgré leur propre cupidité, leur luxe et leur luxure, se gardaient bien d'ériger en idole leur intérêt matériel et encourageaient, avec autant de bon sens que de dignité, les ordres mendiants à prêcher le mépris des richesses et à exalter la pauvreté « cette vertu chrétienne par excellence. » Les pauvres ayant la richesse en horreur n'en voulaient pas aux riches et tout le monde était content. Mais il serait inutile de vouloir revenir à cet équilibre social basé sur une erreur, sur un ascétisme plutôt bouddhique que chrétien et qui a vécu son temps. On ne saurait à présent sans une hypocrisie révoltante professer et pratiquer les idées de saint François d'Assise concernant la pauvreté évangéli-

que. Ce qu'il y a de mieux à faire c'est de se
tenir à la vérité pure et simple. La propriété n'a
rien d'absolu en elle-même ; ce n'est ni un bien
sacré qu'il faut défendre à tout prix sous toutes
ses formes et dans toutes ses manifestations, ni
un mal qu'on doit honnir et supprimer, — c'est
un principe relatif et conditionné qui doit être
réglé par un principe absolu — celui de la personnalité morale.

« Une personne morale ne peut avoir de droits
sans devoirs correspondants. Il est universellement reconnu que le droit de propriété implique
certains devoirs sociaux, mais on a tort de
méconnaître généralement que l'homme a des
devoirs non-seulement à l'égard de ses semblables, mais aussi à l'égard du monde inférieur —
de la Terre et de tout ce qui l'habite. S'il a le
droit d'exploiter la nature matérielle pour son
usage et celui de ses prochains, il a aussi le
devoir de cultiver et de perfectionner cette
nature pour le bien des êtres inférieurs eux-
mêmes qu'il doit par conséquent considérer non
pas comme un simple moyen, mais aussi comme
un but (1). Or, si l'exploitation de la Terre en
grand pour en tirer le plus d'utilité possible et
subvenir aux besoins de tout le monde — si cette
exploitation *quantitative* ne peut se faire avec
succès que dans les conditions de la propriété
commune ou publique, la culture et le perfec-

1. Cette vérité a été méconnue par Kant lui-même qui mieux
que tout autre philosophe a établi le principe de la personnalité
morale.

tionnement *qualitatif* de la nature demande, au contraire, un rapport individuel entre l'homme et l'objet de son travail. Ce rapport pour pouvoir se développer, pour devenir plus profond et plus intime, doit être fixe et constant, c'est-à-dire qu'il exige la propriété individuelle. Il faut donc maintenir les deux formes de la propriété comme également indispensables à la vraie vie humaine : la propriété commune pour assurer à tout le monde un *minimum* des moyens matériels, et la propriété individuelle — pour élever la nature au *maximum* de la perfection.

« Cette conception morale de la vraie propriété tient à des idées mystiques et elle suscite des questions pratiques. Il m'est également impossible, quoique pour des raisons différentes, d'entrer ici dans ces deux ordres d'idées. J'insiste sur le point principal : il faut absolument que la propriété ne soit pas basée sur l'intérêt matériel seulement, mais qu'elle tienne aussi à un rapport de devoir entre l'homme et le monde inférieur, — au lieu d'être *l'égoïsme étendu* aux choses elle doit réaliser la *solidarité universelle concentrée* dans des limites déterminées.

« Vous voyez qu'à ce point de vue les principes en apparence si opposés de l'égalité et de la propriété tiennent très bien ensemble dans une seule et même obligation morale. Cette obligation en tant qu'elle se rapporte à nos prochains ne permet pas qu'un homme soit employé comme simple moyen instrumental et demande une certaine égalité de conditions matérielles — non pas l'égalité arithmétique des biens, ce qui ne serait ni praticable ni désirable, mais une garantie égale pour tout le monde contre la misère et l'esclavage économique. Le même principe appliqué dans une sphère plus large ne permet pas que les êtres inférieurs de la nature matérielle elle-même soient des simples moyens pour nous, il impose à l'homme un devoir moral à leur égard — celui de les élever, de les individualiser, de les humaniser — devoir qui ne peut être bien rempli que dans les conditions de la propriété individuelle.

« Le vrai moyen pour les propriétaires de défendre contre le socialisme égalitaire et matérialiste leurs droits acquis c'est de reconnaître et de remplir leur devoir particulier dans toute son étendue.

« Des deux partis en lutte celui sera vainqueur qui le premier soumettra sincèrement et sans réserves son intérêt égoïste à un principe d'ordre moral. Sans cela il serait vain de chercher un appui extérieur dans la religion qui n'est pas une béquille pour des institutions caduques, mais une source de régénération pour l'humanité entière.

WLADIMIR SOLOVIEV.

Znamenskoïé p. Moscou le 6 août 1892.

MGR IRELAND

ÉVÊQUE DE MINNESOTA.

Mgr Ireland, évêque de Minnesota, l'un des hommes les plus populaires d'Amérique, est l'un des initiateurs de la mémorable évolution qui entraîne l'Eglise vers l'acceptation des institutions démocratiques : il a même enrégimenté dans l'Eglise l'élément ouvrier socialiste des Etats-Unis, et la formidable organisation des Chevaliers du Travail poursuit ses revendications à l'abri des doctrines chrétiennes. Ce mouvement avait tout d'abord été accueilli avec quelque inquiétude par le clergé européen, et Mgr Ireland dut venir, il y a deux ans, expliquer au Saint-Père la nécessité, pour le développement de l'influence chrétienne aux Etats-Unis, de tenir compte des besoins et des instincts des masses. Il fut non seulement approuvé, mais si bien compris, que Léon XIII a jugé bon de suivre en Europe la politique inaugurée par Mgr Ireland en Amérique. On se souvient que quand il passa à Paris à son retour de Rome, le prélat américain propaganda dans les milieux catholiques les idées qu'il venait de soumettre au Pape; l'effet produit par ses prédications ne fut pas étranger

à la facilité avec laquelle les catholiques français
ont suivi les conseils du Vatican en adhérant à la
République.

Nous avons désiré faire préciser par Mgr
Ireland comment il conciliait « les intérêts éternels de l'Eglise » et l'évolution sociale moderne.
Voici les questions que nous lui avons posées,
et auxquelles il lui a plu de répondre :

— *Que pensez-vous des prédictions des socialistes? Croyez-vous que des transformations
dans les organisations sociales soient prochaines? En attendez-vous de plus ou moins profondes? Par exemple, une condensation de plus en
plus grande des capitaux?*

— Les transformations prédites par les socialistes ne me semblent ni prochaines ni probables,
au moins dans la mesure où ils les annoncent.
Ce qui est probable, ce que je désire voir se réaliser le plus tôt possible, c'est l'amélioration de
la condition de la masse des travailleurs, leur
élévation au point de vue moral et intellectuel
comme au point de vue matériel. Cette amélioration, cette élévation auront pour conséquence
l'avénement de la démocratie et, en ce sens, la
disparition de ce qu'on appelle en Europe le
règne de la bourgeoisie, petite ou grande. Cela
se fera sans trop grande résistance. Comme le
disait excellemment un homme d'Etat belge, M. le
ministre Nothomb : «De nos jours plus que jamais,
personne ne demeure immobile. A mesure que
l'âge arrive, les uns vont à la réaction, les autres
à la démocratie. C'est l'évolution des esprits

les plus éminents de notre époque. Je n'ai pas la
prétention de me comparer à eux, mais je suis
des derniers, je l'ai été et le resterai. »

« Remarquez cependant qu'une vraie démocratie n'exclut pas, mais au contraire suppose les
influences sociales. Il y aura toujours, dans la
société, des hommes de génie et de talent, des
hommes d'un caractère plus élevé, des hommes
de vertu marquante, et ces hommes exerceront
toujours de l'influence ; la richesse en aura toujours aussi, et même trop. Une société où les
influences sociales sont faibles, où les influences
légitimes naturelles sont remplacées par d'autres,
est une société qui ne se trouve pas dans un état
normal. On a eu tort, en France, de trop parler
des *classes* dirigeantes, c'est une expression
malheureuse, qui a suscité des répulsions ; mais
s'il n'y a pas de *classes* dirigeantes, il y a et il
y aura toujours des *hommes dirigeants*.

« Je ne crois pas à une condensation extrême
des capitaux, en ce sens du moins qu'ils seront
possédés par un petit nombre à l'exclusion de
tous les autres, de la masse. Je crois, au contraire, à une répartition plus générale des capitaux, en ce sens que les travailleurs étant mieux
rétribués, plus moraux et plus instruits, pourront faire des épargnes et employer ces épargnes
en actions de toutes sortes. Voyez ce que dit
Léon XIII de la diffusion de la propriété, en
parlant du capital. Sans doute, il y aura toujours
de grandes fortunes ; mais les grandes fortunes
ne sont un mal que quand elles sont acquises

par la fraude et l'injustice ; et d'ailleurs elles ne
sont pas incompatibles dans un pays avec des
petites fortunes ; au contraire, bien souvent, les
petites fortunes se forment à l'ombre des grandes. On l'a dit avec raison : il n'y a nulle part
plus de millionnaires qu'aux Etats-Unis, et nulle
part il n'y a moins de pauvres ; par contre, nulle
part il n'y a moins de millionnaires qu'en Russie
et nulle part il n'y a plus de pauvres. Il y aura
donc toujours de grands capitalistes ; les grands
capitalistes auront toujours de l'influence, et
cette influence sera naturellement accrue par
l'association ; mais l'association, à son tour,
protègera les petits capitalistes, les ouvriers.
Entre les intérêts des uns et des autres, indépendamment des influences morales et religieuses,
il y a et restera le pouvoir civil, dont la mission est de trouver des lois sages qui assurent
la liberté, les droits, l'activité de tous, surtout
des plus faibles ; dans les temps de transition
surtout, ces lois ne sont pas faciles à faire. Mais
c'est là quelque chose d'inhérent à la nature
humaine.

— *On vous a appelé « l'évêque socialiste » ;
acceptez-vous ce qualificatif et, en tous cas, ne
croyez-vous pas que vos idées seraient rejetées
par les écoles socialistes?*

— Entendons-nous. Le mot socialiste sonne
mal, et avant de l'appliquer à mes idées, il convient de le définir. Si par socialistes vous entendez ceux qui se préoccupent des nécessités et
des misères sociales, qui désirent améliorer

l'état de la société, qui demandent, en vue de
cette amélioration, non pas seulement l'action
des individus, l'influence des associations volon-
taires, mais aussi une raisonnable intervention
du pouvoir civil, oui, j'ai des idées socialistes, à
la manière de Léon XIII et de tant de nobles
catholiques français. Mais si par socialistes vous
entendez ceux qui partagent les théories de
Marx, de Benoît Malon, de G. de Greef et
autres, théories qui consistent à nier la légitimité de la propriété privée de la terre et des
instruments de travail, non, je n'ai pas d'idées
socialistes.

« Je n'ai pas le moindre doute que mes idées ne
soient rejetées par les sectes socialistes ; la plupart de leurs organes se sont parfaitement expli-
qués à ce sujet à propos du cardinal Manning et
plus récemment à propos de l'Encyclique de
Léon XIII. Partout les sectes socialistes s'opposent au mouvement social chétien. En travaillant
à faire disparaître les justes griefs de la classe
ouvrière, le mouvement chrétien enlève au socialisme sectaire sa raison d'être.

« Ce n'est pas à dire pourtant que les promo-
teurs du mouvement social chrétien ne prêchent
que la charité et la résignation ; loin de là ! ils
prêchent avant tout le droit, la justice ; le droit
naturel des travailleurs ; la justice *complète*,
sociale aussi bien qu'individuelle. La justice
est le fondement des sociétés, a-t-on dit ; elle
est aussi le fondement de l'ordre économique.
Donc, la justice d'abord ; après la justice, la

charité ; on ne substitue pas la charité à la justice ; on complète l'une par l'autre ; là où la justice
ne commande plus, la charité intervient.

« Sans doute, notre conception de la vie diffère
essentiellement de celle des matérialistes ; notre
raison et notre foi nous enseignent que la vie présente est une préparation à une vie meilleure.
Mais par là nous ne sommes nullement conduits
à négliger le bien-être matériel. Les biens matériels ne constituent pas notre fin ; ils sont des
moyens. Leur possession, à un degré raisonnable, est de très haute importance pour la vie religieuse et morale de l'homme. De combien de
vices la misère n'est-elle pas accompagnée ?

— *Admettez-vous comme légitimes les aspirations actuelles des masses vers l'égalité sociale
absolue ? Croyez-vous que les inégalités naturelles pourraient se concilier avec l'égalité
sociale ?*

— Les aspirations des masses vers l'égalité
sociale (j'entends une égalité raisonnable) sont
parfaitement légitimes. L'égalité sociale n'est
après tout que l'expression de l'égalité au point
de vue de la dignité humaine et de la dignité de
chrétien. Il faut cependant prendre garde que
l'égalité sociale n'est pas opposée à la hiérarchie
sociale : parenté, services, autorité engendrent
des droits et des devoirs sociaux qui ne sont pas
les mêmes pour tous ; le génie, le talent, la vertu,
les richesses apportent considération et donnent
certaine prééminence morale qui sera toujours
admise. Cette observation suffit pour montrer

que l'égalité sociale peut se concilier parfaitement avec l'inégalité naturelle. L'inégalité naturelle est celle de l'intelligence, des forces, de la
santé, etc. Cette inégalité est plus ou moins cor-
rigée dans la société, qui protège les faibles, etc.
La hiérarchie sociale est chose naturelle, indes-
tructible ; ce qui n'est pas aussi naturel, ce que
l'on peut abolir, c'est la trop grande distance
entre les deux bouts de cette hiérarchie ; il n'est
pas nécessaire que les uns soient si haut et les
autres si bas.

— *Puisque vous admettez que les sociétés
peuvent recevoir des transformations, pensez-
vous que la trilogie* Famille, Religion, Propriété
*doivent nécessairement échapper à ces trans-
formations ? Est-elle immuable et préétablie par
Dieu comme indispensable à toute société ?*

— L'action de la Providence, qui amène tout à
ses fins, n'empêche pas le cours naturel des choses et ne supprime pas la liberté de l'homme.
Des modifications dans la forme des sociétés
sont donc possibles, mais la famille, la religion
et la propriété sont des éléments essentiels à
toute société humaine. La famille en est le principe ; la religion en est le couronnement ; la propriété (considérée en soi, indépendamment de
ses formes variables) est une condition de vie,
de liberté et de progrès.

« La forme de la *famille* est déterminée par la
nature même de l'homme, ses forces physiques,
ses facultés intellectuelles, ses sentiments et ses
instincts, les caractères de chaque sexe ; et cette

forme a été sanctionnée par le Christ. Elle ne
changera pas; mais ce que l'on peut désirer, ce
que l'on peut espérer, c'est une réalisation plus
parfaite de cette forme, et cette réalisation ne
peut être obtenue que par le progrès des mœurs,
des coutumes, des lois. On a fait, surtout ces
dernières années, l'histoire du mariage; on a
même fait l'histoire du mariage chrétien. Que
l'on veuille considérer les faits et que l'on
médite l'Encyclique de Léon XIII sur cette
matière vraiment fondamentale.

« De même la forme de la *religion* est déterminée (d'une manière générale) par la nature,
quant à son objet, quant à ses principaux actes,
etc.; elle a aussi été déterminée d'une manière
spéciale et positive par le Christ. Il n'y a donc pas
à attendre une forme nouvelle ; mais il n'est pas
défendu d'espérer une intelligence plus complète
et une réalisation plus générale et plus parfaite de
l'idée chrétienne, et par conséquent une influence
plus puissante de l'Évangile sur la vie des individus et des nations. En dehors du christianisme
il pourra surgir de nouvelles formes religieuses,
comme l'a été le mahométisme; mais ces formes
si elles s'emparent d'une fraction de l'humanité,
ne seront pas un progrès. Quant à un néo-chris-
tianisme, ce ne sera jamais, comme on l'a dit,
qu'une *religion d'amateur*.

« La *propriété* est chose essentielle, mais ses
formes n'ont rien d'absolu : elles dépendent de
la situation sociale, industrielle, politique et
morale des peuples. L'histoire de la propriété a,

dernièrement, en France et ailleurs, occupé beaucoup de savants et d'érudits; cette étude ne peut que jeter de la lumière sur les questions de philosophie sociale.

— *Parmi les modifications possibles de la propriété, lesquelles verriez-vous d'un œil favorable? Que pensez-vous de la théorie communiste?*

— La forme de la propriété n'a pas été la même à toutes les époques, et aujourd'hui encore elle n'est pas absolument la même dans tous les pays. Quelles modifications sont possibles, utiles, nécessaires, cela dépend des conditions dans lesquelles chaque peuple se trouve. Des modifications de ce genre ne se font guère à coup de législation, si ce n'est pour leur donner une dernière sanction; elles s'opèrent lentement par le progrès des mœurs et sous l'empire des circonstances. Un exemple de pareilles modifications est l'introduction et la disparition de la propriété féodale.

« Le système de propriété le plus désirable me paraît être celui qui réunirait les qualités suivantes : stimuler l'activité humaine et le travail individuel en lui assurant une juste rétribution ; maintenir la stabilité de la famille ; favoriser une équitable distribution des biens de ce monde.

« La théorie communiste ne tient compte ni de la nature des choses, ni de la nature de l'homme. Sa réalisation ne me semble guère possible, et si elle s'effectuait, elle n'aurait que des résultats fatals à la civilisation. Herbert Spencer l'a récemment montré dans l'*Introduction* qu'il a écrite pour le livre *The man versus the state*. La communauté des biens peut exister (et avec quelles difficultés) ! parmi un certain nombre d'hommes voués au célibat et au culte de Dieu ; elle aurait peut-être existé dans l'âge d'or et l'état d'innocence ; mais elle ne répond guère à l'état réel de l'humanité présente.

« Mais, pourtant, le mouvement actuel renferme des éléments fort complexes qu'on ne peut juger en bloc, au point de vue de la moralité et de la civilisation. Il y a peu de théories, si fausses qu'elles soient dans leur ensemble, qui ne renferment des éléments de vérité et de justice ; et les erreurs qu'elles contiennent sont souvent l'occasion qui détermine une intelligence plus complète de la vérité. Ainsi on ne peut nier que l'agitation communiste n'ait provoqué une compréhension plus adéquate de certains principes sociaux, et un sentiment plus net et plus profond de la justice sociale, qu'il n'ait porté les gouvernements à bien des mesures heureuses, que sans cela ils n'auraient pas prises.

— *Quel est l'état de la question sociale en Amérique ? Où croyez-vous que les théories socialistes aient le plus de chances d'aboutir, en Europe ou aux Etats-Unis ?*

— La question sociale existe en Amérique. Voyez à ce sujet le livre du professeur Ely, *The labor movement in America*. A mon avis, la différence entre notre situation et celle de l'Europe est celle-ci :

« Le mouvement social se manifeste ici surtout par de nombreuses et puissantes associations ouvrières. Ces associations ont pour but principal de maintenir de bons salaires ; elles se préoccupent de la moralité de leurs membres et de l'éducation professionnelle. Vous savez encore qu'il y en a qui travaillent à maintenir l'harmonie entre patrons et ouvriers, à prévenir les grèves. Je crois que parmi le peuple américain il n'y a guère d'anarchistes ; il y a peu de communistes, et le nombre des collectivistes ne doit pas être très grand. Encore nous sont-ils venus et nous viennent-ils surtout du dehors ; l'immigration européenne nous en apporte le principal contingent. Les détails fournis à ce sujet par M. Ely sont fort intéressants. Quant au mouvement agraire de Henry George, il est loin d'être puissant.

« Les théories socialistes me semblent avoir beaucoup moins de chances d'aboutir en Amérique qu'en Europe. D'abord, le sentiment de la dignité et de la responsabilité personnelle, l'esprit d'entreprise et d'initiative sont fort développés chez le peuple américain : il aime et apprécie la liberté individuelle, et il a le respect de la loi ; or, ces dispositions ne sont pas précisément celles qui conduisent à des bouleversements sociaux. De plus, il y a place ici pour toutes les énergies ; le travail, s'il est joint à la moralité, assure à tous une vie honorable et permet à un grand nombre de s'élever ; puis la plupart des Américains étant, comme on dit, fils de leurs œuvres, ayant conquis leur situation par leur valeur personnelle, souvent au prix d'efforts, de périls, de sacrifices héroïques, ne sont, ni eux ni leurs enfants, fort disposés à partager, bien qu'ils donnent largement à toute œuvre vraiment utile ; ils défendraient leur avoir avec la même énergie qu'ils ont mise à l'acquérir. D'un autre côté, certaines causes philosophiques, morales, politiques, qui, ailleurs, favorisent le développement du socialisme, n'agissent guère ici ; je fais surtout allusion à la centralisation administrative, à l'ingérence minutieuse du gouvernement dans les affaires des citoyens, au régime militaire, aux traditions autoritaires, etc. »

Voilà quels sont les points principaux sur lesquels Mgr Ireland a bien voulu s'expliquer. Ils suffisent à montrer les différences qui séparent le socialisme chrétien du socialisme scientifique ou révolutionnaire.

M. EUGÈNE FOURNIÈRE.

A côté des collectivistes marxistes ; M. Benoit Malon s'était fait le protagoniste d'un socialisme plus large s'inspirant des besoins moraux des hommes autant que de leurs besoins matériels. M. Benoit-Malon étant mort au cours de cette enquête, nous avons demandé à l'un de ses disciples, le plus brillant et le plus autorisé, M. Eugène Fournière, de résumer par notre enquête, la doctrine du maître, voici ses réponses à nos questions :

D. — *La question économique prime-t-elle au point de rendre les autres questions négligeables? Ou bien est-elle liée aux questions religieuses, politiques, patriotiques, psychologiques, au point d'en dépendre?*

R. — Dans l'ensemble du concept social, tous les phénomènes sont liés les uns aux autres, se pénètrent les uns les autres, s'influencent réciproquement. Les *questions* auxquelles donnent lieu les manifestations de ces phénomènes ne peuvent donc être étudiées isolément. La question économique est évidemment la question *angulaire* du socialisme, de même que la connaissance de l'économie politique est la première que

doit acquérir quiconque veut faire de la sociolo-
gie. Mais la question économique, si elle est la
question primordiale, n'est pas la question unique ou dominante. Elle est aux autres questions
dont l'ensemble constitue la question sociale, ce
que l'orthographe est à la syntaxe, à la rhétori-
que, etc. Tel phénomène économique est produit
par des évènements politiques et tel évènement
politique a des conséquences économiques. L'histoire, le droit, la morale, l'etnographie, serviront
dans un prochain avenir, autant et plus que la
statistique elle-même, à constituer l'économie
sociale à l'état de science réelle.

D. — *Comment les socialistes concilient-ils
leurs prétentions à une Révolution rapide,
quasi-absolue, et la nécessité des actions lentes
que proclame la théorie de l'Évolution dont ils
se réclament?*

R. — D'abord, qu'entend-on par révolution? A
mon sens, une révolution n'est pas l'acte violent,
barricades, échafauds, etc. Le 14 juillet 1789 vit
une émeute triomphante; le 22 septembre 1792
vit une révolution. Que *ceci* soit manifesté,
amené par *cela*, il n'y a pas de conteste. Mais
cela est amené par les actions lentes de l'évolution qui font qu'à un moment donné il y a trop
flagrante contradiction entre les faits et les lois,
entre les mœurs et les institutions.

« C'est la tendance naturelle de toute autorité,
de se fixer dans les formes politiques et admi-
nistratives héritées du passé; même alors que
la société, ayant évolué en avant, ne tire plus

aucun avantage, au contraire, de ces formes.

D. — *Pourquoi avez-vous abandonné le socialisme militant, le parti ouvrier?*

R. — Cette question que vous avez posée à mon regretté ami et maître Benoît Malon, et à laquelle la mort ne lui a pas laissé le temps de répondre, a sa réponse dans l'œuvre même de l'auteur du *Socialisme intégral.* On ne peut mener de front les études doctrinales et la lutte politique. Il est vrai que Malon a été un militant et qu'il a rompu avec le parti ouvrier pour d'autres causes encore que la nécessité de s'enfermer dans ses travaux de bénédictin. Il a rompu une première fois avec le socialisme marxiste, en 1882, pour des raisons de doctrine qui engendraient nécessairement des divergences de vues sur la tactique du socialisme militant. Il fonda alors, avec Paul Brousse, le parti ouvrier dit possibiliste, d'où il sortit rapidement pour se consacrer exclusivement à son œuvre théorique. Il se retira de la fraction possibiliste non parce qu'il répudiait le caractère évolutionniste de cette fraction, au contraire ; mais parce que le possibilisme, en tant que parti politique, avait adopté dans son organisation intérieure une discipline étroite et autoritaire, à laquelle il a d'ailleurs renoncé lors de la séparation en broussistes et allemanistes. Ceux-ci ont répudié la tactique évolutionniste, mais conservé la discipline ; aggravant ainsi les défauts de la fraction sans en conserver les qualités. Doctrinalement j'ai suivi Malon, je dirai tout à l'heure avec quelles différences de méthode. Politiquement, je n'ai cessé d'être un militant. Ceux qui, ainsi que moi, ne sont encadrés par aucun des bataillons du socialisme militant : le marxiste, le possibiliste broussiste, le possibiliste allemaniste, le blanquiste nuance Vaillant, le blanquiste nuance Granger, l'intransigeant, et se disent socialistes sans épithète et marchent au canon quel que soit le corps engagé, sont de beaucoup les plus nombreux dans le parti socialiste. Ils ne sont pas organisés en fraction spéciale, mais ils comptent des hommes tels que Jaurès, Millerand, Viviani, Sembat, Rouanet. Pour ne parler que de Paris, alors que la fraction broussiste n'a que deux députés, la fraction allemaniste trois, la fraction blanquiste Vaillant deux, la fraction blanquiste Granger trois, la fraction intransigeante trois, la fraction marxiste pas un, ils en comptent sept. De même au Conseil municipal : sur dix-neuf révolutionnaires, les non-encadrés sont au nombre de six ; les treize autres appartiennent à quatre fractions différentes.

D. — *Si personnellement vous êtes partisan de l'évolution de détail, les gens qui pensent comme vous, semblent ralliés à une révolution d'ensemble, Allemane par exemple.*

R. — La question n'est pas clairement posée. Qu'entendez-vous par évolution de détail? Pour nous, toutes les réformes que nous demandons se tiennent, s'enchaînent, s'appellent les unes les autres par séries. Aucune d'elles ne peut être isolée. Appliquée isolément, elle serait annulée. Supposez que nous obtenions l'instruction intégrale à tous les degrés, comment l'appliquerons-nous si nous n'avons obtenu en même temps que tous les enfants seront mis pour leur entretien à la charge de la commune et de l'Etat? Ainsi de toutes les autres réformes. Allemane et ses amis diffèrent de nous en ceci: qu'ils ne croient pas à l'utilité de réformes, seule une subversion totale de l'ordre actuel est possible et désirable. Pour nous, les réformes préparent la révolution (j'entends par ce mot la transformation économique et sociale, sans préjuger des moyens qui l'amèneront); pour eux les réformes la retardent. Il s'ensuit que tandis que nous comptons beaucoup sur l'action législative, ils ne comptent guère que sur l'action révolutionnaire, au sens insurrectionnel du mot.

D. — *Pourquoi n'avez-vous pas essayé d'organiser un parti du socialisme intégral ?*

R. — Va pour le mot « intégral » puisque Malon l'a fait accepter. « Évolutionniste » ou « scientifique » serait plus exact, à mon sens. Mais ce parti existe. Il a pour tacticien Millerand et pour orateur Jaurès. Il s'appelle le parti socialiste tout court, et il impose sa méthode par la seule force des choses à tous les socialistes. Malon n'a pas à vrai dire constitué une doctrine. Ceux qui l'opposent à Karl Marx rendent à sa mémoire un mauvais service.

« Provisoirement, la critique économique de Marx sert de base à toute la construction socialiste. Malon l'a acceptée et étendue. Là où les disciples de Marx ne voyaient qu'un processus économique influençant et même déterminant l'ensemble de l'évolution humaine, Malon a vu le parallélisme, la simultanéité, l'influence mutuelle des diverses formes de l'évolution : économique, politique, morale, mentale, sans pour cela nier que la question économique forme la base de toutes les questions. Mais elle n'est pas toute la question. Pour établir sa thèse, Malon a employé une méthode selon moi défectueuse.

« Dans sa documentation, il a tenu compte autant des opinions que des faits, ces opinions émanassent-elles de penseurs absolument divergents. A cette méthode, qu'il me permit (car il était très tolérant et sollicitait la critique de ses amis) de qualifier de scolastique, il serait bon de substituer la méthode scientifique qui consiste à grouper les faits et les phénomènes, à les étudier dans leurs origines, à les analyser dans leurs éléments, sans idée préconçue de la direction qu'une évolution ultérieure pourra leur imprimer. On peut alors les montrer concourant à la formation de chacune de nos institutions sociales et dire la part que chacun d'eux y prend. Le très grand effort de Malon rend à présent possible cette tâche qui permettra de remplacer les provisoires constructions théoriques de Marx par une construction sociologique d'ensemble. Qui osera, qui pourra l'entreprendre ?

D. — *Croyez-vous pratiques des changements de détail ?*

R. — Oui. Toute amélioration fait naître un nouveau désir d'amélioration.

D. — *Ne sont-ils pas de nature à entraver, à reculer au moins l'avènement du collectivisme?*

R. — En quoi ? Le collectivisme n'est pas un absolu, ni un but. C'est un moyen indiqué par la tendance de l'évolution industrielle. Ce que nous voulons, c'est plus de liberté dans plus d'égalité, par plus de solidarité. Communisme, collectivisme, coopération, propriété individuelle, sont des formes éternelles. Elles varient d'importance selon l'état de l'industrie des sociétés. A présent la production est collectiviste et la répartition des produits individualiste. Je veux dire qu'une collectivité d'ouvriers produit et que des individualités non ouvrières consomment la meilleure part du produit. Que demain l'électricité ou les moteurs à pétrole permettent à chacun de posséder sa machine-outil, nous n'aurons plus de raison de réclamer le collectivisme industriel. Mais cela est peu probable. Déjà l'alène a sauté des doigts du cordonnier, qui a dû quitter son échoppe et s'annexer aux machines qui font sa besogne pour le compte du patron ou de la compagnie.

D. — *Êtes-vous centraliste, ou êtes-vous pour l'autonomie communale?*

R. — Je suis à la fois l'un et l'autre. A la commune, les tâches et institutions d'ordre communal, à l'État, celles d'ordre national. Ce n'est pas pour la commune qu'est donnée l'instruction laïque, mais pour l'État, chaque enfant devant être un jour citoyen. L'autonomie absolue est un rêve rétrograde, qui éparpillerait la vie sociale et politique. Mais le centralisme qui ne permet pas même à une commune de placer une borne fontaine sans l'assentiment de l'État me paraît aussi rétrograde.

D. — *Quelles sont les étapes des réformes que vous projetez?*

R. — Demandez-le aux radicaux, qui de notre minimum ont fait leur programme maximum. Ils ont bien fait d'ailleurs ; ils ont ainsi préparé l'opinion, dont nous choquions un peu trop brusquement les idées toutes faites. La première étape, c'est une législation rectifiant le laissez-faire, le laissez-passer des économistes, empêchant le capitaliste d'abuser de la force, de la santé et de la vie du travailleur, favorisant celui-ci contre celui-là pour égaliser un peu la balance. En même temps, on peut faire rentrer dans le domaine national et communal, les organes économiques d'ordre général, services publics, monopolisés par des associations purement financières, nullement professionnelles : banque de France, chemins de fer, mines, canaux, omnibus et tramways, éclairage, etc. Ensuite, appliquer le collectivisme, c'est-à-dire rendre à la nation tout le capital immobilier des industries et des transports dont la mise en œuvre nécessite l'effort collectif et dont la propriété est actuellement indivise par le système des actions.

D. — *Croyez-vous mûr le mouvement socialiste? Ne craignez-vous pas que les ouvriers le comprennent mal la plupart du temps ?*

R. — Si le mouvement socialiste n'était pas mûr, que signifieraient les victoires que nous remportons à chaque élection? L'idée est toujours l'expression du fait. Si l'ouvrier était content de son sort, il ne nous écouterait pas. Certes, il n'est pas théoricien et ignore l'économie politique. Mais il sait, dans la grande industrie, que le patron a disparu et que le profit va à des messieurs qui ne savent même pas dans quel pays on leur produit des dividendes. Dans la petite et moyenne industrie, le patron, écrasé par le crédit onéreux, par la grande industrie, comprend que le salut est dans l'association et que, pour les faibles, seul le socialisme peut la réaliser. Ainsi des paysans, ainsi des commerçants. Ils deviennent de plus en plus rares les ouvriers pour qui le patron est l'ennemi, de même que plus rares les révolutionnaires qui s'en prennent au « sergot ». On vise à la tête, maintenant, je veux dire au régime, et on ne s'en prend plus guère aux hommes.

D. — *Les adhérents au collectivisme sont-ils nombreux vraiment?*

R. — Oui, surtout dans les grands centres de production, où la forme collectiviste fonctionne exclusivement au profit des anonymes possesseurs du capital. Mais la masse a plutôt l'instinct, le sentiment d'une réforme sociale que la vue nette de telle ou telle organisation.

D. — *N'y a-t-il pas place, à gauche du parti radical français, pour un parti avancé qui*

n'adhèrerait pas d'une façon aveugle aux théo-
ries du marxisme?

R. — Il n'y a place que pour un parti socialiste sans étiquette, dont le marxisme, blanc-
quisme, etc., sont des fractions répondant à des
nécessités de temps et de lieu. Le temps est
passé où nous nous battions pour savoir comment seraient mangés les œufs après la Révolution. Aujourd'hui, nous sommes tous d'accord
pour aller les dénicher tout d'abord. Nous lais-
sons au temps, père de l'étude et de l'expérience,
le soin de mettre d'accord nos menues divergences doctrinales. »

M. PAUL LEROY-BEAULIEU

De l'Institut, du Collège de France et de la *Revue des Deux Mondes*, il représente les immuables théories de l'économie politique dogmatique, — laissez faire, laissez passer, — auxquelles il accommode les plus récentes statistiques. C'est un érudit dont la situation sociale et l'éducation doctrinaire ont fait le défenseur attitré des droits acquis.

Quel admirable paysage pour atteindre de Lodève (Hérault) le château de « Monplaisir », résidence d'été de M. Leroy-Beaulieu ! C'est dans les gorges des Cévennes, des routes ombragées de platanes bordant des ruisseaux escarpés et presque à sec, traversés par des ponts alpestres. De chaque côté les coteaux superposent leurs terrasses étayées de murs de pierre et couvertes de vignes; par endroits, la roche d'un rouge de sang met de larges plaques vibrantes sous le ciel bleu de cobalt. On arrive. Une barrière blanche s'ouvre, la voiture s'engage dans une avenue traversant des plants de choux et de vignes ; on passe un pont jeté sur une miniature de précipice que domine encore une terrasse plantée de grands arbres, agrémentée de massifs de fleurs ; en haut d'un perron, c'est la vaste maison toute blanche, rustique presque, mais compliquée de corps de bâtiments inégaux, communs, écuries, etc.

Le salon aux volets hermétiquement clos a gardé une fraîcheur délicieuse ; cette fraîcheur, le parquet ciré, les meubles d'acajou en damas jaune et rouge et du plus pur style Louis-Philippe, tout cela donne l'impression de ces vieux châteaux perdus de province, qu'on n'ouvre que dans les grandes occasions, seulement habités par les portraits de famille.

L'entrée de M. Paul Leroy-Beaulieu interrompt mon inventaire ; il veut bien m'assurer avoir suivi avec intérêt mes différentes conversations ; nous nous installons dans des fauteuils extraordinairement Louis-Philippe et je parle :

— Avant toutes choses, monsieur, dis-je, je désirerais avoir votre appréciation sur une question de fait : la tendance qu'ont les capitaux à s'agglomérer de plus en plus, à agir en commun par grandes masses, est-elle aussi générale que certains l'ont prétendu, domine-t-elle absolument la situation présente, ira-t-elle en s'accentuant ?

— Il est incontestable, me répond mon hôte, que cette action en commun de vastes capitaux est un fait qui domine la fin de notre siècle. Les causes en sont d'ailleurs faciles à saisir : le développement des machines, la nécessité de grandes entreprises pour répondre à des besoins nouveaux, — par exemple les chemins de fer, —

la concurrence qui a nécessité tous les perfectionnements, ont amené cet état de choses. Mais
cela n'a rien d'absolu, comme le prétendent les
collectivistes. Pas plus que tous les phénomènes
économiques que nous pouvons observer ! C'est
un point de la marche des choses, c'est un fait
que nous devons enregistrer. Mais c'est tout !
Nous n'avons pas le droit d'en tirer les conséquences qu'en tirent ces messieurs, ni surtout
de partir de là pour bâtir des théories. Nous
avons en France une singulière manie qui est de
rechercher constamment une panacée universelle
et de promettre au public une foule de bienfaits
chimériques devant résulter de telle ou telle
organisation. Or, cela est tout-à-fait faux. On ne
change rien, on ne détruit pas les intérêts par
des organisations ou des lois ! Et les intérêts,
voyez-vous, il n'y a que ça ! C'est la lutte des
intérêts qui constitue la vie des sociétés, notre
seul droit est d'enregistrer les phases de cette
lutte, et pas autre chose !

— Alors, vous ne croyez pas que la concentration des forces de production doive fatalement
bouleverser l'état social actuel ?

— Je crois que cette concentration existe
actuellement. Mais c'est la vapeur qui a fait cela.
L'électricité pourra faire le contraire ! Si je voulais me lancer dans les suppositions, j'imagine-
rais volontiers que la petite industrie a un très
grand avenir. On pourra peut-être avoir bientôt
des moteurs à domicile qui, pour un grand nombre d'industries, supprimeront les vastes ateliers

et permettront de rétablir l'ancien état de choses :
les ouvriers-patrons travaillant chez eux à leur
compte. Remarquez, d'ailleurs, que cela est
d'accord avec une théorie très juste qui veut que
toute évolution procède par actions et réactions.
On a été très loin dans la concentration, le
moment est peut-être venu d'un retour à la division.

— Vous croyez alors que les sociétés évoluent
et que les soi-disant *bases immuables* sont sus-
ceptibles de changement?

— Entendons-nous! Je crois au progrès, mais
il y a des choses qui ne changent guère, la
nature humaine, entre autres, dit finement
M. Leroy-Beaulieu; et quant à croire qu'on peut
tout bouleverser avec des lois, comme je vous
le disais c'est une pure folie!

— Pourtant, les idées ont bien changé avec
les siècles?

— Les idées! sans doute. Mais les intérêts?
Ils sont toujours les mêmes et voilà ce qui fait
la lutte pour la vie, la constitution des sociétés.
C'est pour avoir oublié cela que le socialisme a
toujours fait fausse route. Le besoin de supériorité, l'émulation, la soif des richesses ont toujours dominé parmi les hommes, et tout ce que
nous savons de l'histoire nous montre constamment la même conflagration d'intérêts sous des
formes différentes; peut-être est-on devenu plus
humain, oui, sans doute! On a supprimé l'esclavage, la torture, les idées de charité se sont
répandues, on met dans les rapports moins de

brutalité, mais c'est tout! Nous n'avons pas le
droit de constater autre chose et surtout de
leurrer les ouvriers avec des utopies!

— Vous ne croyez donc pas à la possibilité de
constituer une *science sociale*, de reconnaître
un certain nombre de vérités générales comme
ont fait, par exemple, les écrivains du xviiie siècle, Rousseau, Voltaire, les Encyclopédistes? Et
cela sans trop s'inquiéter des conséquences, car
ils ne prévoyaient pas absolument la *Déclaration
des droits de l'Homme* et le suffrage universel?
En un mot, accordez-vous aux socialistes le droit
de proclamer certaines vérités?

— Je ne leur refuse pas le droit de parler,
dit M. Leroy-Beaulieu, avec un sourire ténu ;
je suis partisan de toutes les libertés, mais je
suis convaincu qu'ils ne font rien de ce que
vous dites! Votre comparaison avec les écrivains du siècle dernier ne s'impose pas! Et
quant au socialisme, il n'y a rien de plus faux
et de plus malsain... A part Fourier peut-être,
il n'y a pas un seul socialiste sérieux; je ne vous
parle pas de Proudhon et de Louis Blanc qui
sont des esprits chimériques; mais les contem-
porains, les Allemands Lassalle et Karl Marx
sont des gens qui n'ont absolument aucune
valeur! qui ne méritent aucune sérieuse considération! En France, nous avons la bande des
Lafargue et autres, de purs politiciens, des
meneurs, des ambitieux, voilà tout !

M. Leroy-Beaulieu parlait lentement, correc-

tement, soignant ses phrases qui tombaient dans
le silence du grand salon froid comme les morceaux d'un discours officiel. Pourtant, je m'intéressais fort à ses paroles, sentant peu à peu
qu'une passion soigneusement cachée les faisait
jaillir plus rapides. C'était, si l'on peut dire, une
passion froide, semblant résulter de raisonnements plutôt que d'inconscients enthousiasmes,
et j'examinais mon interlocuteur à mesure qu'il
discourait. Derrière le lorgnon le regard droit
a des reflets d'acier, le teint est jaunâtre, bilieux
peut-être, le nez court étale des narines qui se
contractent nerveusement, la bouche est cachée
par une moustache retombante et, dans la barbe
floconneuse et grisonnante, on croit trouver le
dessin des favoris et de l'impériale des beaux de
1860. Les cheveux légers et frisés à petites boucles se font rares sur le sommet du crâne et
entourent la tête d'une sorte de couronne ecclé-
siastique.

— Que reprochez-vous aux collectivistes?

— Mais ce serait la tyrannie la plus odieuse
qu'on puisse imaginer; lisez Richter! Et vouloir
« organiser l'égalité » au nom de l'intérêt général, c'est de la démence toute pure! Il faut qu'il
y ait des pauvres et des riches pour que les
pauvres luttent pour devenir riches, car c'est
de cela qu'est fait le progrès social, non d'autre
chose.

— Pourtant... l'égalité, Jésus et ses apôtres
l'ont prêchée?

— Ah! l'égalité dans l'autre monde! Très

bien! Parfait! réplique vivement M. Leroy-Beaulieu. C'est celle-là qui est vraie, c'est la conviction consolante qu'il faudrait répandre encore
aujourd'hui, car, voyez-vous, la lutte des intérêts est plus vive que jamais et, encore une
fois, ce n'est que par l'inégalité des conditions
dans toute sa rigueur que le progrès peut se
perpétuer et s'étendre.

— Vous ne croyez donc pas, insistai-je, qu'il
y ait dans les idées socialistes d'égalité quelque
sentiment de justice ; que, par exemple, tous les
hommes ont en naissant les mêmes droits à la
propriété du sol?

— *Je ne crois pas cela du tout*, répondit-il
en appuyant; le principe d'hérédité est nécessaire au maintien de la famille, c'est encore un
élément d'émulation. Il y a des gens qui travaillent pour leurs enfants et qui ne feraient rien
pour eux-mêmes. Sans ce mobile, ce seraient
encore des activités perdues...

—Comment se légitime à vos yeux le droit de
propriété?

— Mais il se légitime de lui-même! Ce que
nous possédons, nous l'avons acquis à force de
travail ou bien nos parents nous l'ont laissé —
ce qui pour moi revient au même — la propriété
c'est la récompense de l'effort, car enfin, on ne
peut plus venir nous parler des premiers conqué-
rants qui se sont emparés brutalement des terres; il a été prouvé que les fortunes ont toutes
été détruites et reconstituées de fond en comble
plusieurs fois depuis les premiers temps de la

féodalité ! Non, voyez-vous, dit-il sur un ton de voix plus grave et comme pour me rassurer, la propriété, le capital, c'est bien réellement du travail accumulé, de l'intelligence en réserve. C'est l'intelligence du patron qui est tout dans une industrie, absolument tout ! le reste n'existe pas !

Je m'étais levé pour partir.

— Je vais vous montrer mon jardin, me dit le célèbre économiste.

Dehors, le soleil d'août inondait d'une lumière crue la terrasse plantée d'arbustes au feuillage sombre, une longue avenue la contournait, ombragée de grands arbres et dominant à pic le minuscule torrent qu'on entendait bondir sur les cailloux. Nous marchions dans cette avenue, à tout petits pas ; c'était un calme infini, une paix lourde ; le domaine s'étendait autour de nous, entrecoupé de prairies et de vignes ; entre deux troncs d'arbres on apercevait au loin un coteau qui montait tout droit dans l'air d'un bleu violet.

—Voulez-vous me permettre une supposition ? dis-je à mon hôte.

Il acquiesça d'un geste.

— Si au lieu de nous avoir faits ce que nous sommes, dis-je en respirant largement l'air confortable du superbe domaine, la destinée nous avait fait naître ouvriers, vous et moi, avec néanmoins les mêmes *qualités naturelles* que nous pouvons avoir, croyez-vous que nous n'aurions pas eu à lutter contre mille entraves pour développer notre personnalité ? Il nous eût fallu

quitter l'école à dix ou douze ans, sachant à
peine lire et écrire ; nous eussions pu nous trouver plus rêveurs, moins bien musclés que d'autres et, partant, en grande infériorité dès l'atelier. Plus sensibles, nous aurions été en moindre
défense contre les tentations du cabaret où se
verse l'oubli des petites misères de la vie ! nous
serions aujourd'hui des malheureux, plutôt dimi-
nués moralement que développés. C'est l'histoire
du grand nombre...

— Quelle erreur de croire cela ! interrompit-
il avec un sourire de satisfaction. Il n'est pas
douteux que, plus intelligents que les autres,
nous fussions rapidement devenus contremaîtres
et même, bientôt, patrons ! Nous aurions forcément trouvé la place qui revenait à nos qualités
naturelles dans la société. Car jamais il n'a été
plus facile qu'aujourd'hui de monter les degrés
de l'échelle sociale. Regardez autour de vous :
les exemples abondent d'ouvriers devenus patrons
et bientôt enrichis...

— Vous croyez donc que tout est pour le
mieux ou à peu près ?

— Je ne dis pas cela ! répliqua vivement
M. Leroy-Beaulieu. Je dis que nous évoluons
lentement vers une organisation meilleure, mais
cela ne peut se faire, j'en reviens toujours là,
que par la lutte constante des intérêts. Ainsi, il
y a encore beaucoup à faire pour tirer du principe d'association tout ce qu'il contient et ce
n'est que la plus dure nécessité qui répandra
ces idées. Avec l'association les ouvriers pour-

ront se libérer de la misère dont ils se plaignent ; de menues cotisations et un peu d'esprit d'organisation mèneront rapidement à des résultats inouïs.

— Pour conclure, monsieur, vous trouvez donc, dis-je, que l'organisation capitaliste, qui consiste à faire travailler des populations entières d'ouvriers au profit d'un petit groupe d'actionnaires qui ne font rien et qui n'ont aucune part à la production, est une chose parfaitement légitime, et qui ne doit subir dans l'avenir aucune atteinte ?

Je sentis un regard glacial peser sur moi.

— Mais comment donc, monsieur ! n'est-ce pas la chose la plus légitime qui soit ? Puisque le capital est, comme nous en avons convenu, du travail et de l'intelligence mis en réserve, ne doit-il pas rapporter à son propriétaire un revenu ?

— Pourtant, prenons les mines du Nord, fis-je. Il y a là des actions émises à 500 fr. qui en valent aujourd'hui 30,000... Des fortunes colossales se sont faites, et les mineurs, de génération en génération, continuent à vivre misérablement...

— Eh bien ! dit M. Leroy-Beaulieu, c'est de la spéculation, cela ! Les mineurs touchent leurs salaires, ils n'ont pas à s'occuper d'autre chose. Quant aux fortunes colossales, elles sont parfaitement justifiées par ce fait qu'on court de très gros risques lorsqu'on avance des capitaux dans de semblables entreprises. Pour encourager le

capitaliste à risquer de tout perdre, il lui faut la
perspective de bénéfices énormes. Ainsi, tenez,
nous avons ici même dans nos propriétés des
mines que nous avons essayé de mettre en
exploitation, nous y avons perdu beaucoup d'argent sans résultat, eh bien ! si nous possédions
des actions des mines du Nord, n'aurions-nous
pas là une très juste compensation ? Non, voyez-
vous, on se trompe toujours quand on s'engage
dans des raisonnements pareils. Il y a au moins
les trois quarts des entreprises qui ne rapportent aucun bénéfice, aucun ! Quant on peut rat-
traper d'un côté ce qu'on a perdu de l'autre, on
doit s'estimer encore bien heureux ! Et je ne vois
vraiment là rien de scandaleux !

Je pris congé. M. Leroy-Beaulieu, sur la dernière marche du perron, tout droit, son chapeau
de paille levé au-dessus de la tête, m'adressait
un salut parfaitement académique. Ma patache
partit au galop.

M. JULES GUESDE

Avenue d'Orléans, en haut de Montrouge, un petit appartement au quatrième étage ; dans sa chambre, qui est en même temps son cabinet de travail, un lit de fer couvert de journaux, de brochures, de papiers, une cuvette grande comme une grande tasse, des rayons de bibliothèque où es livres sont entassés pêle-mêle, un étroit bureau encombré de paperasses, un fauteuil et deux chaises.

Le chef du parti marxiste est, au physique, un Daudet qui se refuserait le charme ; une tête de pianiste au cachet, les cheveux noirs très longs, une barbe prophétique qu'on voudrait voir blanche. Un binocle sur un long nez, avec un cordon qui s'accroche à la barbe.

Lui-même était venu m'ouvrir. Dès que je me fus nommé :

— Ah ! ah ! c'est vous. Monsieur, qui venez de faire cette Exposition universelle de la bêtise bourgeoise ! s'écrie-t-il en me faisant entrer.

Je me défends comme je peux, trouvant peut-être vain de discuter une autre formule résumant la première partie de mon travail.

Nous nous asseyons.

— Je vous demande pardon, dis-je à M. Guesde,

pour la question naïve que je vais vous poser. Mais elle est utile... Il y a pour vous un mal social ?... En quoi consiste-t-il ?...

Il sourit et, du fond de son fauteuil, il répondit :

— Il y a un mal, oui : un mal qui va s'aggravant, mais qui va entraîner le bien social. Ce mal, qui provient de la concentration de toutes les forces productives du pays entre les mains de la classe bourgeoise, affame, provisoirement, le prolétaire, détruit sa santé, le réduit à l'esclavage le plus féroce. Il y a un mal, certes, puisque d'un côté, et de plus en plus, vous voyez des gens qui ne font rien, qui ne servent à rien, qui n'ont aucune supériorité, qui jouissent de tout et qui sont les maîtres ; puisque vous voyez, d'un autre côté, la foule des hommes, des femmes et des enfants, qui s'épuisent, qui meurent avant l'âge, pour faire vivre et jouir les premiers ; puisque vous y voyez ce fait énorme que grâce aux progrès de la science, au génie moderne, les machines mues par les bras de ces déshérités produisent tous les objets nécessaires à la vie dans des proportions cent fois plus considérables qu'il ne serait utile pour assurer l'aisance à tous les êtres sans exception. Mais je viens de vous le dire, ce mal, qui est la conséquence mathématique de l'évolution économique, est un bien... Il fallait ce machinisme qui entraîne tant de misères pour notre espèce, il fallait cette surproduction, il fallait ce crime des crimes : qu'à leur tour la femme et l'enfant fussent poussés à l'usine par la faim, il fallait cette concentration aux mains de quelques-uns, il fallait tout cela pour que la production sociale surgît et créât précisément liberté et bien-être pour tous !

— Mais comment ? Où est le remède ?

— Un remède ? Mais il n'est pas à nous ce remède ! Nous ne sommes pas des inventeurs, nous observons le mal, nous l'étalons, et nous voyons qu'il comporte en lui sa guérison ! Cette concentration de forces productives, qui est un mal entre les mains de la société capitaliste, sera un bien dans les mains de la société collectiviste ! Le collectivisme est le dernier terme de la concentration capitaliste : c'en est l'aboutissement fatal et prochain. Car la révolution se fera toute seule, car lorsque le fruit est mûr une chiquenaude le fait tomber de la branche. C'est l'histoire de toutes les révolutions. D'ailleurs, la Révolution de 1789 est arrivée comme une chose fatale. Ç'a été l'accouchement de toute une période, pendant laquelle un état nouveau s'est développé ; quand il est arrivé à maturité, il a fait craquer l'organisation qui l'enserrait de toutes parts. Ah ! les bourgeois vous disent qu'il y a un progrès continu et absolu, ce qui leur permet de se pavaner dans l'orgueil de leur digestion en se considérant comme les plus beaux produits de l'humanité, puisqu'ils sont jusqu'ici le dernier mot du perfectionnement perpétuel.

« Je vous dirai, moi, qu'il y a des évolutions, que certains faits généraux en appellent forcément certains autres, et qu'il y a, dans l'histoire, de grandes périodes de lumière et de grandes périodes d'ombre ; c'est comme lorsqu'on voyage en chemin de fer, on passe sous des tunnels où on ne voit goutte et où on étouffe, pour arriver tout à l'heure aux grands espaces d'air pur et de clarté... Depuis la découverte de l'Amérique jusqu'à la fin du dix-huitième siècle, la bourgeoisie s'est formée, et par suite des transformations et du développement de l'industrie et du commerce, elle est devenue peu à peu une *classe* ayant ses besoins, ses appétits, ses exigences, qui n'étaient plus compatibles avec l'ancienne organisation féodale : elle a été plus forte que celle-ci et elle l'a détruite. Et, remarquez-le, ç'a été un grand bien pour l'humanité. Et le rôle de cette bourgeoisie a été très grand ! C'est elle qui a libéré le champ de l'activité humaine de tous les obstacles qui constituaient l'ordre féodal ; elle a permis cette fabuleuse poussée de l'industrialisme, elle a déchaîné les forces productives qui, en se développant, en se perfectionnant de plus en plus, en arrivent aujourd'hui à ce résultat féerique : que le nombre de chevaux-vapeur dont dispose le machinisme français met à la disposition de *chaque habitant* une force équivalente à celle de *deux esclaves trois quarts !* Ce qui pour une famille de cinq personnes, donnerait *treize esclaves !* Aux plus beaux temps même de la civilisation de la Grèce, de la belle Grèce, alors que les citoyens libres étaient vraiment libres, grâce à l'esclavage des ilotes, on était bien loin d'un tel outillage humain de production !

« Or, que voyons-nous ? Une classe bourgeoise,
devenue par la force même des choses étrangère
à tout le travail de production et d'échange,
n'intervenant que pour se faire la part du lion
sous forme de profits et de dividendes ! L'ensemble de la propriété — fait unique dans l'histoire économique — devient une propriété en
papiers ! Une classe qui, à son tour, barre la route
avec sa forme individuelle de propriété, qui ne
peut plus convenir aux forces productives que ce
moule ne peut plus contenir !

— Pourquoi, dis-je à M. Guesde, la propriété
individuelle n'est-elle plus possible ?

— Mais, Monsieur, tout simplement parce que
la forme de production a cessé d'être individuelle ! La division du travail en est arrivée à un
tel point, par suite de l'emploi de la vapeur et
des machines, qu'il est devenu impossible à l'ouvrier même de se figurer qu'il peut avoir un coin
d'atelier à lui, une forge à lui, un outil à lui !
La propriété individuelle a été utile, indispensable même, aussi longtemps que le propriétaire
a travaillé lui-même, parce qu'il produisait pour
lui-même.

« Mais quel rapport y a-il entre le rouet de
nos pères et les métiers d'aujourd'hui ? Je l'ai
écrit ailleurs, et je le répète : un économiste
américain a calculé que le travail de sept hommes suffit, avec le machinisme actuel, pour cultiver le blé, le battre, moudre la farine, pétrir le
pain, et le faire cuire, de façon à nourrir un millier d'hommes !

— Oui, mais toutes les professions ne sont pas collectives ! Il n'y a pas que les mines et les grandes usines ! Il y a les maçons, les serruriers, d'autres encore, il y a surtout les paysans, qui travaillent pour eux.

— Et les Compagnies de chemins de fer, et les raffineries ! Y a-t-il quelque chose de plus collectif que cela ? Où est l'actionnaire qui peut dire : voici une gare qui m'appartient, ce bout de rail, cette aiguille sont à moi ! Les maçons ! mais ne voyez-vous pas, dans les grandes villes, ces machines qui transportent les moellons et les mettent en place ! Les serruriers ! Mais M. Leroy-Beaulieu reconnaît lui-même que le jour est proche où les réparations seront mieux faites et plus vite de loin ! Les paysans ! Mais savez-vous combien il y a d'hectares de terre cultivée par les paysans pour leur compte ? *Quatre millions* d'hectares, sur quarante-quatre millions d'hectares, soit un onzième !

« Et plus nous allons, plus la grande culture prend de l'extension, et un temps viendra où grâce à la concurrence des charrues à vapeur, des moissonneuses et des batteuses mécaniques, les petits métayers qui restent seront absorbés par les grandes exploitations. Sans compter qu'en attendant, ils sont rongés par les hypothèques et à la veille d'être *expropriés* par les grands établissements capitalistes fonciers.

— Donc, supposons arrivé au pouvoir ce quatrième état, qu'y aura-t-il de changé dans l'organisation sociale ?

M. Guesde leva les bras, et s'écria :

— Ce qu'il y aura de changé !... Mais la propriété sociale substituée à la propriété capitaliste ! La production sociale substituée à la production parcellaire et concurrente ! Les classes disparaissent, et avec la classe parasitaire fondue dans la classe travailleuse, disparaît le sur-travail imposé à celle-ci : tout le monde pourra consommer — à une condition : c'est d'avoir concouru à la production. Plus de gaspillages comme aujourd'hui : combien de forces perdues pour la concurrence, pour la réclame, pour les simples combinaisons financières ! Plus de catastrophes, puisque tout est réglé, prévu. L'homme devient le maître des faits économiques au lieu d'être à leur merci. Et quel soulagement pour tous ! Quelle sécurité ! Car les bourgeois eux-mêmes se mangent entre eux ! Croyez-vous qu'il y a, dans la société actuelle, un commerçant, un financier, fût-il trente fois millionnaire, qui peut être sûr du lendemain ? Le travailleur qui n'est pas assuré de gagner son pain est, sous ce rapport, semblable à l'industriel qui peut être ruiné dans six mois !

— Supposons encore... dis-je à M. Guesde. L'Etat collectiviste est installé en France, que ferait le prolétariat triomphant devant les aristocraties d'Europe coalisées contre son intérêt ?

— Le prolétariat n'est pas un parti français, ni allemand, ni d'aucun autre pays : c'est une « nation internationale ». L'Allemagne a 1,540,000 électeurs socialistes ; l'Autriche est rongée par le cancer socialiste ; l'Angleterre, l'Italie, l'Espagne ne sont pas plus indemnes, et les rois et les bourgeoisies européens auraient déjà assez à faire, si la Révolution sociale éclatait en France, pour empêcher le feu de prendre chez eux !

— Si pourtant la guerre éclatait? une guerre entre la France et l'Allemagne, comment concilieriez-vous l'internationalisme de vos programmes et le patriotisme effectif que vous subiriez?

— L'un des principaux fondateurs du parti socialiste allemand, Liebknecht, l'a déclaré l'autre jour, au Congrès de Marseille : si la République française est attaquée par l'empire allemand, le parti socialiste se lèvera comme un seul homme contre le pouvoir impérial et refusera de marcher à la frontière ! Et la preuve de cela, c'est ce qui s'est passé en Allemagne en 1886; Bismarck demandait 60 millions d'augmentation de crédit pour la guerre et 48,000 hommes. Liebknecht s'est levé et a dit : Vous n'aurez de nous ni un homme ni un sou. Les crédits ne furent pas votés. Mais le Reichstag fut dissous. Le parti socialiste allemand se présenta aux électeurs avec ce mot d'ordre : « Ni un sou, ni un homme. » 36 députés socialistes furent élus par 1,540,000 électeurs. Dans la Hesse, un candidat avait même écrit sur ses affiches : « Les travailleurs français sont nos « frères et les patrons allemands sont nos ennemis. » Il fut élu à une grande majorité... Vous voyez donc que le patriotisme ne peut pas être un obstacle à l'avènement des théories collectivistes.

— Admettons-le pour les Allemands si vous
voulez, dis-je à M. Guesde, mais en France? Si
c'était nous qui déclarions la guerre à l'Allemagne? »

M. Guesde hésita un instant et dit :

— Le devoir du parti socialiste français est
d'empêcher la guerre, et il l'empêchera, soyez-en
sûr, par tous les moyens possibles ; les bourgeois
sentent bien qu'à un premier échec la Révolution
serait faite... et ils ne risqueront pas si gros
jeu... Je ne veux pas, pour ma part, engager le
parti qui n'a pas pris à cet égard de résolution pré-
cise, mais moi, personnellement, je l'ai écrit et je
suis prêt à le répéter : que si la France déclarait la guerre, le devoir socialiste des deux côtés
de la frontière serait de faire éclater la dynamite sous les pas des armées en marche! Il
s'agit donc de dynamite bilatérale, ajouta
M. Guesde en souriant. Mais de même que
Liebknecht déclarait qu'en cas d'agression de la
part de la France, il serait obligé de se souvenir
qu'il est Allemand, de même nous nous souvien-
drions, au parti ouvrier, en cas d'agression de
l'Allemagne, que nous sommes Français !

— De la dynamite... dis-je à M. Guesde, mais
Bebel m'a dit, à Berlin, que s'il vous rencontrait,
en guerre, à la frontière, il tirerait sur vous...

— Mais, s'écria-t-il vivement, lui avez-vous dit
à quel titre j'y serais? En ami ou en ennemi!...

— Croyez-vous que vous ne seriez pas seul à
penser et à agir ainsi même au milieu de votre
parti? Vous ne croyez donc pas au chauvinisme

exaspéré des foules? N'oubliez-vous pas qu'il y a seulement trois ans le général Boulanger, qui représentait la revanche, avec son sabre et son panache, était acclamé, en même temps comme dictateur et comme soldat, appelé à nous rendre l'Alsace et la Lorraine ?

— Mais non ! mais non ! C'est une erreur ! Boulanger, je l'ai bien vu dans le Nord, a été obligé pour être élu, de déclarer et de répéter sans cesse, qu'il ne voulait pas la guerre. Ce qu'il représentait, c'était le syndicat des mécontents ; ce que ses élections traduisaient, c'était l'écœurement de l'opportunisme, et pas autre chose ! Et, j'en suis sûr, les ouvriers, je parle de l'élite qui grandit tous les jours, des intelligents qui raisonnent — car, en effet, il y a peut-être encore des « patriotes », — eh bien ! cette élite se rend très bien compte que le patriotisme n'est pas autre chose qu'une forme agrandie, mais épuisée, de la vendetta corse et de l'antagonisme des communes au moyen-âge. Mais cette vendetta entre les nations est finie, ça ne mène plus à rien, tout devient international. Y a-t-il une chimie française, une géométrie allemande ? Les ouvriers le savent bien et savent encore que l'armée ne sert absolument, dans tous les pays du monde, qu'à mitrailler les pauvres bougres qui ont faim et qui veulent manger... »

M. Guesde s'était plusieurs fois levé de son fauteuil, et il faisait les deux pas que lui permettait l'exiguité de la chambre. Il souriait à mes objections et répondait avec cette étonnante

facilité de parole, cette clarté, cette précision
mathématique qui sont toute son éloquence.
Quand il se fut assis :

— Ne pensez-vous pas, lui dis-je, que le socialisme chrétien à base plus modérée que le vôtre,
est appelé, s'il se développe, à ruiner votre
socialisme collectiviste intransigeant, ou, tout au
moins, à enrayer son développement?

— Non, c'est un carnaval quelconque, sans
intérêt. Nous n'en avons pas peur. Si minime
que soit son public, il met l'eau à la bouche des
travailleurs, mais les distinctions que M. de Mun
et ses amis cherchent à faire échappent complètement aux ouvriers. Non, c'est une tentative
impuissante de dérivation du socialisme... Les
patrons catholiques se sont, d'ailleurs, chargés
de guérir les ouvriers des essais de socialisme
chrétien en se montrant plus despotes que les
autres : rappelez-vous Notre-Dame de l'Usine et
autres inventions du même genre. Non, non, ces
messieurs travaillent pour nous, c'est à nous que
leurs efforts profitent... Ils veulent les appri-
voiser, mais ils seront mangés par leurs fau-
ves...

— Une grosse objection qu'on fait justement à
votre tactique, lui dis-je alors, même des esprits
très éclairés, c'est que vous comptez vous passer de la supériorité intellectuelle des bourgeois
dans la lutte pour la domination. Comment
admettre qu'une rénovation puisse se passer de
l'adhésion des aristocraties? La Révolution sociale
sera quand les bourgeois l'admettront, de même

que la Révolution de 89 fut quand la noblesse y adhéra.

M. Guesde se leva d'un bond qui fit craquer les ressorts de son fauteuil, et en rajustant son binocle qui avait vacillé, il s'écria :

— C'est une erreur absolue! D'abord, la noblesse n'a pas consenti à la Révolution. Une partie de la noblesse y adhéra, mais une partie seulement. Et déjà de tous côtés nous arrivent, à nous, des adhésions bourgeoises. Mais entendons-nous sur ce mot « les bourgeois! » Ah! si vous me parlez des chefs d'usines, des directeurs appointés, des ingénieurs, des chimistes, des artistes, bien! Ceux-là sont des prolétaires, de plus en plus exploités par le capitalisme ; ils sont déjà trop nombreux pour les places qui existent, et, comme les simples ouvriers, ils vont humblement quémander du travail chez les puissants financiers! Où est-il le temps où, à la porte des Ecoles supérieures de physique et de chimie, des patrons de la Seine, de Seine-et-Oise et de Seine-et-Marne retenaient à l'avance les dix premiers élèves, leur promettant des 6 ou 700 francs d'appointements mensuels? Aujourd'hui, ces mêmes élèves vont d'usine en usine : « Monsieur, vous n'avez pas besoin d'un chimiste, d'un ingénieur! » Moi je connais un élève de l'Ecole polytechnique qui est chauffeur-mécanicien sur une locomotive de la Compagnie de Lyon! Et plus nous irons, plus on ouvrira d'écoles, plus la science fera de progrès, plus s'augmentera le nombre de ces prolétaires instruits

et bien armés, qui seront amenés par leur intérêt à faire cause commune avec les ouvriers
manuels. Et ceux-là n'auront pas la patience des
autres, ils seront le levain qui fera lever la pâte
ouvrière...

« Mais la bourgeoisie ! Celle qui détient le
pouvoir ! Mais je nie absolument qu'elle ait la
moindre supériorité ! Elle a été une classe supérieure, oui, quand elle incarnait tout le travail,
toutes les activités ; mais depuis qu'elle est devenue oisive, depuis qu'elle a poussé la division du
travail, comme disait Lassalle, jusqu'à faire penser les autres pour elle, elle est condamnée, elle
s'est condamnée elle-même, irrémédiablement !
Les bourgeois n'ont plus que du ventre, ils n'ont
plus de cerveau ! Elle le montre ! Elle est incapable de diriger les forces productives du commerce, de l'industrie, de l'agriculture, qui vont
ainsi de crise en crise, de krach en krach ! Et
elle est entraînée à son tour par un courant semblable à celui qui l'a amenée au pouvoir ; c'est
le quatrième état, qui s'est formé derrière elle
depuis un siècle, créé par les nouvelles conditions de la production, vapeur, machines, etc.,
qui la pousse, qui a aujourd'hui, lui aussi, ses
besoins, ses aspirations, ses exigences. Demain,
il sera le plus fort, et comme la bourgeoisie en
89, il fera, à son tour, craquer ses entraves !...

— Mais si vous êtes si sûr que cela de la victoire collectiviste, que vous annoncez comme
fatale, comme *mathématique*, pourquoi vous ser-
vez-vous des plates-formes d'actualité comme

Fourmies, d'incidents sentimentaux comme l'enfant de Culine, de compromis comme l'appoint des voix conservatrices de Lille : « C'est Lafargue qu'il nous faut ! » N'est-ce pas là le marxisme des foules ?

— Qu'est-ce que tout cela peut nous faire si nous sommes sûrs d'avoir la vérité ? L'enfant de Culine a été une illustration à l'élection qui était déjà faite avant cela ! Ça a été une gravure hors texte ! Avant cela nous avions déjà fait cinquante conférences et affiché notre programme ! Quant aux voix conservatrices, tout ce que je peux vous dire c'est que nous ne les avions pas demandées ! Il n'y a eu aucune entente, aucun compromis entre nous et les autres partis de Lille, et nous n'avons pas à scruter les votes plus que nous ne scrutons les consciences !

— Quand même, insistai-je, si vous êtes élus sur des incidents pareils, par des mécontents de tout ordre et de toute classe, le jour où vous arriveriez au pouvoir et que vous auriez la prétention d'appliquer vos théories, vous risquez fort de voir vos électeurs se retourner contre vous !

— Nous sommes un parti politique ! s'écria M. Guesde. Et notre méthode est exclusivement politique. L'exploitation économique qui est inhérente au régime capitaliste n'est possible que par l'Etat, aux mains de la classe patronale ; c'est grâce à la magistrature, à la police, à l'armée, au clergé, qu'ils peuvent continuer à *faire* tra-

vailler à leur profit. Enlevez-leur cette force
extérieure et ils ne sont plus rien. Nous au pouvoir, nous opérons légalement ; alors les insur-
gés, les factieux, seront les capitalistes qui,
comme la Vendée autrefois, se mettront en travers de la route...

« On nous présente comme des fauteurs de
grève, continua M. Guesde, c'est faux ! Les grèves
sont les symptômes de l'état aigu de décomposi-
tion économique que nous traversons, ce sont
des désordres inhérents au régime de surproduction créé par la concentration capitaliste. Jamais
nous n'avons poussé à une grève ! Nous les soutenons quand les nôtres sont poussés à bout,
voilà tout !

— C'est un euphémisme, observai-je.

— Pas du tout ! riposta M. Guesde. C'est un
fait. Quand les ouvriers sont amenés à se défendre, nous les aidons, c'est tout naturel. Mais
nous savons que les grèves n'avancent à rien,
et qu'elles ne sont pas un instrument de transformation sociale. J'en reviens toujours à ceci :
notre méthode est exclusivement politique ! Nous
voulons transformer ces luttes économiques en
luttes politiques qui, celles-là, peuvent et doivent
aboutir. Nous voulons organiser les travailleurs
en un parti distinct combattant à titre égal tous
les partis politiques à base capitaliste. Il faut
donc, en attendant, les déloger de leurs Conseils
municipaux, de leurs sièges à la Chambre, le plus
possible, à coups de bulletins de vote, jusqu'au
jour où ils seront délogés complètement !

— Vous parlez de bulletins de vote et vous parlez de révolution...

— Il n'y a pas de contradiction ! Il y en a d'autant moins que cette double action s'est toujours imposée en France à tous les partis. Légitimistes, bonapartistes, orléanistes, se sont toujours servis des moyens fournis par la légalité existante ! Ce qui ne les a pas empêchés, pour arriver au gouvernement, de faire des *glorieuses*, des 24 février et des 4 septembre, lorsque les circonstances sont devenues révolutionnaires ! Il en sera de même pour nous ; nous aurons, nous aussi, nos *journées*, auxquelles nous serons acculés par les fautes, les provocations et les faillites des gouvernements bourgeois ! Les moyens, pour nous, ne se divisent pas en légaux et en illégaux : il y a les moyens qui nous rapprochent de notre but et ceux qui nous en écartent ; si nous n'employons pas la force, actuellement, c'est qu'elle se retournerait contre nous...

— Alors, le lendemain de la Révolution, quand vous serez au pouvoir, dis-je à M. Guesde en ne me retenant pas de sourire que ferez-vous ?

— Nous commencerons par rendre *sociales* toutes les propriétés qui ont déjà la forme collective, c'est-à-dire les mines, les chemins de fer, les grandes usines et les grands magasins appartenant à des Sociétés. Pour cela, nous n'aurons simplement qu'à décréter que tous les papiers qui représentent ces propriétés cesseront d'avoir cours, — de même pour le Grand Livre de la Dette publique.

— Alors, vous ne rembourserez rien aux actionnaires de toutes sortes que vous aurez ruinés ? »

M. Guesde s'écria :

— Ah ! non, alors ! on ne rembourse pas les voleurs !

— Qu'est-ce que vous ferez du million de bourgeois, de fils de bourgeois, d'aristocrates, etc., que vous aurez, d'après vos statistiques, dépossédés ?

— Cela dépendra d'eux et des péripéties de la lutte ! S'ils ont été sages, s'ils ne nous ont pas forcés à des extrémités regrettables par leur résistance, on pourra alors leur donner, selon leurs aptitudes, des emplois dans la société collective... on verra, on verra... même, s'il y a lieu, peut-être leur accordera-t-on de petites rentes viagères, si vraiment ils ne sont bons à rien !

SOUSCRIPTION MUNICIPALE

FIN

APPENDICE

Voir page 23.

Après la publication dans le *Figaro* de la conversation de M. Eugène Schneider, M. le comte de Mun, qui s'y trouvait visé, nous a communiqué la lettre suivante qu'il adressait au directeur du Creuzot, député de Saône-et-Loire :

Voré, le 8 août 1892.

Mon cher collègue,

Le *Figaro* du 6 août publie, sous le titre : « la Question sociale », un entretien de M. Jules Huret avec vous, dans lequel l'auteur vous attribue, à mon sujet, des appréciations qui m'ont vivement surpris. Il est arrivé souvent que mes opinions sur les questions sociales ont été dénaturées dans la presse, sans que j'aie cru nécessaire de protester ; mais l'autorité de votre nom est trop grande, la place que vous occupez dans l'industrie et dans le Parlement est trop considérable, pour que je ne vous demande pas la permission de vous répondre quelques mots.

M. Jules Huret cite, de vous, les paroles suivantes :

« M. de Mun, qui est un de mes amis, veut aussi supprimer les patrons. Je lui ai dit un jour : je n'entends pas être supprimé ; je me défendrai, soyez-en sûr. »

Je n'ai pas le souvenir de la conversation à laquelle ces paroles font allusion; mais elles me prêtent certainement une pensée qui n'est pas la mienne. Sans doute, j'ai plus

d'une fois constaté, en la déplorant, la transformation économique qui tend, de plus en plus, à changer les conditions
du patronat, en substituant la société de capitaux formée
d'hommes le plus souvent inconnus des ouvriers, vivant
loin d'eux et dénués de compétence professionnelle, au
patron, homme du métier, mêlé effectivement à la vie des
travailleurs : je sais à merveille que ce n'est pas le cas du
Creuzot, mais nul ne peut nier que ce ne soit celui d'un
nombre, de plus en plus grand, d'établissements industriels ; c'est un fait social dont la responsabilité n'incombe
à personne en particulier, mais qui a pour effet de modifier
profondément les rapports des ouvriers avec ceux qui les
emploient : j'ai, souvent, fait ressortir cet état de choses,
ainsi que la nécessité, qui en découle, de réformer, sur
beaucoup de points, la législation du travail, et j'ai cher-
ché, en même temps, à montrer, dans l'organisation corpo-
rative, le moyen, non seulement de dénouer pacifiquement
les conflits qui naissent du choc des intérêts, mais d'offrir
une garantie efficace aux droits de chacun, et de donner
satisfaction aux légitimes aspirations des travailleurs vers
une certaine propriété collective : c'est pourquoi, j'ai toujours appuyé, quand je ne les ai pas proposées moi-même,
toutes les mesures qui tendent à préparer cette organisation, en favorisant la constitution et le développement des
associations ouvrières. De tout cela, je n'ai rien à retirer.
Mais je n'ai jamais demandé, ni indiqué comme une solution sociale, la suppression des patrons.

Voulez-vous me permettre d'ajouter que je crois, au
contraire, en soutenant ces idées, opposer la seule barrière
sérieuse au socialisme révolutionnaire qui les menace, et
qu'à mon avis, si, comme vous le dites, ils veulent se
défendre, ils le feront plus utilement en secondant des
réformes aussi justes qu'inévitables, qu'en essayant de les
retarder par de vaines résistances ?

· M. Jules Huret cite, encore, un peu plus loin, ces autres
paroles de vous :

« C'est très amusant de voir M. de Mun qui se dit catholique, et qui obéit au Pape quand il s'agit de devenir ré-

publicain, se mettre en dehors des prescriptions pontificales pour devenir socialiste. »

Je me dis, en effet, catholique, mon cher collègue, et je
le suis. Mais je ne me suis jamais dit socialiste : j'ai toujours repoussé cette qualification et je l'ai fait, en particulier, d'une manière très catégorique, à la tribune, dans la
séance du 8 décembre 1891, en réponse à M. Lafargue,
dans les termes que voici :

« Je ne me suis jamais qualifié de socialiste ; je ne me
qualifierai jamais ainsi, parce que cette formule répond à
tout un ordre d'idées absolument différent du mien, en
particulier sur deux points principaux : le point de départ,
qui est entièrement opposé aux doctrines religieuses que
je professe, et le point d'arrivée, c'est-à-dire la conception
collectiviste que je réprouve parce que je ne la crois ni
juste, ni pratique. »

Je crois ainsi avoir donné, dans cette circonstance comme
dans toutes les autres, le témoignage de mon entière
obéissance aux enseignements et à la direction du Saint-
Siège ; et j'ai, d'ailleurs, la conscience de ne m'être mis en
dehors des prescriptions pontificales dans aucune des opinions que j'ai soutenues sur les questions sociales : bien
au contraire, j'ai la joie très profonde d'en avoir trouvé la
pleine et entière justification dans l'Encyclique sur la condition des ouvriers.

M. Jules Huret rapporte que vous lui avez répondu,
lorsqu'il vous demandait « ce qu'il était bon de faire, étant
donnée la situation présente » :

« L'Encyclique ! lisez l'Encyclique ! c'est tout à fait
cela. »

Je me réjouis, mon cher collègue, et j'ose vous féliciter
de cette déclaration. Il n'y a donc plus de désaccord entre
nous, ni sur l'intervention des pouvoirs publics dans les
questions ouvrières, ni sur la réglementation des heures du
travail, ni sur l'interdiction du travail de nuit, ni sur le
juste salaire, ni sur l'organisation des corps professionnels,
car l'Encyclique prévoit et approuve tout cela.

En terminant cette lettre, je veux, mon cher collègue,

invoquer le titre d'ami que vous avez bien voulu me donner dans votre conversation avec M. Huret. Cette amitié,
qui m'honore, me pardonnera, j'en suis sûr, de rendre
publiques, comme l'a été votre entretien, des rectifications
dont vous comprendrez l'importance et qui n'altèrent en
rien les sentiments affectueux de

Votre bien cordialèment dévoué,

A. DE MUN.

De même, M. le baron Alphonse de Rothschild et M. le duc de La Rochefoucauld ont cru,
pour des raisons que nous ne voulons pas discuter, devoir écrire au rédacteur en chef du *Figaro*, des lettres que, par scrupule d'honnêteté,
nous reproduisons ci-dessous :

Voir page 61.

Paris, le 15 septembre 1892.

Monsieur,

Lorsque j'étais à Dinard, vous m'avez adressé une lettre
pour introduire auprès de moi un des rédacteurs de votre
journal, M. Huret, que j'ai reçu par égard pour votre
recommandation. Il m'a trouvé, comme il le dit lui-même,
fumant un mauvais cigare, condition peu favorable, sans
doute, pour résoudre les problèmes sociaux les plus com-
pliqués. Il n'y a eu entre nous qu'une conversation à
bâtons rompus et, rapportée à un mois de distance, on
comprend que la mémoire de votre rédacteur ait pu se
trouver en défaut, sans que sa bonne foi puisse être en
quoi que ce soit contestée. En effet, je relève entre autres
choses, dans ce compte-rendu, cette appréciation sur la
situation des ouvriers «que tout serait pour le mieux dans
le meilleur des mondes », ce qui n'est certainement pas
mon opinion, alors qu'll y a, au contraire, parmi eux tant

de souffrances auxquelles nous ne négligeons aucune occasion de venir en aide.

Agréez, Monsieur, l'assurance de mes sentiments distingués.

AL. DE ROTHSCHILD.

Voir page 106.

Le Mans, 23 août 1892.

Monsieur le Rédacteur en chef,

De retour d'un court voyage que j'ai dû faire à l'étranger, je ne prends que très tardivement connaissance de l'article que le *Figaro* m'a consacré dans son numéro du 17 courant, sous la signature de M. Huret, et je ne puis m'empêcher de vous en exprimer tout mon pénible étonnement.

Lorsque M. Huret s'est présenté à moi de votre part, je lui ai fort nettement déclaré que je ne voulais ni ne pouvais me prêter à l'interview qu'il me demandait sur le socialisme, cette question étant trop grave pour être traitée légèrement, au cours d'une simple entrevue, et que je ne consentais, en conséquence, d'aucune manière, à ce qu'il fît figurer dans ses articles ni ma personnalité, ni aucune énonciation venant de moi.

Après avoir fait cette réserve vis-à-vis du journaliste, j'ai cru devoir donner à une personne qui se présentait sous vos auspices les quelques minutes d'entretien qu'un galant homme ne peut, sous peine de manquer de courtoisie, refuser à un autre homme qu'il a reçu chez lui.

C'est cette conversation à bâtons rompus et sans aucune portée sérieuse, que M. Huret a prise comme thème de ses développements littéraires, dont je ne puis ni ne dois accepter la responsabilité.

Je passe volontiers sur la forme au moins étrange qu'il a cru pouvoir donner aux phrases qu'il me prête, bien que la disposition adoptée tende à les faire considérer comme textuelles. Assurément, aucune des personnes qui me connaissent n'a pu y retrouver ma manière habituelle de m'exprimer.

Mais cela a peu d'importance, et je reconnais sans peine à M. Huret le droit de faire ma caricature. En revanche, je ne puis laisser passer sans protester la manière dont il lui a plu de traduire mes paroles, et quelquefois de les supposer ; je ne puis accepter qu'il me prête, sur les sujets les plus graves, notamment sur la question religieuse, sur le clergé, sur le mouvement socialiste et anarchiste, des assertions que je n'ai jamais formulées et qui n'ont jamais été dans mon esprit.

Tout en regrettant vivement que l'on ait pu ainsi surprendre votre bonne foi et employer, sous le couvert de votre journal, un procédé aussi peu régulier, je crois pouvoir assez compter sur votre impartialité pour en attendre l'insertion de cette rectification.

Veuillez agréer, Monsieur le Rédacteur en chef, l'assurance de mes sentiments les plus distingués.

LA ROCHEFOUCAULD, duc de DOUDEAUVILLE.

Ce devoir de convenance une fois rempli, je maintiens, quant à moi, *dans la présentation, dans la forme* et *dans le fond*, l'exactitude absolue des conversations que j'ai rapportées.

J. H.

SOUSCRIPTION MUNICIPALE

TABLE DES MATIÈRES

	Pages
Lettre de M. Jean Jaurès	I
— de M. Paul Deschanel	XIII
Avant-propos	3

PREMIÈRE PARTIE

CAPITALISTES ET PROLÉTAIRES

Au Creuzot. — Un contre-maître	13
— M. Schneider, maître de forges	24
— Un ouvrier	36
M. Eugène Péreire	44
M. Cousté	50
M. le baron Alphonse de Rothschild	61
A Roubaix. — La municipalité	71
— Un fabricant	92
— La rue des Longues-Haies	98
M. de La Rochefoucauld	106
M. Christophle	116
Le Familistère de Guise	128
Le directeur du Familistère	135
Un village	141
Un port	157
Le prince Aloïs de Lichtenstein	168
M. de Hanseman	177
En Russie. — Une usine	185
— Un mir	196
— Une émeute ouvrière en Pologne. — L'antisémitisme	206

DEUXIÈME PARTIE

THÉORICIENS ET CHEFS DE SECTE

M. Paul Brousse............................... 219

M. Schaefflé................................. 228

M. Malatesta................................ 239

M. John Burns............................... 249

M. Pierre Lavroff............................ 260

M. Bebel................................... 273

M. Adolf Wagner............................ 284

Le général Booth............................ 292

Le pasteur Stœcker.......................... 299

M. Vladimir Soloview........................ 306

Mgr Ireland................................ 315

M. Eugène Fournière......................... 327

M. Paul Leroy-Beaulieu 337

M. Jules Guesde............................ 348

APPENDICE 365

Lettres de M. le Comte de Mun, de M. le baron de
    Rothschild, de M. le duc de La Rochefoucauld.

TABLE DES MATIÈRES...................... 371

Tours et Mayenne, Imprimeries E. SOUDÉE.

HELLO (ERNEST). — **L'Homme**. La vie, la science, l'art. Ouvrage précédé d'une introduction par M. Henri Lasserre. 3ᵉ édit. 1 vol. in-16..... 3 50
— **Le Siècle**. Les Idées et les Hommes, avec une préface de M. Henri Lasserre. 1 vol. in-16... 3 50

SERRE (JOSEPH). — **Ernest Hello**. L'homme, le penseur, l'écrivain. 1 vol. in-16, avec un portrait en taille-douce............................... 3 50

O'MEARA (KATHLEEN). — **Frédéric Ozanam**, sa vie et ses œuvres, précédées de quelques pages inédites de Mᵐᵉ AUGUSTUS CRAVEN, née LA FERRONNAYS. 1 vol. in-12... 3 50

COCONNIER (R. P. MARIE-THOMAS). — **L'âme humaine**. Existence et nature. 1 vol. in-12... 3 50

ROTOURS (ANGOT DES). — **La morale du cœur**. Etudes d'âmes modernes avec une préface de M. FÉLIX RAVAISSON. 1 vol. in-12............ 3 50

BRÉMOND D'ARS (LE COMTE GUY DE). — **La vertu morale et sociale du christianisme**. 1 vol. in-12....................................... 3 50
— **Les temps prochains**. La guerre. — La femme. — Les lettres. 1 vol. in-12.. 3 50

ROD (ÉDOUARD). — **Les idées morales du temps présent**. — Ernest Renan. — Schopenhauer. — Emile Zola. — Paul Bourget. — Jules Lemaitre. — Edmond Scherer. — Alexandre Dumas fils. — Ferdinand Brunetière. — Le comte Tolstoï. — Le vicomte E.-M. de Vogüé. 5ᵉ édit. 1 vol. in-12. 3 50
— **Le sens de l' vie**. Ouvrage couronné par l'Académie française, prix de Jouy. 10ᵉ éditi t volume in-12................................. 3 50

SÉAILLES (GABRIEL). — **Ernest Renan**. Essai de biographie psychologique. 2ᵉ édition. 1 vol. in-16.................................... 3 50
— **Léonard de Vinci**. — L'artiste et le savant (1452-1519). Essai de biographie psychologique. 1 vol. in-8° orné d'un portrait en héliogravure. 7 50

DUCROS (LOUIS). — **Diderot**. *L'homme et l'écrivain*. 1 vol. in-16...... 3 50

GRÉGOIRE (LÉON). — **Le pape, les catholiques et la question sociale**. 2ᵉ édition, refondue, précédée d'une lettre de son Em. le cardinal Langénieux, archevêque de Reims. 1 vol. in-12.................... 3 »

NICOLAY (FERNAND). — **Les enfants mal élevés**. Etude psychologique, anecdotique et pratique. 1 vol. in-12. 15ᵉ édition.................... 3 50
Ouvrage couronné par l'Académie des sciences morales et politiques.

DOUMIC (RENÉ). — **Écrivains d'aujourd'hui**. Paul Bourget. — Guy de Maupassant. — Pierre Loti. — Jules Lemaître. — Ferdinand Brunetière. — Emile Faguet. — Ernest Lavisse. — Notes sur les Prédicateurs : Monseigneur d'Hulst, etc. 1 vol. in-12........................... 3 50
— **La Vie et les Mœurs au jour le jour**. 1 vol. in-16............ 3 50

MAZZINI (JOSEPH). — **Lettres intimes de Joseph Mazzini**, publiées avec une introduction et des notes par M. D. Melegari. 1 vol. in-16...... 3 50

JOUBERT. — **Œuvres de J. Joubert**. *Pensées et correspondance*, précédées d'une notice sur sa vie, son caractère et ses travaux, par M. Paul DE RAYNAL et des jugements littéraires de Sainte-Beuve, Silvestre de Sacy, Saint-Marc Girardin, Géruzez et Poitou. 8ᵉ édition. 2 vol. in-12..... 7 »
Le volume de 3 50
— 3 50